mare

Jens Rosteck

Brel

Der Mann, der eine Insel war

mare

Die Deutsche Nationalbibliothek verzeichnet diese Publikation in der Deutschen Nationalbibliografie; detaillierte bibliografische Daten sind im Internet unter http://dnb.ddb.de abrufbar.

2. Auflage 2016

Typografie Farnschläder & Mahlstedt, Hamburg
Schrift Swift Neue LT Pro
Druck und Bindung CPI Clausen & Bosse, Leck
Printed in Germany
ISBN 978-3-86648-239-5

MIX
Papier aus verantwortungsvollen Quellen
FSC® C083411

www.mare.de

Es gibt zwei Arten von Menschen:
Es gibt die Lebenden.
Und mich.
Und ich, ich bin auf See.

für
Barbara Sarlangue
Sophie Marest
Mathias Schillmöller

Inhalt

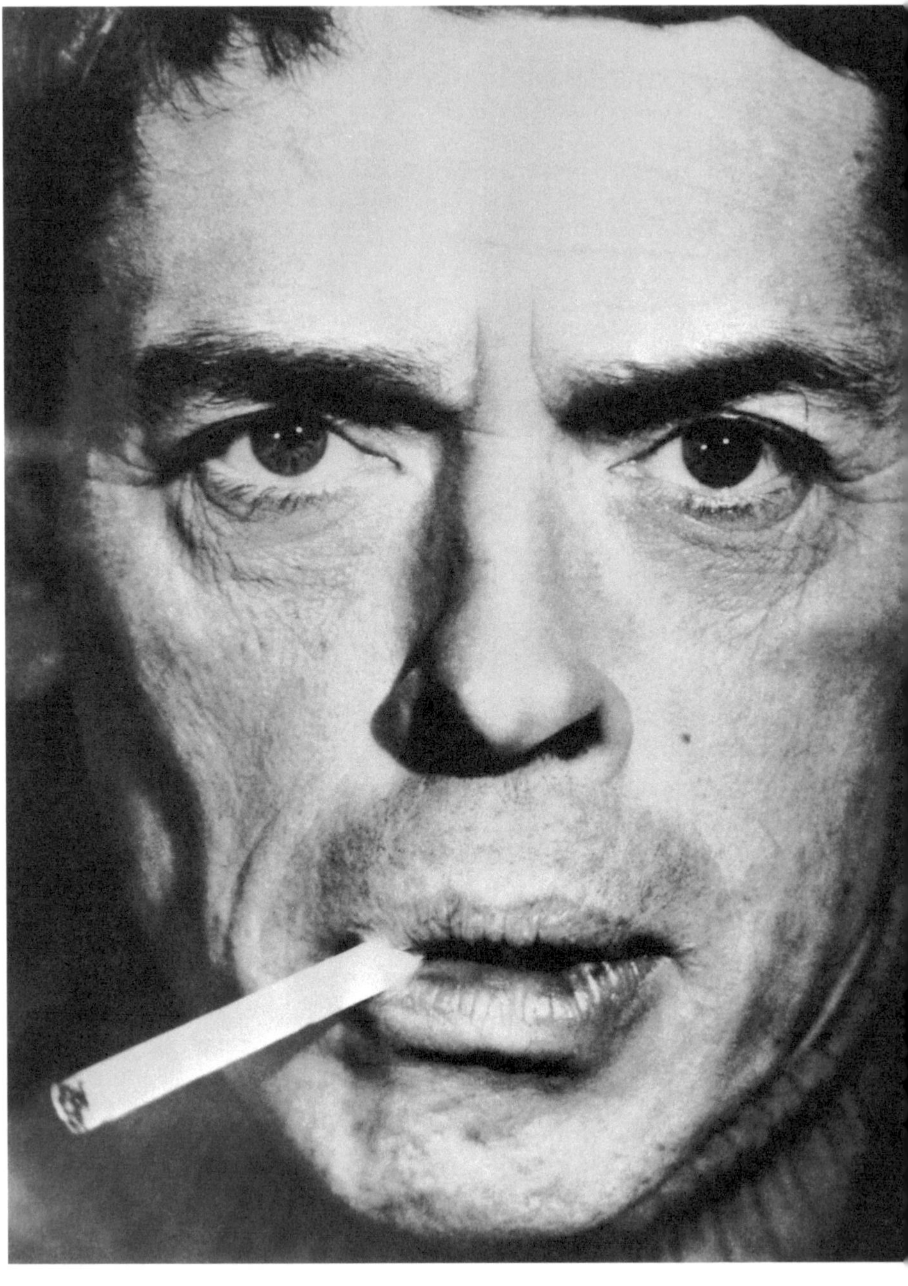

Magier – Mahner – Insulaner

> Ich träumte davon,
> Vasco da Gama zu werden.

Ein knappes Jahrzehnt bevor Leonard Cohen, Joan Baez und Bob Dylan sich jenseits des Atlantiks aufmachten, als Songwriter und musikalische Poeten die Welt zu erobern, betrat ein schon nicht mehr ganz junger Belgier 1953 mit genau demselben Ziel die drittklassigen Bühnen, Zimmertheater und Tingeltangel von Paris: ein schlaksiger, nicht sonderlich attraktiver Barde mit schiefen, vorstehenden Zähnen und den Gesichtszügen von Fernandel. Es war – trotz einer voluminösen, auf Anhieb anziehenden Baritonstimme und ungeachtet einprägsamer, aufrührerischer wie literarischer Chansontexte – ein langwieriges, von vielen Rückschlägen gekennzeichnetes Debüt für den hageren Newcomer aus dem Brüsseler Stadtteil Schaerbeek.

Erst als er seine Begabung auf monatelangen Tourneen durch die Provinz ohne greifbare Fortschritte beinahe vergeudet hatte, erst als er seine Gitarre endlich beiseitelegte und seinen mönchischen Gestus abstreifte, ein Trio herausragender Musikerpersönlichkeiten dauerhaft an sich band und sich vor allem ausgefeilte, theatralische und die Massen faszinierende Darstellungsformen aneignete, wendete sich das Blatt: Binnen Kurzem katapultierte ihn seine außerordentliche Präsentationskunst und einmalige Präsenz auf den Gipfel des Erfolges.

In den späten Fünfzigern und frühen Sechzigern alsdann beherrschte dieser Jacques Brel – grimassierend und gestikulierend, anklagend und charmierend, verstörend und moralisierend – mit seinen atemberaubenden, schweißtreibenden One-Man-Shows die Chanson-Tempel Europas und der Neuen Welt, tourte durch Nordafrika und den Nahen Osten, füllte (nicht nur in frankofonen Ländern) noch die größten Konzertsäle, verhexte seine Zuhörer mit geradezu hypnotischer Intensität. Er entblößte sich und kultivierte einen ästhetischen Exhibitionismus. Er beherrschte die hohe Kunst der Verführung; er überwältigte alle.

Brel war ein Gigant der Liedkunst. Sein Name ein Synonym für Musik, die erschreckend tief unter die Haut geht, und ebenso für eine Vortragsform, deren Wucht, deren bedingungsloser Hingabe man sich nicht entziehen kann. Wie bei der Piaf reichten (und reichen!) mit dem kurzen Wort BREL vier Buchstaben, ja lediglich eine Silbe völlig aus, um sich ein bestimmtes Gesicht sowie eine ganz spezifische Mimik und Gestik zu vergegenwärtigen, um sich eine unverwechselbare sonore Präsenz in Erinnerung zu rufen. Und wie bei Piaf war die Erwähnung eines Vornamens durchaus verzichtbar. Wie bei ihr musste man die Texte nicht in Gänze verstehen, um ergriffen, erschüttert, bezirzt, amüsiert, gerührt oder mitgerissen zu werden.

Wer Brel auf der Bühne erlebte, wohnte einem Naturereignis bei. Die Presse, einst überwiegend skeptisch und nicht selten hämisch, nunmehr jedoch euphorisiert, sprach ekstatisch gar vom »Orkan Brel«. Seine Wahlheimat Frankreich lag dem zuvor belächelten Belgier zu Füßen. Die Kategorien Poet, Musiker und Chansonnier wies er als für ihn unzutreffend zurück. Für mich war er zuallererst ein Magier. Ein Entfessler großer Emotionen. Und zugleich ein Getriebener, ein Unruhegeist. Nichts fürchtete er mehr als Langeweile, Monotonie, geistige Unbeweglichkeit, Sesshaftigkeit (*Mon enfance*; *Il pleut*).

Wie von allem irdischen Ballast befreit betrat er den Ring, beherrschte er die Arena, trumpfte auf. Allabendlich fletschte er die Zähne und verausgabte sich bis zur völligen Erschöpfung. Seine Performances glichen Box- und Stierkämpfen – es floss Blut, verbal zumindest, es flossen Schweiß und Tränen. Er schmeckte, spuckte, zerhackte, umschmeichelte, zelebrierte seine Texte und schleuderte seine brisanten Botschaften mit erregten Schreien, eindrücklichen Kantilenen und suggestivem Sprechgesang in den abgedunkelten Saal: direkt, ungefiltert und aufmüpfig, ja fast maliziös, in die Hirne, Herzen und Seelen der Leute zu seinen Füßen hinein.

Seine physische Nervosität und explosive Energie, sein Herumfuchteln, seine Rastlosigkeit und Empörung übertrugen sich auf sein Publikum. Auf Menschen, denen er in seinen Balladen, Moritaten, Persiflagen und Walzern mit großer Dringlichkeit auf entwaffnende, bezwingende Weise einfache, aber unvergessliche Geschichten von Liebe und Tod, von Krieg und Tristesse, von fantastischen Männerfreundschaften und von der unmöglichen Zuneigung zu den unzähligen Frauen in seinem Dasein erzählte. Gebannt lauschten sie; aufgewühlt, ausgepumpt und beglückt ließen sie ihn – nur sehr ungern – ziehen.

Als Mahner warnte er diese Menschen nachdrücklich davor, ihr Leben zu verschleudern, und er riet ihnen, der bequemen Lethargie des Wohlstands Einhalt zu gebieten, der einlullenden Gleichförmigkeit und lähmenden Sprachlosigkeit ungebremsten Tatendrang entgegenzusetzen, ohne Unterlass zu neuen Ufern aufzubrechen. Er flehte sein Publikum förmlich an, selbst Versagen und Entbehrungen in Kauf zu nehmen, täglich Wagnisse einzugehen, sich auf Risiken einzulassen, um »aufrecht« durchs Dasein zu schreiten. Er forderte seine Zuhörer heraus, stellte ihre auf fragwürdigen Sicherheiten basierenden Lebensentwürfe infrage. Stachelte sie an, sich Verrücktheiten herauszunehmen und Frechheiten zu trauen. Schilderte ihnen die ungeahnten Möglichkeiten der wirklich gelebten Freiheit. Warb für den Ausbruch und den Aufbruch. Lockte sie damit, bürgerliche Spielregeln wenigstens einmal im Leben zu missachten. Ermunterte sie, ihr Dasein gelegentlich quälender Kontrolle zu entziehen, über die Stränge zu schlagen, Herausforderungen anzunehmen. Befahl ihnen geradezu, ihre Träume zu verwirklichen und dafür bis zum Äußersten zu gehen. Nannte die Dinge beim Namen.

Obschon von beträchtlichem literarischem Anspruch, besaßen Brels drei- bis fünfminütige Miniatur-Dramen eine überraschend weitreichende Durchschlagskraft. Ungleich populärer als seine »intellektuellen« Zeitgenossen Brassens und Ferré kam dieser *chanteur* daher, weniger filigran als die Existenzialisten-Muse Gréco, weniger düster auch als die fragile Barbara. Sein Gesangsstil war lebensbejahend und ungestüm, zupackend und viril. Seine Darbietung wirkte zukunftsgewandt und unverblümt. Seine Haltung kündete von Kompromisslosigkeit, Überzeugungskraft und Spontaneität, Entscheidungsfreudigkeit und Unmittelbarkeit. Zwar kam es vor, dass er gegen sein manchmal als abstoßend empfundenes Äußeres, gegen seine »Visage« ansingen musste – weitaus öfter wickelte er jedoch seine Verehrer mit unwiderstehlichem, genuinem Charisma ein, gewann sie im Handumdrehen für seine Anliegen. Und weckte die elementaren, die entscheidenden Gefühle in ihnen.

Ausflüge in die Melancholie, Demut oder Zaghaftigkeit gestattete er sich nur selten, doch wenn, dann auf umso unvergesslichere Weise (*Ne me quitte pas; Avec élégance*). Stattdessen setzte er seinen besten Freunden ein Denkmal (*Jef; Jojo*), jonglierte mit raffinierter Wortakrobatik (*La Valse à mille temps; Au suivant; Rosa*), zelebrierte raue Matrosen-Romantik (*Amsterdam*), vergötterte ironisch seine Geliebten (*Madeleine; Marieke*), mokierte sich über Spießertum und geißelte die Bigotterie (*Les Bourgeois; Ces gens-là*), brandmarkte die Heuchler, entrüstete sich (*La Haine* ist sein allererster LP-Titel), neigte gelegentlich zur Boshaftigkeit und zu ziemlich ruppiger, derber Simplifizierung (*Les Cochons; Les Bonbons; Les Filles et les chiens*), um dann doch wieder ungemein zarte Worte für das Altern und die Zerbrechlichkeit der Liebe zu finden (*Chanson des vieux amants;*

Les Vieux; Quand on n'a que l'amour). Keineswegs scheute er die Sentimentalität (*Vieillir; Voir un ami pleurer*), und er haderte ein Leben lang mit seiner belgischen Herkunft und auch, als Nestbeschmutzer und Defätist, mit dem so problematischen Phänomen der »belgitude« (*Le plat pays; Les Flamandes; Les F…; Bruxelles; Il neige sur Liège*).

Brel gefiel sich abwechselnd in den Posen des Träumers und des Hässlichen, des Rebellen und der Rampensau, des Spötters, des Sisyphos und des Narren. In der zum vergeblichen Kampf verurteilten Figur des Don Quichotte erkannte er sich wieder und holte Cervantes' jahrhundertealten, aber weiterhin hochaktuellen Stoff, der in den USA bereits als Musical aufgeführt wurde, nach Europa, indem er in der französischen Bearbeitung, *L'Homme de la Mancha*, selbst die Titelrolle übernahm. Stets zeigte er größtes Verständnis für Menschen, die gegen Windmühlenflügel ankämpfen, scheitern, zu Boden geschmettert werden und sich dennoch immer erneut aufbäumen. Denn als solchen betrachtete er auch sich selbst.

Verstand er sich in erster Linie als Musiker, Bühnendarsteller, Mime oder Prediger? Definierte er sich eher als Songwriter oder als singender Pädagoge, als Liedermacher oder als Sprachkünstler? War er, als Partitur-Unkundiger, »lediglich« Interpret? Handelte es sich bei ihm nicht vielmehr um einen Narziss im Gewand eines Weltverbesserers? Taugte er, der als katholischer Pfadfinder heranwuchs und zu Beginn seiner Karriere nicht selten als »Abbé Brel« liebevoll verspottet wurde, überhaupt zum Klerus-Kritiker, zum »engagierten« Künstler oder politischen Sänger? Bezog er Stellung? Wen genau stellte er an den Pranger? Geschickt wahrte er die Balance zwischen Poem und Protestsong, Liebeslied und Litanei, wich Festlegungen aus, mied plakative Parteinahme. Kaum eines seiner Chansons lässt sich auf einen »eindeutigen« Inhalt reduzieren oder ideologisch ausbeuten – darin ähnelte er Dylan. Neologismen und Wortspiele erfand Brel mit Enthusiasmus und Kreativität gleich zu Dutzenden, und er hatte auch ein Händchen für Metaphern (*Je suis un soir d'été*).

Auf dem Höhepunkt seines Ruhms, als er in den Mittsechzigern so manches Mal mehr Konzerte absolviert hatte, als das Jahr Tage zählt, widersetzte er sich allen Automatismen und Erwartungshaltungen – er trat, kurioserweise, einfach ab: 1966/67, nach einer kaum fünfzehnjährigen, wenngleich extrem kräftezehrenden Laufbahn mit unzähligen Auftritten und Gastspielen, nach Triumphen in der Carnegie Hall, nach einer letzten umjubelten Vorstellungsserie im Pariser »Olympia« und einem finalen Adieu in Provinzstädten wie Roubaix war endgültig Schluss mit »Brel live«. Ausgerechnet ein Jahr vor den Studentenunruhen – obwohl seine zuweilen recht subversiven »messages« doch so viel revolutionäres Potenzial zu bergen schienen.

Er, der so manche unbequeme Lektion erteilt, der die Leute fortgesetzt am »Einschlafen ihres kritischen Verstandes« gehindert hatte, entzog sich nun. Er ging, als es am schönsten war. Er nahm in Kauf, seine treuen Fans zu verletzen und zu enttäuschen. Und riskierte natürlich auch, dass sich sein Ruhm verflüchtigte. Doch das Gegenteil trat ein: Die Plattenverkäufe schnellten in die Höhe, die Sehnsucht nach ihm wuchs ins Unermessliche. Im Folgejahr nahm er das irritierend optimistische Chanson *J'arrive!* auf, immerhin eine kaum verschleierte Todesbejahung, und stürmte damit die Hitparaden. Als lebende Legende, als nicht mehr Greifbarer wurde er, paradoxerweise, vollends zum Superstar. Mangelnde Präsenz – willentlich herbeigeführt – verlieh ihm beinahe schon mythische Qualitäten.

Am New Yorker Off-Broadway und in London, in Kanada und in Südafrika wurde (ohne sein Mitwirken) sogar eine rasch beliebte, akklamierte Song-Revue mit dem Titel *Jacques Brel is Alive and Well and Living in Paris* herausgebracht, so als müssten dringend starke künstlerische Beweise für seine fortdauernde Existenz auf Erden erbracht werden.

Brel, wie nicht wenige unter den Ausnahmekünstlern ein Mann der Widersprüche, führte gleich mehrere Parallel-Leben. Insgeheim war er wohl ein Zweifler und Zauderer: Ganz im Gegensatz zu seiner Bühnen-Persona war sein privates Verhalten – unversöhnlich, unbeherrscht, unverständlich – oftmals von Planlosigkeit und Sprunghaftigkeit geprägt, stieß er die Menschen in seiner näheren Umgebung regelmäßig vor den Kopf. Voller Lebensgier hetzte er von einer Bühne, einer Stadt, einer Nation zur nächsten, mochte sich nie auf einen Wohnort festlegen. Er war auf der Flucht – nur vor was, das vermochte er wohl gar nicht immer so genau zu benennen. »Voir ailleurs«, nachschauen, wie es woanders wohl sein mag, war sein Motto. Ruhe war ihm ein Fremdwort, Pausen fürchtete er.

Zu seiner langjährigen Ehefrau Miche, die er schon als ganz junger Mann geheiratet hatte, wahrte der ewige Nomade eine befremdende Distanz und hielt ihr gleichwohl die Treue – bis zum bitteren Ende mochte er sie nicht wirklich verlassen. Seinen drei Töchtern, die um seine Zuneigung kämpften, war er ein strenger, unnahbarer Vater und ließ sie, je nach Laune, nur sporadisch an seinem Leben teilhaben. Er begegnete ihnen im Laufe seiner Karriere mit zunehmendem Desinteresse, das zuweilen als Feindseligkeit aufgefasst werden konnte, und schloss sie schließlich völlig aus seinem Dasein aus. Darüber hinaus war es Brel ein manisch zu nennendes Bedürfnis, mit gleich mehreren Geliebten seiner Existenz Intensität zu verleihen. Seine Partnerinnen verstrickte er mit immer neuen Schachzügen, rätselhaften Eskapaden, fadenscheinigen Ausflüchten und nie gehaltenen Versprechen in das komplizierte und auch entwürdigende Intrigen-Geflecht einer schwarzen Komödie. Eine Scheidung von Miche scheute er wie der Teufel das Weihwasser. Erst seine letzte Gefährtin, die exotisch anmutende Maddly Bamy von der Antillen-Insel Guadeloupe, vermochte ihn dauerhafter an sich zu binden als alle ihre Vorgängerinnen.

Ahnte er, dass ihm nur noch eine einzige Dekade beschieden sein würde? Zwischen 1967, seinem Abschied von der Bühne, und 1978, seinem viel zu frühen Tod, den der Kettenraucher als erst

Neunundvierzigjähriger und langjähriger Südseebewohner in einem Pariser Vorstadt-Krankenhaus starb, lebte er auf Hochtouren weiter, als gälte es, keine kostbare Zeit verstreichen zu lassen. Er ersetzte den Alltag eines Workaholics durch den eines Mannes, der alle seine Talente noch einmal auf die Probe stellen möchte. Nunmehr frönte er seinen drei weiteren großen Leidenschaften: dem Filmemachen (als Schauspieler und Regisseur, mit eher wechselndem Erfolg und einigen Flops), dem Fliegen (schon früh erwarb er den Pilotenschein) und dem passionierten Segeln (er setzte, nachdem er das Mittelmeer ausgiebig erkundet hatte, gar zu einer Weltumrundung an).

Und erst mit seinen Segeltouren auf seiner geliebten *Askoy II*, indem er monatelang vor den Menschen und dem Land floh, fand er auf dem Meer und den Inseln, auf denen er zu guter Letzt sesshaft werden sollte, zu seiner wahren Bestimmung und gelangte, zumindest zeitweise, zu einem gewissen Frieden. Denn als die einzigen Konstanten Brels kristallisierten sich am Lebensende immer stärker eine maritime Umgebung und das Insulaner-Dasein heraus. Womöglich waren sie so etwas wie Chiffren für eine früh angelegte Todessehnsucht.

Bereits in Belgien spielten die Seebäder und Küstenorte seiner ungeliebten Heimat, Wenduine, Knokke und Ostende, eine zentrale Rolle. In Wenduine verbrachte er die Sommerfrischen seiner wohlständigen Kindheit und langweiligen, doch recht komfortablen Jugend. In Knokke sollte er auch an einem wichtigen Gesangswettbewerb teilnehmen, Ostende später mit einem besonders eindringlichen Chansontext verewigen. Die gesamten 1960er-Jahre über nannte er eine einfache Behausung am südfranzösischen Strand von Cabbé und Golfe Bleu, unterhalb des Dorfes Roquebrune, am Cap-Martin sein Eigen – inmitten des Côte-d'Azur-Trubels, und dennoch so simpel wie abgeschieden. Ein Riviera-Ruhepol für den Gejagten, der seine Mitmenschen nur allzu oft selbst ordentlich auf Trab hielt.

Am Ende seiner Weltumsegelung landete er, als Seefahrer unserer Tage, mit Maddly tatsächlich am Ende der Welt – in Polynesien. Meilenweit entfernt vom mondänen Tahiti-Luxus, aber am Ziel: der absoluten Einsamkeit. Dort, auf einem eher unwirtlichen als traumhaften Eiland, leckte er seine Wunden, verdingte sich als fliegender Briefträger zwischen den verstreuten Marquesas-Inseln, nahm sich der kulturellen Erziehung der Bewohner an, legte soziales Engagement an den Tag, umgab sich mit Nonnen und Aussteigern und wurde – in Umweltbelangen – zu einem Verteidiger insularer Unberührtheit. Dort vollzog sich seine ganz persönliche Robinsonade, dort eiferte er – als Pilot, Segler, Eremit, Altruist und Samariter – gewissermaßen drei Autoren und Abenteurern nach, die er stets verehrt und immer wieder gelesen hatte: Antoine de Saint-Exupéry, Robert Louis Stevenson (*Schatzinsel*) und insbesondere Robert Merle (*Die Insel*).

Auf Hiva Oa ließ er sich nieder wie ein Schiffbrüchiger, dem schon das Ende vor Augen steht und den man im allerletzten Moment noch ans rettende Ufer gebracht hat. Wie ein Hasardeur, der gerade noch einmal davongekommen ist. Hier kam er einem Ziel zum Greifen nahe, wie er es in seinen paradigmatischen Chansons *Une île* (Eine Insel) und *L'Ostendaise* als literarisch-musikalischer Fährtenleger schon lange zuvor ins Visier genommen hatte – zwei Liedern, in denen Brel so etwas wie eine Poetologie des Meeres und der meditativen Insel-Einsamkeit entwickelte: Auf Hiva Oa warf er sein früheres Leben über Bord und fand, nahezu vollständig isoliert, zu einer bescheiden zu nennenden Routine in einem einfachen Haus unweit der Pazifikküste. Und wurde auch noch zum direkten Nachbarn von Paul Gauguin, neben dessen Grab er seine letzte Ruhestätte finden sollte.

Ende 1978 bestattete man »le Grand Jacques«, vom Lungenkrebs dahingerafft, im Inselhauptort Atuona auf Hiva Oa, »seiner« Insel, und bescherte ihm damit einen ewigen Blick auf die Gestade der Südsee.

Seine letzte LP aus dem Jahre 1977, eine musikalische Flaschenpost aus Hiva Oa, mitsamt dem letzten Titel darauf, *Les Marquises*, wurde zu seinem Vermächtnis.

Aus dem Blickwinkel seiner letzten Konzerttournee, aus der Rückschau, möchte ich die Lebensgeschichte Brels erzählen. Nicht als alle Details umspannende Mammutbiografie ist mein Buch angelegt, sondern als Porträt, in dessen einzelnen Kapiteln ich mich auch den verschiedensten Aspekten, Facetten und Besonderheiten seines Wirkens und Erdendaseins zuwende. Als Einschübe: eine Charakterisierung einiger weniger markanter Chansons – und eine Beschreibung dessen, was Brel mit ihnen und aus ihnen macht(e).

Achtunddreißig Jahre nach seinem Tod wird es allerhöchste Zeit für die erste Darstellung von Brels beispiellosem Werdegang durch einen deutschsprachigen Autor. Somit soll auch eine Lücke geschlossen werden.

Eine Zeittafel mit den wichtigsten Lebensdaten mit Hinweisen zu Alben und Filmen soll im Anhang als Orientierungshilfe dienen. Auch eine Bibliografie und einige diskografische Empfehlungen sollen nicht fehlen.

Ganz gewiss soll die Brel-Rezeption kurz zur Sprache kommen – schließlich ist sein künstlerisches Erbe weiterhin omnipräsent, und seine Musik hat nicht das Geringste von ihrer Aktualität eingebüßt. Nicht allein die Gréco, Barbara, Arno, David Bowie, Sting, Judy Collins, Maurice Béjart, Miguel Bosé, Madonna, Herman van Veen, Marc Almond, Momus oder Scott Walker, sondern auch Nina Simone und Frank Sinatra, Michael Heltau und Klaus Hoffmann, Serge Lama und Johnny Hallyday, Julien Clerc und Cyndi Lauper, Ange und Dalida, Florent Pagny und Dominique Horwitz setz(t)en sich mit Brels Chansons und Texten auseinander – heute noch sind seine Lieder und Lyrics Allgemeingut, werden unaufhörlich gecovert, selbst im Schulunterricht eingesetzt und interpretiert.

Und es wird selbstverständlich von Terry Jacks' Sommerhit *Seasons in the Sun* die Rede sein – stellt er doch die wohl bekannteste, »poppigste« und auch unwahrscheinlichste Brel-Bearbeitung dar.

Es gilt also, einen außergewöhnlichen Mann zu entdecken. Einen Mann in Gestalt eines fahrenden Sängers. Einen Ritter von der traurigen Gestalt. Einen couragierten Mann, der sich hinter Etikettierungen und Namensgebungen wie »Jacky«, »Grand Jacques«, »Jácbrel«, »Bruder von Don Quichotte«, »das weibliche Pendant zu Édith Piaf«, »der belgische James Dean«, »Krieger in Sachen Liebe«, »der Tausendsassa mit dem Pferdegebiss«, »le Bruxellois méditerranéen« oder einfach nur »Brel« verbarg.

Brel: Ein Frühvollendeter. Ein Gestrandeter. Ein ewiges Kind, das es weder verwinden konnte noch hinnehmen wollte, dass ihm die Erwachsenen seine Träume raubten. Ein Impulsiver und Umtriebiger, den Trägheit, Denkfaulheit und Konformismus schier zur Weißglut trieben. Ein Vorstreiter für die Zärtlichkeit. Brel: Eine starke, epochale Persönlichkeit und zugleich ein schwacher, verwundbarer Mensch.

Mein Lebensbild soll eine Einladung sein, sich ihm auch von Hiva Oa und Atuona aus anzunähern. Und hinter die Kulissen seiner Einsamkeit zu blicken.

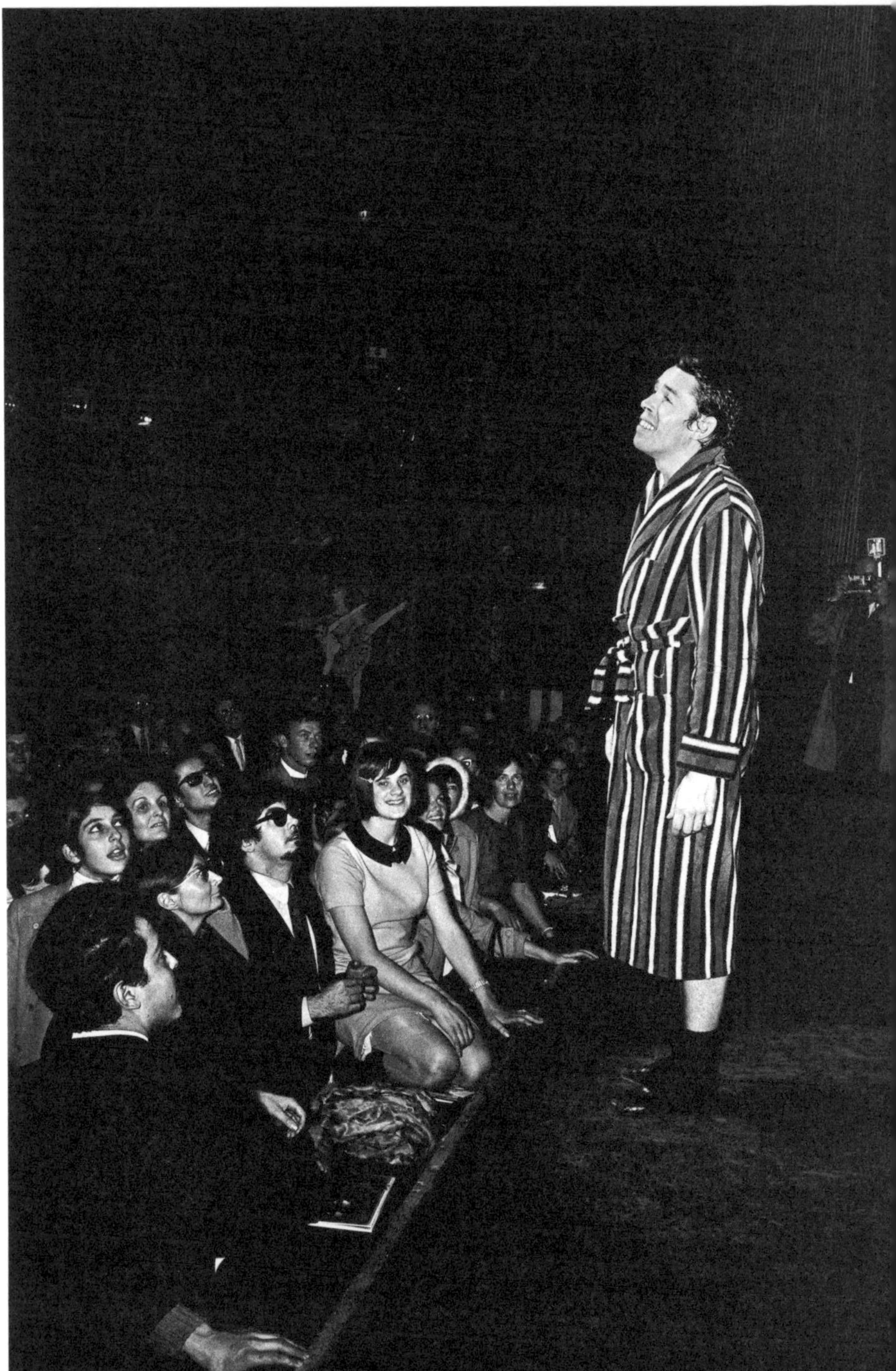

Unwiderruflich Adieu

1966

> Vielleicht bin ich auch nur deshalb auf die Bühne gegangen,
> weil ich es satthatte, allein zu sein.
> Es gibt Dinge, die man nicht einem Menschen allein,
> die man nur zweitausend Leuten sagen kann.
> Schlimmer noch – es gibt Dinge,
> die man sich selber nur sagen kann,
> wenn zweitausend Personen mit dabei sind,
> die einem recht zu geben scheinen,
> wenn man sie ausspricht.
> Allerdings: Hinterher bin ich dann eher noch einsamer.

Am späten Abend des 6. Oktober 1966 gleicht das ausverkaufte Pariser Olympia einem Hexenkessel. Die Vorstellung, ein fünfundvierzigminütiger Marathon fast ohne Atempausen und reich an Stimmungswechseln, ist soeben zu Ende gegangen. Das illustre Publikum im größten und wichtigsten Chanson- und Varietétempel Frankreichs, im Herzen der Hauptstadt, hat sich minutenlang in Rage geklatscht und hört einfach nicht mehr auf zu trampeln. Unter den Brel-Enthusiasten befinden sich Weggefährten und Kollegen, Stars und Berühmtheiten sowie zahllose Fans, die sich für die Tickets die Beine in den Bauch gestanden haben. Schon Tage zuvor sind aus allen Ecken und Enden des Landes Glückwunsch- und Ermunterungstelegramme eingetroffen. Olympia-Direktor und gewiefter Geschäftsmann Bruno Coquatrix, einstmals ein Brel-Skeptiker und inzwischen mit diesem Ausnahme-Chansonnier, einem Zugpferd der Sonderklasse, auf der sicheren Seite, hat sich diesmal nicht lumpen lassen: Das begehrte Programm der Soiree, auf Hochglanzpapier gedruckt und Tage später nur noch unter der Hand zu Schwarzmarktpreisen zu haben, enthält ein hellsichtiges, einfühlsames und von Bewunderung geprägtes Brel-Porträt aus der Feder seines Freundes, des Lied-Genies Georges Brassens. Wann hat es das schon einmal gegeben?

Die mit Händen greifbare Spannung im Saal hat sich nach jedem einzelnen Chanson in wahren Beifallsstürmen entladen – der umjubelte Protagonist hat nämlich, zusätzlich zu seinen Erfolgstiteln, sogar noch einige neue Lieder mitgebracht und präsentiert. Doch jetzt ist die Bühne bereits seit vielen Minuten leer. Was der Begeisterung keinen Abbruch tut. Die Saallichter sind längst angegangen, aber das kümmert niemanden. Keiner verlässt das Haus. Die Leute haben alle Zeit der Welt; im Parkett herrscht Euphorie. Hinter dem dunklen Vorhang befindet sich das Orchester im Wartezustand und variiert, pflichtbewusst und auch in bester Spiellaune, unablässig Strophen aus dem Finalsong. *Madeleine* natürlich, Brels drolliger Dauerbrenner. Gefolgt von einem Medley, dem der gute alte Standard *Ce n'est qu'un au revoir* (»Es ist ja nur ein ›Auf Wiedersehen‹«) als Refrain dient. Doch der Held des Abends ist es, nicht die brillante Begleitcombo, den die zweitausend, die sich längst aus ihren Sitzen erhoben haben und gegenseitig anfeuern, unbedingt noch einmal nach vorne holen wollen. Allen ist instinktiv bewusst, dass sie gerade einen unwiederbringlichen, ja historischen Moment erleben. Also pfeifen und jubeln sie weiter, sorgen dafür, dass die Ovationen kein Ende nehmen und sich bis zum ohrenbetäubenden Orkan steigern. Das Olympia, dieser veritable Olymp der frankofonen Lied- und Kabarettkunst, scheint förmlich überzukochen.

Wie ein Lauffeuer hat sich in den Wochen zuvor die Kunde verbreitet, dass der Erfolgsgarant Brel den Entschluss gefasst habe, dem Bühnenleben zu entsagen, den zermürbenden Tourneen ein Ende zu bereiten und das Handtuch zu werfen. Selbst für diese Gastspielserie in Paris habe man ihn überreden müssen; am liebsten hätte er sich die letzten Wochen im Rampenlicht, mithin einen Abschied auf Raten, wohl gleich erspart. Fachwelt, Brel-Kenner und selbst enge Freunde halten die Nachricht zunächst für ein Gerücht. Ausgerechnet Brel, dieses Energiebündel, dieser rastlose Globetrotter, dieses Bühnentier, soll einen Schlussstrich ziehen wollen? Undenkbar. Es heißt jedoch auch, niemand, weder sein Busenfreund Jojo noch sein Kollege Charles Aznavour, keiner von seinen Musikern und auch keine seiner Lebensgefährtinnen, könne ihn von dieser Entscheidung abbringen. Und das soll sich bewahrheiten. Sie ist endgültig.

Dabei ist der Troubadour aus dem Norden, der französischste aller Belgier, der seinen Brüsseler Akzent eben erst wieder in seinem brandneuen Chanson *Les Bonbons 67* selbstironisch erwähnt und auf die Schippe genommen hat, gerade einmal 37 Jahre alt und steht noch dazu im Zenit seiner Laufbahn. Nie war er erfolgreicher und beliebter, nie hat er mehr Menschen erreicht, nie hat er, nervöser Nomade par excellence, mehr Konzerte gegeben und mehr Auftritte absolviert.

Ausgelaugt fühlt er sich. Und fürchtet, sich zu wiederholen. Er will kein »alter Sänger« werden, nicht zum Evergreen-Sänger verkommen. »Spanische Serenaden für reife Damen trällern«, diese Vorstellung ist ihm ein Graus. Der Tendenz, dass sich seine bissigen Chansons in abgestandene Schnulzen verwandeln, möchte er entgegenwirken. Jede auch noch so kleine Textpanne im Vorjahr hat ihm gezeigt, jeder von den wenigen mittelmäßigen Abenden hat ihm verdeutlicht, dass seine Kräfte und vor allem die Konzentration nachlassen. Brels Ansprüche an sich selbst sind hoch, unerbittlich hoch. Er weiß, dass gerade jetzt, wo es am besten läuft, wo die Terminkalender für die nächsten Saisons randvoll sind mit

Engagements und Verpflichtungen, wo er mit jedem Chanson einen Volltreffer landet und die Menschen anrührt, der richtige Zeitpunkt für eine Zäsur ist. Aufhören, wenn es rundläuft, das war schon immer seine Devise. Aufhören, wenn man noch etwas zu sagen hat, wenn sich bei den Fans noch kein Überdruss einstellt, wenn man sich der unverbrüchlichen Liebe seines Publikums gewiss sein kann. Und genau so hat es auch sein alter, treuer Akkordeonist gehandhabt, den er erst vor Kurzem schweren Herzens ersetzen musste.

Das Olympia gerät vollends außer Rand und Band, als Brel, der sich lange, sogar sehr lange hat bitten lassen, dann endlich vor den Vorhang tritt. Selbst er, der vom rauschenden Beifall seit vielen Jahren Verwöhnte, ist völlig übermannt von dieser Woge der Zuneigung, die über ihn dahinbrandet, von dieser kollektiven Weigerung, ihn für immer ziehen zu sehen. Einmal, dreimal, fünfmal, insgesamt siebenmal lässt er sich feiern, verschwindet und kommt wieder zurück, grüßt die wild gewordene Menge, schüttelt Hände, lacht sein entwaffnendes Lachen.

Natürlich warten alle auf eine Zugabe, kämpfen darum, fordern sie lautstark ein. Und natürlich wissen auch alle, die jemals ein Brel-Konzert besucht haben, dass dieser Wunsch wohl wieder nicht in Erfüllung gehen wird. In seiner gesamten Karriere hat er sich schließlich nicht ein einziges Mal zu einer Zugabe hinreißen lassen. Würde man etwa, so Brels Argumentation, von einem Theaterschauspieler verlangen, eine ganz bestimmte Szene noch einmal zu wiederholen oder, schlimmer noch, einen weiteren, bis dahin nicht gespielten Akt aufzuführen? Auch er will mit seiner Bühnenperson in Einklang bleiben, nicht aus der einmal gewählten Rolle heraustreten, keine zusätzliche Pose einnehmen. Die Enttäuschung ist immens, als Brel selbst heute, nach der siebten Grußserie, die Bühne verlässt, ohne dem Orchester ein Zeichen für eine Reprise gegeben, ohne seinen Anhängern diese großzügige Geste gewährt zu haben. Er verweigert sich auch an diesem Abend dem allzu leichten Triumph, der Redundanz, den Konventionen und Ritualen des Showbusiness.

Die Journalisten sind skeptisch geblieben, mögen die Neuigkeit noch nicht so recht schlucken. In zahlreichen Interviews, die den Olympia-Wochen vorausgehen, haben sie Brel in die Zange genommen, haben versucht, ihn in Widersprüche zu verwickeln, ihn darauf hingewiesen, wie unverzichtbar seine Präsenz in den französischen Theatern ist. Auch jetzt noch, im Pariser Herbst, beschwören sie ihn zu bleiben. Es war, so glauben und hoffen sie, vielleicht doch nur eine voreilige, unüberlegte Ankündigung – aus einer Laune heraus. Und schließlich: Wie viele Male hat ein Bühnenstar in der Vergangenheit nicht schon vollmundig von Rückzug gesprochen, wie viele Male dann aber seine Entscheidung rückgängig gemacht und ein Comeback gefeiert – und danach das Comeback vom Comeback? Ist es nicht oftmals ein bloßer Publicity-Schachzug gewesen, wenn sich jemand halbherzig »zur Ruhe setzte«, nur um sich ein paar Jahre später wieder mit viel Tamtam und medialem Wirbel geschickt in Szene zu setzen?

Bei Brel liegen die Dinge anders. Es wäre nicht das erste Mal, dass er die Spielregeln des Showgewerbes eigenmächtig außer Kraft setzt. Zunächst einmal handelt es sich, wohlgemerkt, lediglich um ein Ende seiner *Bühnen*-Präsenz. Platten will und wird er auch weiterhin aufnehmen, und weitere Fernsehauftritte sind durchaus denkbar. Des Weiteren kommt sein Wille auszusteigen nicht aus heiterem Himmel – sein Entschluss ist gereift. Er hat sich während endloser Tourneewochen immer häufiger Gedanken über künstlerisch-menschliche Aufrichtigkeit gemacht. Und darüber, wie lange er noch mit voller Glaubwürdigkeit *Le Diable* verkörpern, entrüstet die *Bourgeois* verspotten, ernsthaft *Ne me quitte pas* säuseln oder feierlich *Le plat pays* besingen dürfte. Wie lange er sich Frische und echtes Mitteilungsbedürfnis bewahren könnte. Zum anderen darf man seine Loyalität gegenüber dem Publikum nicht unterschätzen. »Wenn ich so weitermache, würde ich auf der

Bühne mehr empfangen, als ich geben kann. Und das wäre Betrug. Ich kann mich zwar selber täuschen, aber die anderen täuschen, das will ich nicht.«

Hinzu kommt etwas, was ihn von den meisten Stars seiner Zunft trennt und abhebt: Finanzielle Meriten bedeuten ihm nichts. Geld töte den Traum, Geld kotze ihn an, hat er mehr als einmal bekundet. Geld flöße ihm Angst vor der eigenen Gier ein. Träume, das war schon immer Brels Maxime gewesen, seien wichtiger als Reichtum. Auf den Brettern, die die Welt bedeuten, zu stehen, hat für ihn etwas Vorläufiges und ist an eine Art ethischen Kodex geknüpft. An die von ihm selbst erhobene Forderung, nur qualitativ Hochrangiges abzuliefern, keine Schludrigkeit oder Da-capo-Seligkeit zu dulden. Routine lässt sich mit einer solchen, ins Extreme gesteigerten Disziplin schlechterdings nicht vereinbaren. Auftreten hieß für Brel schon seit jeher: alles auf eine Karte setzen, volles Risiko gehen, seine Kunst aufs Spiel setzen. Das Scheitern akzeptieren. Schummeln und Tricksen kommen da nicht infrage. Denn »wenn ich wirklich so weitermache mit über dreihundert Chansonabenden im Jahr, werde ich eines Tages ein Fabrikant oder Beamter des Chansons sein. Und das will ich um keinen Preis.«

Wenn ihm die Interviewer zu dumm kommen, wenn sie es weder akzeptieren noch ertragen können, dass er der Bühne den Laufpass gibt, so als sei er nichts weiter als ein treuloser Liebhaber, der leichtfertig mittendrin eine schöne Affäre beendet, hat er Albernheiten oder Petitessen für sie parat. So wie diese: »In der Öffentlichkeit zu singen ist sowieso nicht normal. Normal ist es, in der Badewanne zu singen, weil man glücklich ist und weil man dort allein ist, aber vor allen Leuten, das nicht!« Brel ist schon immer ein störrischer, unbequemer Gesprächspartner gewesen, hat den Reportern Knüppel zwischen die Beine geworfen, das Interviewkonzept listig torpediert. Stets hat er den Versuch unternommen, die Fragesteller wie eine lästige Hundemeute abzuschütteln. Und jetzt, da der Moment gekommen ist, Adieu zu sagen, hat er nicht die geringste

Lust, ihnen den Gefallen zu tun und sich bei ihnen für sein Verschwinden zu rechtfertigen.

Noch gönnt er seinen Zuhörern einige Monate Schonfrist, so lange, bis weltweit alle geplanten Vorstellungen absolviert sind. Im Mai 1967 ist dann in Roubaix, in einem Kinosaal, endgültig Schluss. Nach jedem Chanson zischt er dort seinem Begleiter und Arrangeur Gérard Jouannest zu: »Diesen Titel haben wir jetzt zum allerletzten Mal zusammen auf der Bühne gebracht.« Und *ensuite c'est fini*, dann geht jeder seiner eigenen Wege. Aus und vorbei.

Normal, was heißt bei Brel schon normal? Dieser Pariser Oktobernacht, dem Anfang vom Ende der Bühnenkreatur Brel, haftet gleichfalls nichts Gewöhnliches an. Sie wird in die Annalen des Olympia eingehen, so wie einst Marlene Dietrichs glamouröse Galas, Édith Piafs an Emotionen reiche Wiederauferstehungskonzerte und Johnny Hallydays denkwürdige Saalschlacht, alle an derselben Stätte.

Als Brel zum achten und letzten Mal an diesem Abend vor dem Vorhang erscheint und sich der tobenden Menge stellt, überrascht er *le Tout-Paris*, indem er sich in ungewöhnlichem Outfit zeigt – ganz salopp, ohne Anzug und Schlips, dafür, schon entspannt und seiner Bühnenuniform entledigt, in Strümpfen und gestreiftem Bademantel. (Udo Jürgens war also nicht der Erste, der auf diese Idee kam.)

Brel, wie gewohnt ein Ausbund an Vitalität, winkt, strahlt und dankt. Und sagt den einen, entscheidenden Satz: »Das alles hier ist fünfzehn Jahre Liebe wert gewesen.« Liebe zwischen isolierter Bühnenfigur und Publikum. Liebe zwischen Mensch und Chanson. Eine Vereinigung, ein Liebemachen von Stimme und Text. Eine Vereinigung von einem Mann und Hunderttausenden von Unbekannten. Das Bekenntnis gegenseitiger Wertschätzung – ein schöner, fataler und auch ein ambivalenter, spekulativer Satz, der den Brel-Exegeten noch so manche Interpretation abverlangen wird.

Am Ende gehen die Lichter aus. Brel ist allein. Einsamer, als er es je zuvor war. Und auch seine Zuschauer sind, jeder für sich, allein. *Seul*, wie in seinem famosen Chanson gleichen Titels: »Wir sind hundert, wenn der Ruhm eine grundlose Einladung ausspricht. Aber wenn der Zufall stirbt, wenn das Lied zu Ende ist, stehen wir ganz alleine da.«

Brel wird seiner Einsamkeit einstweilen ein Schnippchen schlagen. Pläne hat er genug: Filme machen. Reisen. Fliegen. Segeln. Fliehen.

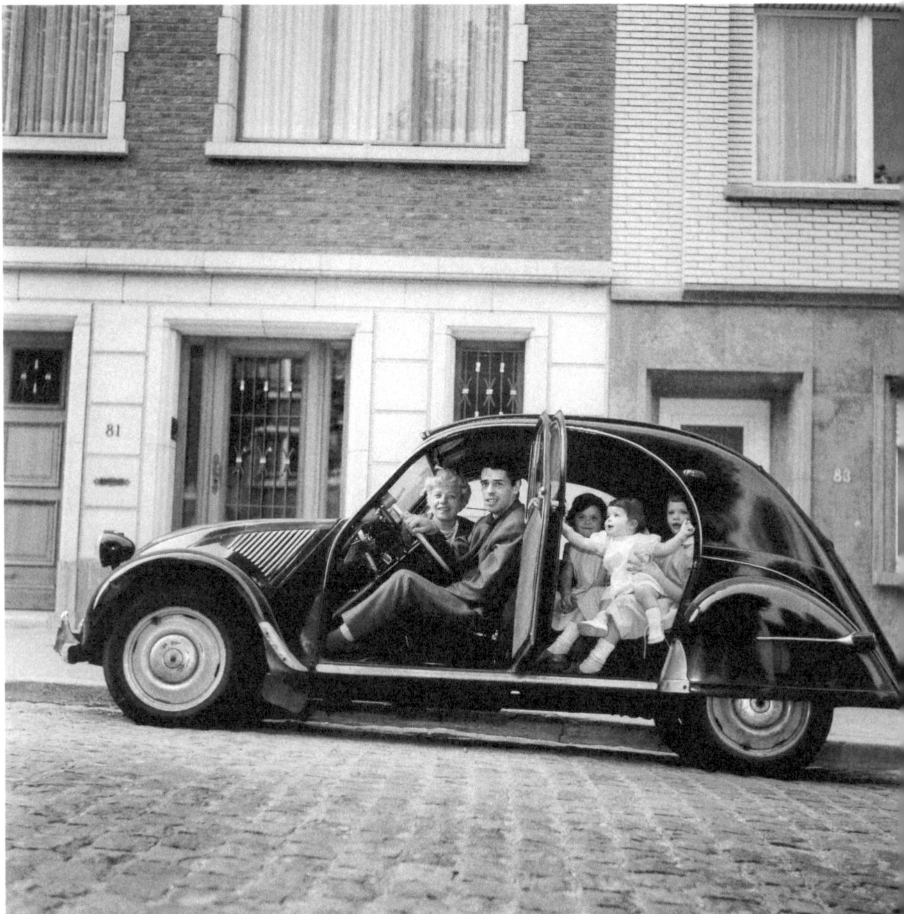

81
83

»Meine Kindheit ging einfach so vorbei«

1929–1947

Die Kindheit – wer kann uns schon sagen, wann das aufhört?
Wer kann uns schon sagen, wann das anfängt?
Das ist nichts. Mit Unbedachtsamkeit.
Das ist alles, was nicht geschrieben steht.

Mit der Jahreszahl 1929 verbindet man instinktiv die katastrophale Stimmung, die der Börsencrash an der Wall Street am »Schwarzen Donnerstag« auf den Weltmärkten auslöste, gefolgt vom heute hinlänglich bekannten, damals nicht annähernd abzusehenden ökonomischen Langzeit-Desaster. Im Königreich Belgien hingegen, das seinerzeit von Albert Premier regiert wurde und von den Konsequenzen des globalen Crashs ebenfalls betroffen war, hätte es im selben Jahr zumindest in kultureller Hinsicht gleich mehrmals Anlass zu Freude, Stolz und Optimismus geben können: Drei von Alberts Landsleuten oder Untertanen machten von sich reden und schufen, jeder auf seine Weise, dauerhafte Phänomene der Populärkultur ihres Jahrhunderts – und auch noch weit darüber hinaus.

So erfand der immens fleißige Schriftsteller Georges Simenon quasi über Nacht die populäre Figur des Kommissars Maigret, der binnen kürzester Zeit zu Weltruhm gelangen und in zahllosen spannenden, von Millionen Krimi-Lesern gierig verschlungenen Romanen knifflige Fälle lösen würde. Der Comic-Zeichner Hergé schickte zur selben Zeit erstmals seinen tapferen Helden Tintin mitsamt seinem treuen Hündchen Milou auf Abenteuerreise. Wenig später war der Siegeszug von »Tim und Struppi« nicht mehr aufzuhalten, konnten begeisterte Leser in aller Welt nicht genug bekommen von den Streichen, Mutproben und Geschichten rund um das ungleiche, sympathische Gespann. Und in einem hellen Haus im Brüsseler Wohnviertel Schaerbeek erblickte in den frühen Morgenstunden des 8. April das jüngste Kind von Romain und Lisette Brel das Licht der Welt: ein Junge, den sie auf den Namen Jacques Romain Georges tauften. Noch heute wird er überall als der bedeutendste, bekannteste, provozierendste, wenn auch nicht immer zugänglichste oder liebenswerteste Chansonnier französischer Sprache von Menschen in vielen Ländern und Kulturen gefeiert und verehrt. Maigret, Tintin, Brel: Sie alle sind, als genuin belgisches Triumvirat, aus dem kollektiven Bewusstsein nicht mehr wegzudenken.

Zweifelsohne war das Eintreffen des Nachkömmlings ein höchst erfreuliches Ereignis im Hause Brel. Womöglich hatten die Eltern aber eher auf ein kleines Mädchen gehofft, das den Namen Nelly tragen sollte. Denn im Kongo, wo sie vor Jacques' Ankunft auf Erden lange Jahre gelebt hatten und wo Vater Romain, ein in Maßen erfolgreicher Geschäftsmann, im Bereich Import-Export für die Firma Comitex mit Elfenbein, Palmöl, Kaffee und Gummi gehandelt hatte, waren 1922 ihre ersten beiden Kinder, das Zwillingspaar Pierre und Nelly, kurz nach Lisettes Niederkunft einer tückischen Typhus-Erkrankung anheimgefallen und verstorben. Eine Tragödie für das frisch vermählte Paar, über die sie die Geburt eines »zweiten« Pierre im Folgejahr ein wenig hinwegzutrösten vermochte. Sechs Jahre später, als sie das unstete Dasein in der Kolonie hinter sich gelassen hatten und schon wieder in der Heimat weilten, vervollständigte nun anstelle der »zweiten« Nelly als Nachzügler ein kleiner Junge namens Jacques das Familienglück. Romain war da bereits 46, Lisette 33 Jahre alt. Sie hatten sich 1921 bei einem von Romains seltenen Urlauben und Belgien-Aufenthalten kennengelernt und bald darauf geheiratet.

Der kultivierte Vater, Amateurmusiker, ehrgeizig, des Englischen mächtig und in seiner Jugend immerhin mit genügend Abenteuerlust und Risikobereitschaft ausgestattet, um sich auf eine ungewisse und auch nicht ganz ungefährliche Tätigkeit in Schwarzafrika einzulassen, taugte trotz dieses exotischen Lebensabschnittes von Anfang an nicht zum Vorbild oder Ansprechpartner für seinen begabten Zweitgeborenen. Er blieb ihm zeitlebens fremd. Ein wortkarger, eher introvertierter und unnahbarer Mann mittleren Alters, dem »Jacky«, wie der Junge bald im Familienkreis und auch von Freunden genannt wurde, seine tropische Vergangenheit nicht abzunehmen schien und den er nichtsdestoweniger in gleich zwei emblematischen Chansons verewigen sollte: zunächst in der elegischen, metaphernbeschwerten Ballade *Mon père disait*, in der er Romains Beschreibungen des unbarmherzigen Nordwinds an den belgischen Küsten zitierte und kommentierte – was ja beweist, dass er durchaus etwas auf die Erfahrungen und Einschätzungen seines Erzeugers gab. Und dann natürlich in dem sprichwörtlich gewordenen Zweizeiler seines Liedes *L'Enfance* (Kindheit), verfasst für seinen zweiten Film (über den Wilden Westen), in dem es spöttisch, undankbar und auch ein wenig defätistisch heißt: »Mein Vater war ein Goldsucher. Blöd nur, dass er auch welches gefunden hat.«

Romain Brel, der inzwischen einen Direktorenposten für die Comitex bekleidete, hätte aufgrund seiner langjährigen Kongo-Vergangenheit eigentlich den perfekten Helden für einen nach Abenteuern in fernen Ländern süchtigen kleinen Jungen abgeben können. Allein, es sollte einfach nicht dazu kommen. Jacky erblickte in ihm – wahrscheinlich zu Unrecht – den Archetyp eines gesetzten, indifferenten, fantasielosen und satten Bourgeois, dem für ihn und seinen älteren Bruder eine vorhersehbare, monotone Tätigkeit in der Industrie vorschwebte. Anstatt den Vater als Wahlafrikaner ernst zu nehmen und nach seinen Erlebnissen zwischen Dschungel und Léopoldville zu befragen, las der Junge lieber Saint-Exupérys Romane und andere Jugendbücher mit fiktiven, dafür aber umso glaubwürdigeren Eroberern und Freiheitsdurstigen. Für ihn war der konservative, strebsame Vater im Großvateralter jemand, der vor dem Abenteuerdasein im Busch »gekniffen« hatte, ein »Fahnenflüchtiger« und »Verräter«. Ein Mann ohne Schneid. Dabei hatten Familienoberhaupt und Sohn mehr gemeinsam, als dem rebellischen Chansonsänger später lieb sein konnte, so zum Beispiel den Hang zum Kettenrauchen, ein reichlich traditionelles Frauenbild und die Vorliebe für außereheliche Affären. Brel verdankte seinem Senior nicht zuletzt ein Aufwachsen in gesicherten materiellen Verhältnissen – keine Kleinigkeit in jenen schwierigen Zeiten.

Angesichts der prekären Wirtschaftslage sah sich nun auch Romain gezwungen, seine bequeme Direktorenstelle aufzugeben, mitsamt Frau und Kindern aus dem schönen Stadthaus in der avenue des Cerisiers in eine kleinere, bescheidene Wohnung am boulevard d'Ypres zu ziehen und sich mit seinem Schwager Armand auf beruflicher Ebene zusammenzuschließen. Gemeinsam führten die beiden Männer, denen in der Folgezeit das Glück der Tüchtigen hold sein sollte, die Kartonagenfabrik Vanneste & Brel, für Jacques künftig der Inbegriff sinnentleerten, kommerziellen Stumpfsinns. Gleichwohl: Ohne diese stabile Grundlage wären eine sorgenfreie Existenz und bürgerliche Annehmlichkeiten wie regelmäßige Sommerferien in den populären belgischen Seebädern Blankenberge und Knokke, in deren Genuss die Brel-Brüder kamen, wohl kaum möglich gewesen.

Der kleine Junge, der von seinem geschäftsbedingt häufig abwesenden Vater und von seinem großen Bruder, der längst seine eigenen Wege ging, nur wenig mitbekam, wuchs nunmehr in relativ begüterten Verhältnissen auf. Lebensfreude, Esprit und Spontaneität verströmte in umso größerem Maße Maman Lisette, eine dynamische Frau mit gleich mehreren Spitznamen und Talent für Partys und andere lustige gesellschaftliche Zusammenkünfte, mit ihrem Benjamin spielerisch herumalbernd, seine kreative Seite fördernd und ihn zu kleinen Streichen ermunternd. Ihr längliches Gesicht wurde gelegentlich von einem lausbübischen Lächeln aufgehellt. Wenn Élisabeth gut aufgelegt war, stand sie ihrem kleinen Jacques nicht nur als Mutter, sondern auch als beste Freundin, ältere Schwester oder Komplizin zur Verfügung. Ihr Anteil an seiner Menschwerdung war somit ungleich größer als der ihres schweigsamen Mannes, eines arbeitswütigen Phantoms; sie besaß die nötige Zeit, vermittelte Lust am Dasein und an dessen Ironisierung. Auch sie litt freilich unter dem erheblichen Altersunterschied zum Gatten, der ihr nur noch selten seine Aufmerksamkeit schenkte; ihre Bedürfnisse blieben auf der Strecke.

Es dauerte nicht lange, bis selbst den kleinen Söhnen bewusst wurde, dass sich Lisette nun ihrerseits Liebhaber hielt. Ein gewisser Maurice, noch dazu ein Lehrer der Kinder, ging bei den Brels ein und aus, was auch dem Hausherrn nicht verborgen bleiben konnte. Den Schein wahrte man am boulevard d'Ypres somit mehr schlecht als recht. Doch Pierre erwähnt in seinen Lebenserinnerungen auch einen Selbstmordversuch der attraktiven, temperamentvollen Madame Brel, die aus Enttäuschung darüber, fortgesetzt von Romain betrogen zu werden, den Gashahn aufgedreht hatte. Die beiden Jungen fanden die fast Leblose, als sie von der Schule heimkehrten, und dem makabren Spuk wurde gerade noch Einhalt geboten. Die Desillusionierung ließ sich indessen nicht länger verhindern; die Fassade bröckelte zusehends. »Ich sagte mir: ›So kann, so darf das Leben doch nicht sein.‹« Auf Schnappschüssen aus der Kinderzeit verweigerte Jacky zuweilen den Blick in die Kamera, hielt sich abseits oder flüchtete sich in die Lektüre von Comic-Heftchen und Schmökern, mit denen er sich in ein aufregenderes, kohärenteres Universum hinwegträumte.

Solange echte Herausforderungen auf sich warten ließen, verlangte es ihn nach Grenzerfahrungen. Überschüssige Energien loszuwerden, sich bis zur völligen Erschöpfung zu verausgaben, ein Gefühl der Befriedigung mittels selbstzerstörerischer physischer

Qualen herzustellen, das reizte ihn. So steckte er sich mitten in der Stadt oder auf einer Seitenstraße in den Vororten eine allein in seiner Vorstellungskraft existierende Rennstrecke ab und fuhr sie mit dem Fahrrad Dutzende Male in Höchstgeschwindigkeit bis zur Besinnungslosigkeit entlang; er trat stundenlang in die Pedale, bis er jede Faser seines Körpers spürte, bis ihm das Herz bis in den Hals schlug und er Blut schmecken konnte. Ein Wettstreit gegen sich selbst. Ein Sieg der stärkeren über die schwächeren Seiten seiner Persönlichkeit. Mit derlei Bewährungsproben vergewisserte er sich seiner Kraftreserven und eines – unter der Oberfläche des gelangweilten Burschen – brodelnden Leistungswillens, den niemand in seiner Verwandtschaft ihm zugetraut hätte. Er gab sich einem wohligen Schwindel hin. Er verfiel der Droge Selbstüberwindung. War er dann, schweißnass, berauscht und noch erhitzt von der Kraftanstrengung, in den öden elterlichen Kokon zurückgekehrt, schenkten ihm weder Élisabeth noch Romain, weder Pierre, Maurice noch irgendeine Hausangestellte sonderliche Beachtung. Mit jedem Routine-Tag wuchsen so Verachtung und Überdruss. An den »Grautönen«, an den auferlegten »Schweigezonen«.

Unaufrichtigkeit, Heuchelei, Wohlstand, ekelerregender Konformismus, *ennui* – die Eckkoordinaten von Brels Jugend. Aus seiner Perspektive: Todsünden. »Ich bin in einer Erwachsenenwelt aufgewachsen, meine Eltern waren ziemlich alt. Und es gab Werte in dieser Welt, Geld beispielsweise, die die Erwachsenen unendlich respektierten und die mich gar nicht interessierten.« Behäbigkeit, Kleinkariertheit und Unbeweglichkeit, Kapitulation vor den Träumen und Inszenierung einer Scheinwelt – wahrlich kein Lebensmodell, dem der heranwachsende, trotzige Grand Jacques nachzueifern trachtete. »Die Erwachsenen sind Deserteure.« Brel machte es nichts aus, sie alle über einen Kamm zu scheren. Er hielt *les adultes* für engstirnig und borniert, ausschließlich in ihre Bankkonten verliebt. Schickten sie ihn doch um jeden Preis zum Lernen in religiöse Institutionen, ohne sich selbst bei ihrer Lebensführung auch nur im Entferntesten an irgendeiner moralischen oder theologischen Richtschnur zu orientieren. Doppelzüngigkeit und Bigotterie. Gepaart noch dazu mit einer erschreckenden Gleichgültigkeit.

Kümmerte es überhaupt jemanden im Familienkreis oder sonst wo, ob er anwesend war, ob er existierte? Zeigte irgendjemand Interesse daran, was er fühlte, dachte, sich erhoffte? Dicke, vollgefressene Onkels, so formulierte er es in einem seiner vielen zornigen Lieder, die nachgerade obsessiv um das ewige Thema Kindheit kreisen, hätten ihm mutwillig seine Visionen geraubt, ihm vorsätzlich den Zugang zu seinem persönlichen »Wilden Westen« verbaut, das paradiesische Cowboy-und-Indianer-Spiel zunichtegemacht. »Ich habe eine Kindheit gehabt, in der so gut wie gar nichts passiert ist. Es [gab] da eine gewisse, wohletablierte Ordnung. Eine freundliche Ordnung, ohne Strenge und Härte. Es war alles recht friedlich – und ziemlich langweilig. Ich hatte das Gefühl, ganz allein zu sein. Und das war gut so. Weil ich sehr bald nichts mehr erwartet habe.«

Die Schulen, die der Knabe nacheinander und mit zunehmender Lustlosigkeit besuchte, boten keine echte Alternative. Anfangs, als Grundschüler, brachte er noch gute Noten heim, dann weigerte er sich bereits, sie tagtäglich aufzusuchen, und erlitt Tobsuchtsanfälle, wenn man ihn dennoch dazu zwang. Er schwänzte oft, fing sich mehrfach eine Tracht Prügel ein und wurde zum Schulwechsel verdonnert. In den kirchlich gebundenen Lehranstalten, in die man ihn anschließend verfrachtete, verhielt er sich unauffälliger und ein wenig anpassungsfähiger; seine Leistungen ließen aber merklich nach. Ab und zu wurde ein wohlwollender Pädagoge auf ihn aufmerksam. »In seinen Augen schimmerte Schalkhaftigkeit, glomm liebenswerte Bosheit auf«, erinnerte sich etwa der Abbé Deschamps, ein ihm zugetaner, inspirierender Lehrer. »Zum Scherzen war er ständig aufgelegt, gewann den Dingen ihre amüsante, lächerliche Seite ab, und er legte dabei Stil an den Tag. So war es unmöglich, ihm seine Faxen länger als einen Moment übel zu nehmen.« Mit Charme und Witz rettete er sich aus so manch misslicher Lage, überbrückte Wissenslücken, vermochte Patzer zu kaschieren. Aber trotz passabler Ergebnisse in einzelnen Fächern häuften sich die schlechten Resultate; gleich zweimal blieb er, zum Leidwesen von Lisette und Romain, die sich keinen Reim auf das Gebaren und die stark schwankenden Talentproben ihres Sprösslings machen konnten, sitzen. Jacques Brel: ein Schulversager.

Wie er in der Rückschau ein ums andere Mal durchblicken ließ, hatte er seine Kindheit als nicht glücklich empfunden. Dieser für die meisten doch so unbekümmerten Lebensphase eignete, was ihn betraf, wenig Leichtes, Unbeschwertes. Alles Kindgerechte schien aus ihr verbannt. Er fühlte sich um seine Unbefangenheit betrogen und war, als Mann, über diese vergeudete Zeitspanne von Grund auf enttäuscht. »Eines Tages, recht früh sogar, habe ich die Achtung vor den Erwachsenen verloren.« Misstrauisch beäugte er sie, ging ihnen aus dem Weg. »Was ist das eigentlich: ein Erwachsener? Ich sehe genau hin, ich beobachte sie aufmerksam, aber ich finde sie so grau und so traurig, ich verstehe sie einfach nicht.« Zum Glück gab es da die Pfadfindertruppen, in denen Jacky seine langsam reifende Persönlichkeit mit ihren theatralischen Wesensmerkmalen noch am ehesten entfalten konnte. Erst mischte er bei den »Wolfsjungen«, den *louvetaux*, dann bei den *cerfs*, den »Hirschen«, mit. Hier kam er als Komiker zur Geltung. Hier durfte er seinen Enthusiasmus ausleben, konnte erstmals brillieren, vermochte er sich mit Parodien und Soloeinlagen ein erstes Publikum zu erobern. Seinen verblüfften Kameraden bot er am Lagerfeuer amüsantes Entertainment, erkor sich die Zeltlager zur Bühne und beeindruckte die anderen Jungs mit kleinen Gags und aus dem Stegreif entwickelten szenischen Überraschungseffekten.

Die »Beförderung« innerhalb der Pfadfinder-Hierarchie erfolgte fast gleichzeitig mit dem Schulwechsel von der Bruderschaft Saint-Viateur ans Institut Saint-Louis mit seiner fast ausschließlich aus

Geistlichen bestehenden Lehrerschaft. Sowie mit dem Kriegseintritt Belgiens, das von den deutschen Streitkräften förmlich überrannt wurde, und der baldigen Kapitulation durch König Léopold III. Den demütigenden historischen Einschnitt, der für viele Belgier aufgrund der De-facto-Kriegsgefangenschaft ihres Monarchen und der sich wie eine Seuche ausbreitenden Tendenz zur »collaboration« als nationale Schande aufgefasst wurde, den Elfjährigen dagegen kaum tangiert zu haben scheint, verarbeitete Brel erst 1977 in einem zu Lebzeiten unveröffentlicht gebliebenen Chanson, *Mai 40*.

Paradoxerweise gingen die Kriegsjahre, in denen Ernährer Romain es auch weiterhin verstand, seine schützende Hand über die Familie Brel zu legen und ihren bescheidenen Wohlstand zu erhalten, ohne den deutschen Feinden allzu sehr in die Hände zu spielen, mit Jacques' künstlerischer Erweckung einher – man könnte auch sagen: mit seinem Coming-out als Bühnenperson und als Textautor. Er erlebte die Besatzungszeit, in der er mit Bruder Pierre lange Strecken auf dem Fahrrad zurücklegte, um bestimmte, rar gewordene Lebensmittel aufzutreiben oder fehlende Gegenstände für den täglichen Bedarf aufzuspüren, als totale Befreiung. Nicht zufällig endet *Mon enfance*, seine ergreifende Abrechnung mit der als so unbefriedigend erlebten Zeit des Heranwachsens, mit Zeilen der Erleichterung, als er die Tür zu Pubertät, Jugend und ersten Gehversuchen auf artistischem Terrain aufstieß: »Mein Herz breitete weit die Arme aus, ich war kein Barbar mehr.« Gefolgt von dem Stoßseufzer: »Und dann brach der Krieg aus.« Ein Glücksmoment.

In der schuleigenen Theatertruppe, der Dramatique Saint-Louis, lief er zu Höchstform auf, fand Geschmack am Bühnenleben, fieberte neuen Stücken entgegen. Zwischen den Proben, wenn einmal Leerlauf herrschte, karikierte er Chaplin, imitierte die Marx-Brothers oder Hitler, klebte sich einen falschen Bart an und rauchte imaginäre Pfeifen. Er schlüpfte in die Haut legendärer Helden und delektierte sich an burlesken Vaudevilles. Als Klassenclown spielte er sich in den Vordergrund. Als Harlekin verkleidet fuhr er mit der Tram zu den Einstudierungen; als Musketier konnte man ihm auf dem Nachhauseweg begegnen, den verhassten Ranzen auf der Schulter. Ein Interpret war geboren; endlich kam seine wahre Natur zum Vorschein. Nebenher las er Subversives und Avantgardistisches, rezitierte, vom Schulregisseur ermuntert, die antiken und französische Klassiker, wobei er sich eine passable Diktion aneignete, hörte Gershwin und pfiff, dem Zeittrend folgend, swingende Trenet-Lieder. Vor seinen neugierigen Augen und Ohren tat sich ein Universum auf, von dessen Existenz er bislang nichts hatte ahnen können. Und Jacky griff stets zu, sobald man ihm verbotene Früchte darbot.

Bombardements, Sperrstunden, Stromsperren und eisige Winternächte: Es galt, Monat für Monat die Herausforderungen und Zumutungen des Völkergemetzels, die auch in Brüssel vermehrt zur Tagesordnung gehörten, so gut es ging zu bewältigen. Pierre Brel, mit einundzwanzig durchaus im kriegsdienstfähigen Alter, aber für Romain in der Firma längst unentbehrlich, musste sich vor den Nachstellungen der Gestapo in Sicherheit bringen und zeitweise auf dem Land verstecken – Jacky fuhr dem Ältesten manchmal mit dem Fahrrad voraus und schaute nach, ob die Luft rein war für diese temporären Stadtfluchten. Ein riskanter Spähdienst. »Unsere großen Brüder waren Greise, aus unseren Vätern war Nebel geworden, und die Frauen klammerten sich an ihre Tränen«, so treffend und auch zartfühlend beschrieb Brel als reifer Mann eine von Grund auf unerträgliche Situation, aus der sich sechs entbehrungsreiche Jahre lang niemand herauswinden konnte. Während das brüchige Reich der Erwachsenen also immer stärkere Risse aufwies und sich europaweit kriegsbedingte Tragödien abspielten, die verheerende Spuren auch im Zusammenleben der Generationen hinterließen, wurden Brels pubertäre Energien kanalisiert, weil sich einige verständnisvolle Abbés in seiner Schule dazu entschlossen hatten, dem diabolischen Kriegsgeschehen couragiert etwas künstlerisch Wertvolles entgegenzusetzen. Sinnvoller hätte der angehende Künstler die »toten Jahre« wohl kaum nutzen können; aus seiner Sicht war dies – aus der Not geboren – sogar ein vortrefflicher, extrem produktiver Lebensabschnitt.

Wie in einem intellektuellen Treibhaus wucherten in seinem Herz und Hirn Ideen und Visionen, die bald ans Licht drängten und sich in die Höhe rankten. Als der Krieg vorbei war, in dessen Verlauf die bessergestellten Brels gottlob nicht allzu sehr unter Mangelwirtschaft zu leiden hatten, glich der sechzehnjährige Theaternarr, innerlich noch zerrissen und unausgegoren, äußerlich bereits einem jungen Mann. Langgliedrig und spindeldürr. Der erste Flaum sollte sich in den nächsten beiden Jahren, in denen er sich schon als emsiger Redakteur einer Schülerzeitung betätigte, etwas geheimnistuerisch unter Pseudonym veröffentlichte und an Gedichten und einem ersten Roman arbeitete, in ein smartes Oberlippenbärtchen verwandeln, das ihm zwar ein südländisches Aussehen verlieh, seinen so charakteristischen, mächtigen Kiefer mit den riesigen, unregelmäßig vorstehenden Zähnen allerdings eher unvorteilhaft betonte.

Novellen entstanden und auch ein erstes Lied; auf dem Klavier brachte er sich ohne Instrumentalkenntnisse all das bei, was er fürs »Komponieren« vorerst benötigte. Brel hatte Blut geleckt. »Eine Mauer aus Schweigen zerbarst in tausend Stücke«, so beschrieb er selbst seine Metamorphose. Mehr noch: Er war dem Bedürfnis, ja dem Zwang, sich artikulieren zu müssen, gefolgt und hatte seine ureigene Stimme entdeckt. Und ihm war klar geworden, irgendwo in der Schulaula oder abends im Pfadfinderzelt, dass es ein Publikum gab, das ihm zuhören wollte. Wenn auch etwas erschrocken und eingeschüchtert. »Hilarant« hatten sie ihn bei den *scouts* nicht umsonst getauft, in deutlichem Gegensatz zum als »phlegmatisch« eingestuften Bruderherz Pierre: belustigend und urkomisch. Jacky, der Entertainer.

Früh schon entwickelte er Präferenzen für bestimmte Sujets, die ihm ein Leben lang lieb und teuer sein würden. Er pflegte – ob nun im Gespräch, in der direkten Konfrontation mit Älteren oder in seinen ersten Texten – einen anklagenden, empörten Tonfall, las der Elterngeneration und ihrer Autorität, die in seinen Augen pure Willkür war, die Leviten; er machte kurzen Prozess mit devoten Attitüden und Duckmäusertum, setzte alles daran, wacklige Lügengebäude zum Einsturz zu bringen. »Ich sah die Leute um mich herum an, die Nachbarn und die Bekannten, den Milchmann und den Fleischer, die Reichen und die weniger Reichen. Eine Zeit lang dachte ich: ›Die tun ja nur so, die spielen ja nur die Idioten!‹ Aber dann habe ich gemerkt, dass sie gar nicht spielten.« Zu opponieren und sich gegen ein herrschendes System zu sperren bereitete ihm diebische Freude. Sein Widerstandsgeist führte dazu, dass ihm künstlerische Flügel wuchsen. Symbolischer »Vatermord« als Stimulanz – seit Menschengedenken ein immer wiederkehrendes Phänomen der Innovation und der Kreativität. Brel spürte, dass ein ungeheures Potenzial in ihm schlummerte. Wie und wann er es nutzen und ausbauen würde, war noch nicht ausgemacht. Und auch nicht, wer genau er nun eigentlich war, wo er sich gesellschaftlich situierte. Der Kriegsausbruch und die damit verbundenen Wirren, so behauptete Brel in der Folgezeit wiederholt, hätten verhindert, dass er sich als verwöhnter Sohn eines Bourgeois wahrnahm und sich mit diesem privilegierten Status identifizierte oder sich gar gegen ihn auflehnte. Die quirlige, unruhige Nachkriegszeit versetzte ihn nunmehr in die Lage, sich ohne größere Gewissensbisse eine Identität als vorlauter Nestbeschmutzer zuzulegen.

Im selben Maße, wie sein künstlerisches Selbstbewusstsein wuchs und er sich innerlich von der Familie abzunabeln begann, im selben Maße, wie seine Lektüre von Saint-Exupéry, Camus, Aragon, Conrad, Melville und Sartre die Schwärmerei für seine einstigen Lieblingsautoren Stevenson, London und Fenimore Cooper ersetzte, ging es aber mit den Schulnoten immer weiter bergab –

und zwar unaufhaltsam. Jacky rührte für den Unterricht kaum noch einen Finger, verbrachte jede freie Stunde mit seinem besten Freund Robert, vernachlässigte Hausarbeiten und Examina, und er lief schließlich Gefahr, die Klasse, die er bereits ein zweites Mal durchlief, nochmals wiederholen zu müssen. Romain wurde es zu bunt. Eine weitere »Ehrenrunde« kam nicht infrage; Brel war immerhin achtzehn. Der »Goldsucher« nahm ihn, ohne lange zu fackeln, von der Schule.

Und ohne Abschluss und ohne Bedauern verließ sein Filius somit das katholische Institut, in dem er sich nur beim Theaterspielen wirklich wohlgefühlt hatte. Zerknirscht, aber auch ohne echte Alternative, fügte er sich der elterlichen Weisung, in das Familienunternehmen einzutreten und dort einen untergeordneten Verwaltungsposten anzunehmen. Der Exzögling Brel hatte in jenem Sommer 1947, jäh herausgerissen aus geistigen Höhenflügen und der gemütlichen Unterkunft in seinen Luftschlössern vorläufig beraubt, wenig Grund, stolz auf sich zu sein. Bis auf Weiteres fügte er sich in sein Los. Illusionen hegte er vorerst keine. »Um es ganz dumm zu sagen: Ich liebte mich nicht. Also erwartete ich auch nichts. Ich erfand mir eine Welt, die mir genügte und mit der ich versuchen musste, zurande zu kommen. So etwas ist gar nicht traurig. Es ist nur langweilig. Und ich bin froh, eine langweilige Kindheit gehabt zu haben.«

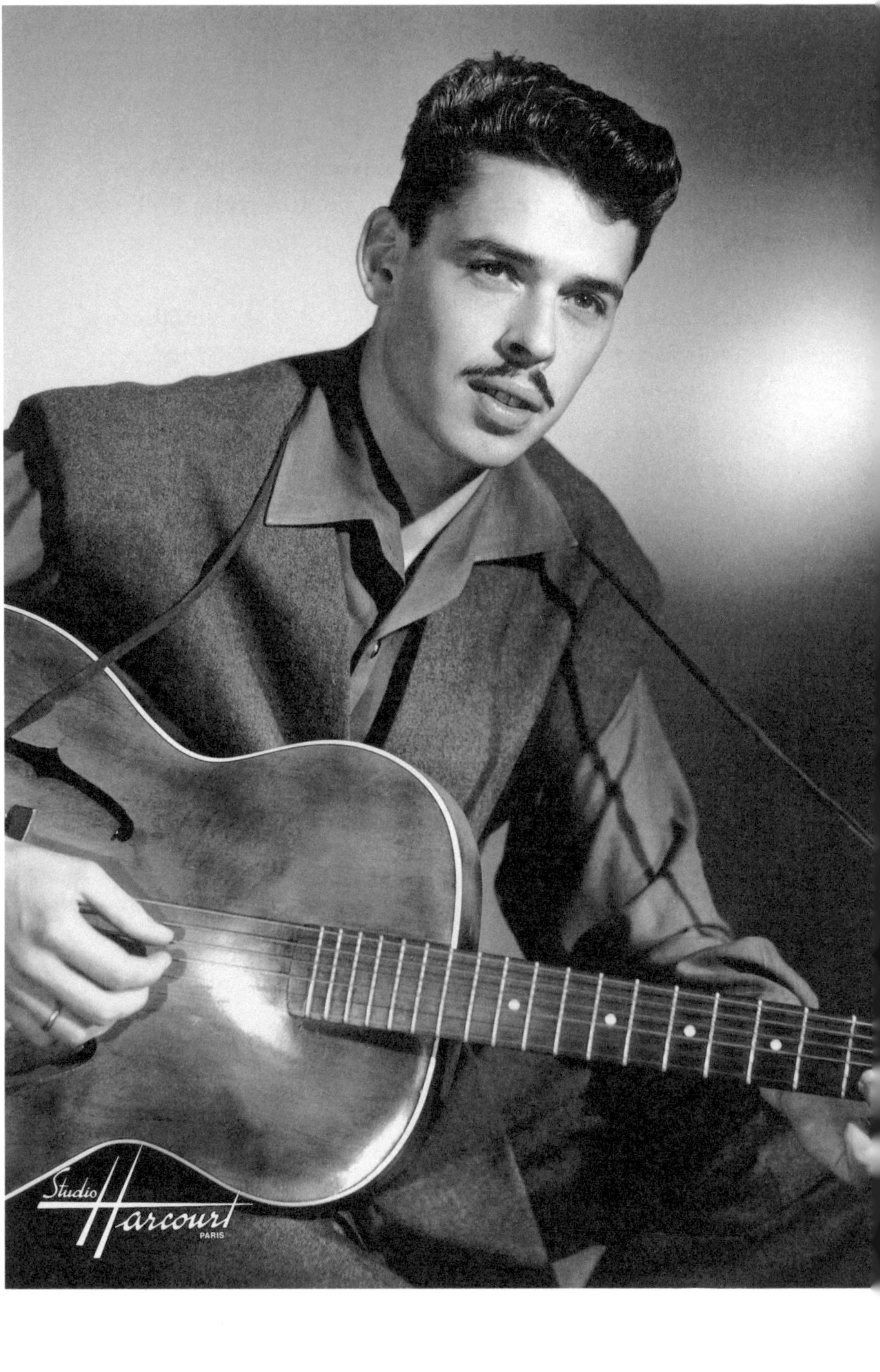
Studio Harcourt
PARIS

Dreckige Flure

1947–1953

> Man vergisst nichts, gar nichts.
> Man vergisst wirklich nichts.
> Man vergisst nichts, gar nichts.
> Man passt sich an, sonst nichts.

Ehe er sich's versah, war die Falle zugeschnappt. Brel saß mittendrin, gefangen im bürgerlichen Räderwerk von Sicherheit, Festanstellung, Rechtschaffenheit und regelmäßigen Arbeitszeiten. Genau das, was er schon immer gründlich verabscheut hatte: Vorhersehbarkeit, Gleichmaß und Tristesse – und am Ende nichts Aufregenderes als der zu erwartende Gehaltsscheck, pünktlich am Monatsende. Noch dazu hatte er sich dieses »Gefangenendasein« selbst eingebrockt. Und als wäre das nicht genug, musste er es in der väterlichen Firma durchstehen, wo ihn die meisten Angestellten und Kollegen schon als Knirps gekannt und artig gegrüßt hatten und wo er, von nun an, argwöhnisch als »der Sohn vom Chef« wahrgenommen wurde. Was, die Hierarchie betreffend, oft zu Problemen führte – bislang war er ja nur eine kleine Nummer – und zuweilen zu peinlichen, für beide Seiten demütigenden Situationen. Wann immer er irgendwo in den Lagerhallen und Büros auftauchte, verstummte alles, wurde nicht länger gewitzelt. Sich mit diesen Leuten kumpelhaft zu solidarisieren wäre denkbar unpassend gewesen. Und Aufmucken, das gab es hier nicht. Originelle, ironische Scherze waren auf dem Firmengelände ausgeschlossen; Freundschaften ließen sich nicht schließen; weltanschauliche Diskussionen wurden ebenfalls nicht geführt. Keiner nahm ihm den Rebellen, den Weltveränderer ab. Seine Erleichterung, dem verhassten Schul-Institut entronnen zu sein, hielt also nicht lange vor. Übrigens suchte er seine alte Lehranstalt noch immer auf, jedoch nur, um weiter kräftig bei den Aufführungen der Dramatique Saint-Louis mitzumischen.

Bereits im Dezember 1947 wendete sich das Blatt wieder zu seinen Gunsten, als er sich der Jugendbewegung La Franche Cordée anschloss. Diese christlich geprägte, aber relativ unorthodoxe Vereinigung stellte engagierten Altruismus, Toleranz, Achtung vor den Schwächeren in der Gesellschaft und ausgeprägtes soziales Bewusstsein in den Mittelpunkt ihres Denkens und Handelns. Eine gewissermaßen progressive, »linke« Spielart des Katholizismus, die für den jungen, geistig nach wie vor unausgelasteten Schulabbrecher hohe Attraktivität besaß. Zumal auch hier Musik gemacht und Theater gespielt wurde, philosophische Gesprächsabende mit religiöser Initiation und der Einstudierung von Sketchen wechselten. Die Parallelen zur nordamerikanischen Folkbewegung waren unübersehbar. Man trieb Sport und machte Ausflüge, diesmal aber – anders als noch bei den Pfadfindern – Jungen und Mädchen gemeinsam. Man organisierte Auftritte in Waisenhäusern und Spitälern, führte kleine Unterhaltungsshows in Altersheimen auf, vermittelte Lebensfreude dort, wo sie am nötigsten gebraucht wurde. Man war sich für nichts zu schade; man glaubte an angewandte, praktikable Kunst, die auch einfachen, kranken und ausgegrenzten Menschen zugutekommen sollte, und huldigte eben nicht dem elitären Selbstzweck des snobistischen L'art pour l'art. Für den »ketje« Brel – mit »ketje« bezeichnet man im Brüsseler Jargon einen jungen Spund – stellte das alles eine logische und auch stimulierende Fortführung seiner bisherigen Pfadfinderabenteuer und Tastversuche auf der Bühne dar. Wenigstens nach Feierabend, wenn er die Fabrikfron über sich hatte ergehen lassen, durfte er in seinem Element sein. Die Freizeit bedeutete ihm alles, das Berufsleben nichts.

»Plus est en toi«, »In dir steckt noch mehr«, lautete die Devise der Cordée. Deren idealistischer Leiter, Hector Bruyndonckx, war ein Mann ganz nach Brels Geschmack – zupackend, seine Überzeugungen verwirklichend und seinen Erfahrungsschatz mit der jüngeren Generationen teilend, an kontroversem Meinungsaustausch interessiert und den jungen Menschen, die sich um ihn und seine Frau Jeanne geschart hatten, auf Augenhöhe begegnend. Bruyndonckx, ein Industrieller, für den Profit und wirtschaftlicher Erfolg bei Weitem nicht das Wichtigste im Leben waren und der es außerdem fertigbrachte, sich intensiv um andere zu kümmern, obwohl ihn zu Hause eine zwölfköpfige Kinderschar erwartete, vereinigte in seiner Person intellektuelle und bodenständige Charakterzüge. Er taugte als Menschenführer und Anreger, wusste zu inspirieren und zu fördern. Leutselige Anbiederung hatte er nicht nötig. Als Antipode zum ältlichen, blassen Romain, der bereits erste gesundheitliche Rückschläge einstecken musste, wurde er für Brel zum mal fürsorglichen, mal streitbaren Ersatzvater und spirituellen Vorbild. Brel sah in ihm einen Anti-Erwachsenen und zugleich eine Autorität. Er fand einen Wesensverwandten, der auch die späteren Karriereschritte seines eifrigsten »Jüngers« erst wohlwollend, dann zunehmend kritisch begleiten sollte. Mit seinem Ziehvater Hector korrespondierte der Bühnenstar Brel noch intensiv, als er Belgien und das Cordée-Milieu bereits weit hinter sich gelassen hatte.

Brel und seine neuen Freunde, eine muntere Schar junger, kreativer und neugieriger Leute an der Schwelle zum Erwachsenenalter, trafen sich mehrmals pro Woche zu Wanderungen und Schwimmwettkämpfen, spielten Tischtennis, gingen gemeinsam zelten, bündelten ihre Energien für bunte Abende, sangen Kranken und Senioren ihre erbaulichen, frohgemuten Lieder vor und zogen an den Wochenenden im Zickzackkurs durch die belgischen Lande.

Jugendtypischer Lethargie, Herumlümmeln und gelangweiltem Müßiggang setzten sie mit ihrem rustikal-kameradschaftlichen Image Tatendrang, Unternehmungen und Wohltätigkeitsveranstaltungen entgegen. Sie machten sich nützlich, wo es nur ging, verhielten sich vorbildlich, agierten »christlich«. Le Grand Jacques – sein neues Alter Ego, mit dem der kindliche »Jacky« ad acta gelegt wurde – griff, als dilettierender Barde, immer öfter zur Klampfe. Geschickt hatte er sich die wichtigsten Akkorde und Basistechniken angeeignet. Auf vielen Fotos jener fröhlichen Ära steht er strahlend, mit der Gitarre in der Hand, im Mittelpunkt. Forsch hatte er sich eine Führungsposition erobert. »Ich war immer an der Spitze.« Mit Anfang zwanzig übernahm er sogar die Leitung der kleinen Schar. Von Vanneste & Brel lieh er sich, sooft es ging, einen kleinen Lieferwagen aus, mit dem die Gruppe dann »auf Tournee« ging. Ein Vorgeschmack auf seine künftigen Welttouren … Dass die von Schule und Pfadfindern aufgezwungene männerbündlerische Phase für ihn endgültig vorbei war, machte ihm zusätzlichen Spaß. Er fand Gefallen am anderen Geschlecht, und auch seine eigenen Vorzüge blieben nicht unbemerkt bei den Mädchen; seine schüchternen Avancen wurden erwidert. Seine Freundin Suzanne schaffte es sogar, ihm auszureden, dass er – wie er selbst, von entsprechenden Kommentaren in der Familie verunsichert, damals noch vermutete – unansehnlich und untalentiert sei. Zum ersten Mal in seinem Leben glaubte eine junge Frau an ihn, sah zu ihm auf.

Der einjährige Militärdienst, den Brel zwischen Juni 1948 und Juni 1949 bei einer Einheit der belgischen »Wings« zu versehen hatte, geriet zu einem unbedeutenden und auch nicht allzu unangenehmen Intermezzo. Auf Saint-Exupérys Spuren durfte er dort, als Flugbeobachter bald zum Obergefreiten befördert, ausdauernder zum Himmel starren, als ihm lieb war. Doch sein Fernweh wurde genährt und der Wunsch, bald auch selbst Flugzeuge steuern zu dürfen, übermächtig. Seine Kaserne lag unweit der großstädtischen Heimat. So war es ihm ein Leichtes, regelmäßig nach Brüssel zurückzukehren, und er war mehr Freigänger als Soldat – öfter bei Suzanne, im Elternhaus und in der Cordée als in Trainingslagern oder im Feldbett. Antimilitaristisch oder pazifistisch gerierte er sich nicht, maß dem verlorenen Jahr, das ihm freilich viele Freizeitmöglichkeiten eröffnete, aber auch keine große Wichtigkeit bei. Als er und seine jungen Kameraden einmal bei einer Nacht-und-Nebel-Aktion auf freiem Feld, in einem ihnen völlig unbekannten Landstrich ausgesetzt wurden und, auf Befehl ihres Vorgesetzten, ohne fremde Hilfe wieder bis zu ihrem Stützpunkt zurückfinden und dort zu einer bestimmten Stunde vorstellig werden sollten, lief Brel, diesmal nun doch ganz der Fabrikantensohn, einfach zur nächsten Landstraße, winkte ein Taxi heran, ließ sich nach Brüssel zum Familiendomizil kutschieren und verbrachte die Nacht daheim im warmen Bett. Anderntags war er pünktlich zur Stelle; Maman Lisette hatte ihm das Fahrgeld erstattet. Mit seinen Gedanken war er, während er Nachtdienst schob, den Himmel über Belgien nach Sternen absuchte oder Gewehrläufe reinigen musste, längst wieder bei den Liedern und Texten, die er jetzt schrieb. *À deux* etwa, über ein junges glückliches Paar, das liebestrunken und voller Emphase Menschen, die es weniger gut haben, den Mond schenkt und das ferne Planeten vom Himmel holt: »Du / du und ich / zu zweit werden wir Kathedralen bauen, um dort unsere Liebe zu feiern.« »Ich bin der Schatten der Chansons«, betitelte er ein anderes. Bald würde er aus diesem Schatten heraustreten.

Immerhin hatte ihn die Wehrdienstzeit auf lange Sicht zu zwei armeekritischen Chansons inspirieren können, die er später seinem Repertoire einverleibte: zum einen *Le Caporal Casse-Pompon*, eine derbe, bajuwarisch angehauchte und bewusst platte Polka-Parodie mit Blechbläserbegleitung, zahlreichen Tempoverschleppungen, schenkelklopfendem Gelächter und Seitenhieben gegen alles »Teutonische«. Brel trägt das Lied ganz bewusst mit deutschem Akzent vor. Dumpfer Militarismus bekommt darin sein Fett weg;

auch »Gretchen« und einige deutsche Vokabeln, ins Lächerliche gezogen, dürfen nicht fehlen. Zum anderen animierten ihn seine Monate beim Militär zum ungleich subtileren, diabolischen *Au suivant* – einem seiner bekanntesten, verstörenden Lieder. Dort werden Rekruten, Knaben noch, unter Aufsicht ihrer Vorgesetzten ins Bordell geführt und verlieren, im Akkord, ihre Unschuld. Einer nach dem anderen, nur mit einem Handtuch und einem Stück Seife ausgerüstet, müssen sie hochroten Kopfes zur Tat schreiten. *Au suivant*, »Los, der Nächste, aber dalli!«, werden die schüchternen Liebeskandidaten vom Feldwebel angeherrscht. Kläglich, herzlos, hochnotpeinlich – das komplizierte Wechselverhältnis von wochenlanger Enthaltsamkeit und ruckartiger, noch dazu kollektiver Triebentladung, wie es für in Kasernen zusammengepferchte Soldaten typisch ist, wurde wohl noch nie mit so grausamer Drastik in einem Stück Musik verdeutlicht. Bloßer Vollzug, trauriger Sex, billiger Fusel, üble Ausdünstungen. Von Erotik keine Spur ... Ob der Vorfall auf einer authentischen Begebenheit beruhte, ließ Brel dabei offen. Der Liedtext wurde aber durchaus in der ersten Person verfasst.

Bei seiner Rückkehr ins Zivilleben fand der Zwanzigjährige gleich in mehrfacher Hinsicht veränderte Bedingungen vor. Die Kartonagenfabrik florierte wie nie zuvor und platzte mit mehreren Hundert Angestellten aus allen Nähten, doch die meisten Anteile hielt inzwischen der Familienzweig der Vanneste. Vater Romain, mental stark angeschlagen und auch körperlich nicht mehr in der Lage, den knochenharten Direktorenjob durchzustehen, hatte sich unterdessen Stück für Stück aus der Firmenleitung zurückgezogen – Jacques standen somit, an der Seite seines Bruders, Tür und Tor offen. Wenn er nur gewollt hätte! Was er momentan jedoch am dringendsten wollte, war eine andere Partnerin. Von seiner Jugendliebe Suzanne hatte er sich losgesagt und dafür ein Auge auf die blonde, in sich ruhende Miche geworfen, auch sie ein Mitglied der Cordée. Eigentlich hieß sie Thérèse. Ein gutes Stück älter war sie als ihr ungestümer Verehrer, der ihr anfangs gehörig auf die Nerven ging und dessen Aktionismus und Umtriebigkeit, dessen Geltungsbedürfnis und Herumgockeln sie eher zum Augenrollen denn zum Schmachten brachten. Seine Hartnäckigkeit und Verliebtheit sowie sein unwiderstehliches, schon damals präsentes Charisma trugen schließlich den Sieg davon. Bereits im folgenden Sommer, auf den Tag genau ein Jahr nach dem Ende seines Soldatendaseins, wurde Hochzeit gefeiert. »Sei doch bloß still, Grand Jacques, was weißt du denn schon von der Liebe?«, textete er bereits in seinen Anfängen. Und bekannte, indem er zu sich selbst sprach: »Du verstehst rein gar nichts davon.« Machte er sich etwas vor? Die Bilder vom großen Tag sprechen eine andere Sprache – diese jungen Brels sind wirklich glücklich.

Miche und Jacques, der gerade erst 21 geworden war, heirateten zunächst standesamtlich und danach, wie es sich für ihre Herkunft und ihre Leidenschaft für die Cordée gehörte, kirchlich. Romain, erneut kränkelnd, hütete zu Hause das Bett, während sein Jüngster in den Hafen der Ehe einlief. Und ihre Flitterwochen verbrachten die beiden Brüsseler an der französischen Riviera und tauschten die heimatlichen, deftigen *moules-frites* gegen ligurische Gaumenfreuden und südländisches *savoir-vivre*, die vertrauten rauen Nordseestrände Belgiens gegen das sanfte, großzügig blaue Mittelmeer der Côte d'Azur ein. Mit Romains flottem Studebaker waren sie unterwegs. Auf einmal hatte Grand Jacques, dem endlich auch eine Beförderung bevorstand, es furchtbar eilig. Das junge Glück zog in eine eigene kleine, bescheidene Wohnung. Und schon Ende 1951 kam die erste von drei gemeinsamen Töchtern zur Welt. Brel war bei Chantals Geburt nicht einmal halb so alt, wie es sein Vater Romain bei seiner eigenen gewesen war.

Alles lief somit in geordneten Bahnen. Der bourgeoise Albtraum war Realität geworden. Das Dasein wie ein Abziehbild des Alltags seiner Eltern, der Tagesablauf wie eine Reklame im Werbeprospekt, der Bund fürs Leben ein bequemes Arrangement. War es das schon? Was konnte jetzt noch kommen? Noch ein paar Kinder, eine Gehaltserhöhung mehr, ein größeres Auto, ein komfortableres Domizil? Trautes Heim, Glück allein. Mit Anfang zwanzig stagnierte Brels Lebensreise bereits; alles Träumerische, Gewagte und Abenteuerliche war aus ihr gewichen. Er steckte in einer Sackgasse fest. Eine Zeit lang schien das gut zu gehen; der junge Ehemann, dem sein Clark-Gable-Bärtchen so gar nicht zu Gesicht stand, lud sich seine Freunde ins winzige Wohnzimmer, wo dann bis tief in die Nacht Musik gemacht und debattiert wurde, wobei natürlich er den Ton angab, während Miche die Gäste bewirtete und die kleine Chantal im Kinderzimmer immer wieder aus dem Schlaf gerissen wurde. Nur: Ließen sich Kunst, Politik und Diskussionen dauerhaft in die Abend- und Nachtstunden zwängen? Konnte man sich mit »Kultur nebenbei« wirklich über eine existenzielle Leere hinwegtrösten?

Zwei brave Jahre gingen ins Land. Ein neues Häuschen war gefunden, Miche erneut schwanger. Zur gleichen Zeit aber füllten sich Brels Kladden mit Skizzen und Ideen für weitere Chansons. Ebenso rasant. Sobald er eine freie Minute fand, notierte er neue Lieder und Verse, platzte förmlich vor Ideen. Und der innere Drang, sie öffentlich vorzutragen und auszuprobieren, war auf einmal wieder präsent, wurde sogar immer stärker. Brel hatte für eine Weile den Fuß von der Bremse genommen, nun gab er wieder Gas, schaltete hoch. Und stand gleich wieder vor einem Dilemma: Familienvater und gleichzeitig kreativ sein, auf der Bühne stehen, wie sollte das zusammenpassen? Ausbruchsfantasien lassen sich nun einmal nicht so einfach abschütteln. »C'est trop facile de faire semblant«, heißt es in einem seiner ersten Songs: »So zu tun als ob, das hieße, es sich viel zu leicht zu machen.« Keine Option für ihn.

Brel fasste sich ein Herz und klapperte an den Wochenenden die intimen Brüsseler Kabaretts im historischen Viertel Îlot Sacré rund um die Grand-Place ab. Mit seinen Cordée-Kameraden tauchte er in die vom Pariser Saint-Germain-des-Prés inspirierte Kleinkunstszene ein, ließ sich im Lion d'Or und im Blue Note vom Zeitgeist durchrütteln, hörte in engen Kellern und verrauchten Hinterzimmern Bebop und beklatschte talentierte, freche Stand-up-Comedians. Er wurde von Unmittelbarkeit gepackt, vom Körperkontakt mitgerissen. Funken sprangen auf ihn über; die Menschen um ihn herum glühten. Wild ging es zu. Und schlagartig wurde ihm dort bewusst, dass er im Begriff war, etwas Entscheidendes zu verpassen, seiner eigentlichen Bestimmung untreu zu werden. Hier spielte die Musik, hier wurden Leben gelebt! Er nahm all seinen Mut zusammen und lag Louis Laydu, dem Leiter des angesagten Jazzlokals La Rose Noire, so lange in den Ohren, bis der sich dazu überreden ließ, dem freundlichen, etwas wirren jungen Mann aus gutem Hause eine Chance zu geben und ihn bei sich auftreten zu lassen. Probehalber.

Wenn das Debüt in der Schwarzen Rose auch nicht zu einem Fiasko geriet – davon sollte das Schicksal zukünftig noch genügend für den Newcomer Brel bereithalten –, so war es gewiss kein gelungener Abend. Vater Romain, dem die ganze Angelegenheit ein Dorn im Auge war, hatte zuvor darauf bestanden, dass Jacques seinen Künstlernamen in »Bérel« änderte. Das klang jedoch nicht viel anders als der richtige Name. Im Publikum, das überwiegend aus Freunden, Fabrikangestellten und Kollegen bestand, wussten sowieso alle, wer hier, etwas linkisch, vor ihnen stand und sich auf der Gitarre abmühte. Die Brels waren keine Unbekannten in Brüssel. Und während die Kameraden ein offenes Ohr hatten für die Metaphern, in die ihr *copain* seine Unzufriedenheit in seinem Chanson *Il pleut* in Worte kleidete, die dreckigen Flure in seiner Firma, die zerschlagenen Fenster und zersprungenen Kacheln, der ewige Regen, die Mädchen, die seine Blicke nicht erwidern, kurz: das ganze Vokabular der Melancholie, so riefen genau diese Zeilen des Aufbegehrens und die harschen Ankündigungen wie »Ich werde sie in Stücke hauen, diese schmutzigen Fliesen in meiner Fabrik!« Stirnrunzeln, Unverständnis und auch Verärgerung bei den gut situierten Damen und Herren, bei den leitenden Angestellten und Geschäftsfreunden von Romain hervor. War das nicht reichlich undankbar, was der gut situierte Brel-Sohn hier von sich gab? Man befand, er spucke ein bisschen zu sehr in die Suppe, zettele grundlos eine Palastrevolution an. Man hielt ihn für ein Großmaul und einen Stänkerer, wandte sich mit Befremden ab.

Der Geschmähte ließ sich nicht beirren und machte weiter. Jetzt erst recht. Auch wenn er damit riskierte, zum schwarzen Schaf in der Familie zu werden. Der Zufall kam ihm zu Hilfe, als er mit seinen ersten künstlerischen Gehversuchen die Aufmerksamkeit von Angèle Guller, einer bekannten Radiomoderatorin und zugleich Chanson-Expertin mit einer Spürnase für Talente, auf sich lenkte. Sie war neugierig geworden, hatte sein Potenzial und seine Expressivität gespürt. Sie hatte die Dringlichkeit und die dunklen Schattierungen in seiner Stimme vernommen; die aufkeimende Selbstsicherheit hatte ihr imponiert. Und sie brachte ihren mehr als skeptischen Ehemann Clément Dailly, der als künstlerischer Direktor für die Plattenfirma Philips arbeitete, dazu, Brel ein Demo aufnehmen zu lassen. Als das Probe-Tonband vorlag, war Dailly weiterhin wenig angetan und zögerte sogar, es überhaupt zu versenden. Glücklicherweise tat er es dann doch. Zweimal zwei Titel nur. Aber ausreichend, um einen der Adressaten, den einflussreichen Jacques Canetti in Paris, dazu zu bringen, Brel ein Treffen vorzuschlagen und ihn zum Vorsingen in die französische Hauptstadt einzuladen.

Der Tausendsassa Canetti, auf dessen Schreibtisch Brels Test-Einspielung gelandet war und der daraufhin noch um Mitternacht spontan in Brüssel anrief, hatte bereits die Karrieren von Édith Piaf, Serge Gainsbourg, Henri Salvador und Boris Vian angeschoben – wen dieser Branchenkenner, dem viele Kanäle und Auftrittsorte zur Verfügung standen, protegierte, der hatte eine riesige Chance, auf Dauer zu reüssieren und sich durchzusetzen. Brel kannte ihn nicht einmal dem Namen nach. Alles, was er vernahm, war »Paris«. Er fuhr hin und landete einen Coup – Canetti mochte ihn; was er sah und hörte, war ausbaufähig. Besser noch: Er wollte ihn auf der Stelle unter seine Fittiche nehmen und fördern. Im Herbst sollte Brel sich erneut präsentieren. Canetti würde ihn schon irgendwo unterbringen. Le Grand Jacques zögerte nicht lange und sagte zu. Die frohe Kunde trug er schnurstracks nach Brüssel. Miche war einverstanden, den Gatten vorläufig nach Paris ziehen und dort seine Karriere als Sänger vorantreiben zu lassen, und selbst Lisette signalisierte Unterstützungsbereitschaft. Romain regte sich fürchterlich auf, schimpfte und ließ es schließlich doch geschehen, dass Brel junior kündigte und, reichlich mutig, auf seine sicheren Einkünfte pfiff. Kartons und Verpackungen konnten ihm fortan gestohlen bleiben; alle seine Erwartungen richteten sich auf den kommenden Herbst.

Nun, einstweilen war es Sommer. Die Brels waren jetzt bereits zu viert, denn Tochter Nummer zwei, Chantals kleines Schwesterchen, wurde im Juli 1953 geboren. Miche und Jacques nannten sie France. France – Frankreich – ein Omen?

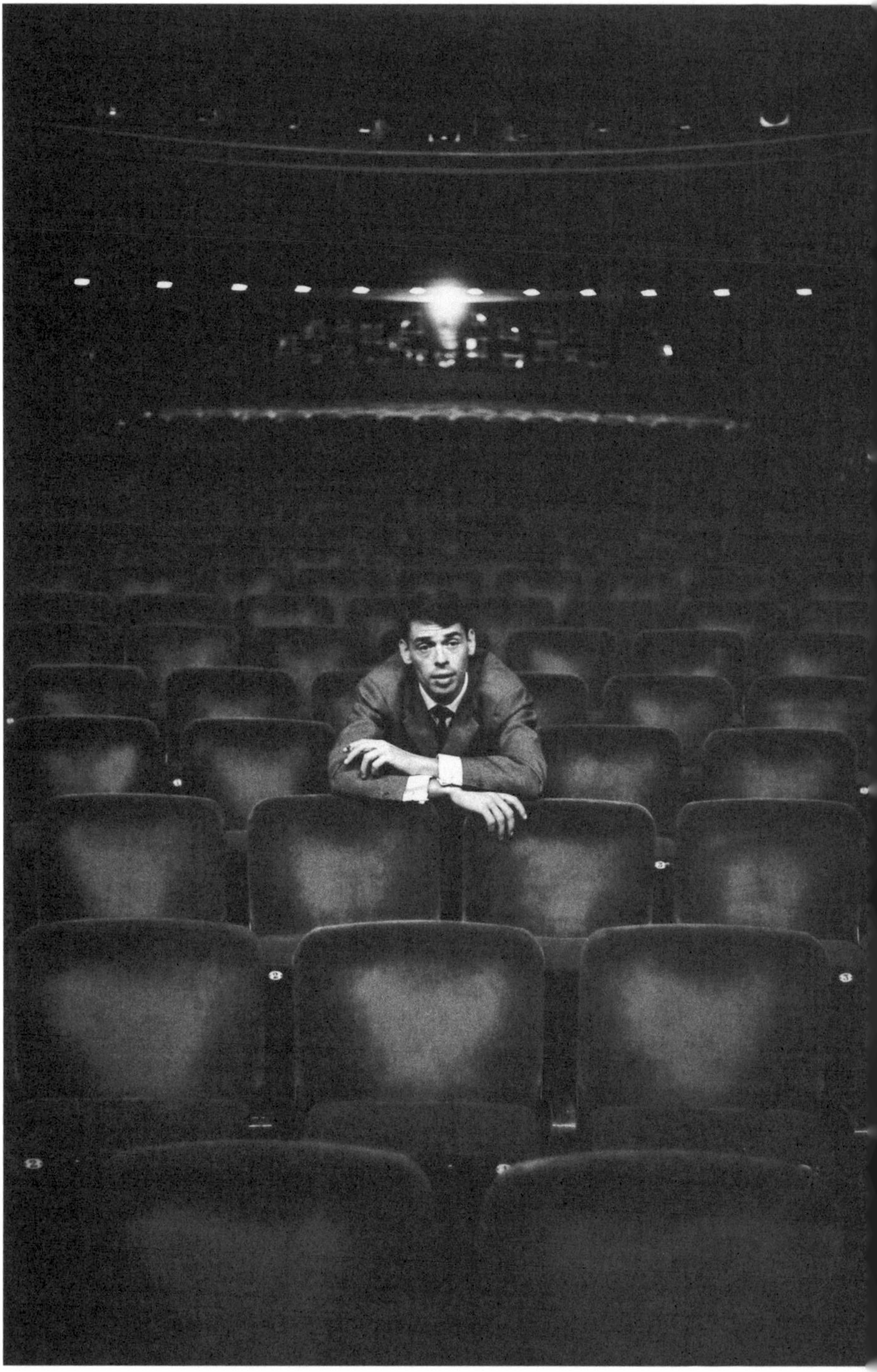

Ohne Netz und doppelten Boden

1953–1961

> Wenn man zu lange lebt, lebt man in der Provinz.
> Auch wenn man in Paris lebt.

An Paris haben sich schon Tausende von erfolglosen Künstlern die Zähne ausgebissen. Aber dass es so hart, so verdammt mühsam werden würde, hat der zweifache junge Vater, der in der Lichterstadt niemanden kennt und der im Kollegenkreis erst recht ein Nobody ist, nicht glauben mögen. Im Laufe des ersten Sommers, als er noch auf seine kurzen Gastspiele in Canettis Talentschmiede Les Trois Baudets warten muss, zeigt das Milieu ihm die kalte Schulter. Er ist gezwungen, eine meilenlange Durststrecke abzuschreiten. An der Seine kann das Leben wunderschön und glamourös sein, erregend und charmant. Wenn einen jedoch keiner hören will, wenn der Magen knurrt und die unwirtlichen, verwanzten Absteigen in Bahnhofsnähe weder Komfort noch Trost spenden, ist Paris ein grausamer, freudloser Ort. Als Ausländer hat man es hier besonders schwer. Miche und Lisette schicken dem Auswanderer Fresspakete, damit er nicht gänzlich vom Fleisch fällt. »Ohne sie wäre ich zum Clochard geworden«, sagt Brel später anerkennend über seine Frau, die sich in dieser Zeit wochenlang mit Briefen ihres Mannes begnügen muss und selten anreist – nur dann, wenn ihre Schwiegermutter sich ein paar Tage lang um die Kleinen kümmert. Für zwei ist sowieso zu wenig Platz in den engen, ungepflegten

Hotelbetten; Miche spürt, dass ihr Mann unruhig ist und diese schwierige Phase allein durchstehen will und muss. Sie lässt ihm seine Freiheit, zeigt keine Verlustängste. Brel unterzeichnet seine Schreiben an die Familie zärtlich mit »petit papa pitouche«, was den Mädchen den fehlenden Vater aber nicht ersetzen kann – schon gar nicht der Neugeborenen.

Le Grand Jacques, der sich momentan mickrig und ganz unbedeutend vorkommt, klopft überall an, um wenigstens zwei oder drei Lieder pro Abend loszuwerden. Kaum jemals gibt man ihm eine Chance, und wenn doch, dann hagelt es unfreundliche Bemerkungen und hämische Kommentare. Unverdrossen putzt er Klinken, stellt sich in allen noch so ephemeren Chanson-Bars und kleinen Kabaretts vor, singt für ein Bier und ein Sandwich *jambon-beurre* vor verwaisten Sälen und mürrischen Leuten, die entnervt aufstehen und sich am Tresen einen neuen Drink besorgen, sobald er zu singen anhebt. Alles, was er erntet, sind Absagen und Verrisse. Dutzendweise. Im Chez Geneviève und im Chez Patachou, die ihn zumindest für zehn Minuten ins Scheinwerferlicht lassen, wird er regelmäßig ausgepfiffen, wird mit knallharter Kritik nicht hinter dem Berg gehalten. Da hilft es wenig, dass die engagierten Wirtinnen dort zur Verteidigung seiner Ehre selbst auf die Bühne steigen, um ihr undankbares Publikum anzuschnauzen und ein klein wenig Respekt für ihn zu fordern. *Rien à faire* – nichts an seinen Liedern findet Gnade vor den Ohren der Amüsierwilligen. Für seine Auftritte bekommt er kein Honorar, bestenfalls verdient er sich im Morgengrauen, wenn alle anderen nach Hause gegangen sind, als Tellerwäscher eine kleine Mahlzeit. Als die Francs knapp werden, muss er gar einige Nächte draußen auf einer Parkbank am Pigalle zubringen.

In den lieblosen Sommerwochen des Jahres 1953 vegetiert er mehr vor sich hin, als dass er wirklich lebt. Immer mit einem Fuß in der Gosse. Dass diesem ersten Hungerjahr noch mehrere Hundejahre folgen werden, kann er da noch nicht wissen. »Ich habe fünf

Jahre lang debütiert«, pflegte er später zu sagen, und das war eher eine Untertreibung.

Resigniert wird nicht. Rive Gauche wie Rive Droite, Montparnasse wie Montmartre bleiben ein hartes Pflaster für ihn. Ein Pflaster voller Stolpersteine. Und auch der Auftakt zur Hauptsaison im Trois Baudets, sein von Canetti versprochener Stapellauf, ist kein Zuckerschlecken. Zwischendurch hat er eine weitere Niederlage kassiert, als er im heimischen Knokke bei einem Liedwettbewerb im Strandcasino denkbar schlecht abschnitt – als Siebenundzwanzigster von achtundzwanzig Teilnehmern. Bloßes Anfängerpech? Selbst der hyperaktive Fädenzieher Canetti, der die Nacht zum Tag macht und von dem es heißt, dass in seinem Schlafzimmer kein Bett steht, hat größte Mühe, den jungen Brel vor hauseigenem Publikum durchzusetzen. Heimspielvorteile lösen sich in Luft auf, das ist schon seltsam. Die Plattenfirma mag auch nicht so richtig anbeißen; doch Canetti lässt nicht locker, besteht auf weitere Aufnahmen. Verkaufen tut sich von diesen Mini-Alben so gut wie nichts. Unverdrossen scheucht er seinen Schützling über alle möglichen Pariser Kleinstbühnen und durch die Provinz, wo er sich seine Sporen schon verdienen wird.

Von Canetti heißt es auch, dass er ein goldenes Händchen besitze. Alles, was er anrühre, verwandle sich in Hits und klingende Münze. An ihm, dem »Monsieur Chanson« schlechthin, führe kein Weg vorbei. Er entscheide, wer durch Frankreich, die Nachbarländer und durch Nordafrika tingele; von ihm hänge ab, wer welches Engagement an Land ziehe. Wer von ihm vertreten und lanciert wird, darf sich glücklich schätzen. Brel hat es also denkbar gut getroffen, nur ist von einer glorreichen Zukunft derzeit herzlich wenig zu merken. Canetti hat mit seinem späteren Zugpferd indessen eines gemein: Beide besitzen einen langen, einen sehr langen Atem. Und was Ausnahmetalente angeht, hat Canetti sich noch selten getäuscht. In Brel, das weiß er, schlummert eins; es muss nur erst freigelegt werden.

Vielleicht liegt es ja auch an Brels unmöglichem Bühnenoutfit, dass ihm keiner zuhören mag und dass er die Leute gegen sich aufbringt. In eine altmodische Tunika gehüllt oder in einen Poncho gezwängt, was ihm ein mönchisches Aussehen verleiht, wiewohl ihm selbst wohl eher die Pose eines Minnesängers oder Troubadours vorschwebt, vergrault er seine Zuhörer. Das, gelinde gesagt, nicht gerade virtuose Gitarrenspiel tut ein Übriges. Und dann dieses Bärtchen! Diese Visage! Die Stimme dagegen geht in Ordnung, sie lässt sogar aufhorchen, ist sein einziges echtes Faszinosum. Was erschwerend hinzukommt: Seinem Vortrag haftet noch immer etwas Tugendhaftes, Pfadfinderhaftes an; seine reduzierte Gebärdensprache und sein Deklamationsstil wirken moralisierend und predigerhaft. Die Pariser verlangt es aber nach Croonern, nach gewandten Showstars mit Charme, vokalem Schmelz und Bühnenpräsenz also. Croonern vom Schlage eines Yves Montand und Gilbert Bécaud, die gerade landauf, landab die Säle füllen. Nach den elegant-schnoddrigen Wortspielen von Boris Vian. Und nach der poetischen Gedankenwelt seines ernsthafteren Kollegen Georges Brassens, der bereits in aller Munde ist. Der Barde Brassens, dem der junge, frustrierte Belgier gleich positiv aufgefallen ist, mokiert sich ein wenig über ihn, als er dem scheuen Novizen bei jeder sich bietenden Gelegenheit scherzhaft ein süffisantes »Na, da kommt ja wieder der Abbé Brel!« zuruft. Das Etikett vom steifen, tadelnden Bühnengeistlichen mit erhobenem Zeigefinger, vom zornigen, lustfeindlichen Kaplan mit den morbiden und traurigen, den schwierigen und finsteren Liedern wird noch eine ganze Weile an ihm haften. Brel kann es schon nicht mehr hören und geht Brassens geflissentlich aus dem Weg. Dabei meinte es der Ältere überhaupt nicht böse! Noch schwant Brel nicht, dass sie nur fünf Jahre später Freunde sein und einander mit dem größten Respekt begegnen werden.

Sogar der enthusiastische Canetti, übrigens der jüngere Bruder des späteren Literaturnobelpreisträgers Elias, hatte Brel anfangs, beim ersten Vorsingen, scherzhaft geraten, lieber nur für andere Interpreten zu komponieren und zu texten. Zu einer Existenz hinter dem Vorhang, als Zulieferer. »Mit Ihrer Fresse …« Er ahnte wohl, wie schwer Brel, der sich nicht auf eine *belle gueule*, ein blendendes Aussehen also, verlassen konnte, es insbesondere beim weiblichen Publikum haben würde. Nicht gerade ermutigend für den Debütanten. Obwohl eine Piaf und ein Aznavour ja auch ohne Chic, körperliche Vorzüge oder ein nach klassischen Maßstäben attraktives Gesicht Triumphe feiern konnten. »Wenn man nicht schön ist«, konstatierte Brel nicht ohne Bitterkeit, »dann merkt man das sehr früh in seinem Leben. Und dann hört man auf, sich selber für wichtig zu halten. Man merkt rasch, dass das Interesse, das man bei den anderen wecken kann, nicht in einem selbst begründet liegt, sondern in dem, was man tun, unternehmen und eventuell den anderen geben kann.« Zum Glück verfügt er ja über echte Anliegen.

Brel entdeckt die Mühen der Ebene. Canetti schickt ihn immer und immer wieder in die Arena, wo er inmitten von Unterhaltungskünstlern, flirtenden Schlagersternchen, Sängern und Akrobaten seine Kunststückchen vorführt. Jeden Abend in anderen Städtchen, jeden Abend ein wenig besser, geschmeidiger, routinierter. Er verdingt sich in Kleinstadtcasinos, lernt noch die kleinsten Nester Frankreichs kennen. Vor jedem Auftritt muss er sich übergeben, so groß sind Anspannung und Lampenfieber. Das »Sich-vorher-Auskotzen« wird über die Jahre zum festen Bestandteil seines Bühnenlebens. Nur mit nüchternem Magen lässt sich für ihn mit Hingabe und voller Inbrunst deklamieren.

Klaglos nimmt er es hin, dass man ihn wegen seines Brüsseler Akzents gnadenlos veräppelt – er weiß ja, dass für die Franzosen alle Belgier wie für uns Deutsche die Ostfriesen sind: anders, komisch und sogar ein bisschen bekloppt. Er lässt die Vorurteile an sich abperlen. Und er schluckt auch, dass ein hochnäsiger Journalist über ihn schreibt: »Monsieur Brel, es gibt ausgezeichnete Zugverbindungen in Richtung Belgien.« Was unmissverständlich heißt, dass er besser schleunigst die Flinte ins Korn werfen soll. Doch dieser Rezensent weiß nicht, mit wem er es zu tun hat. Anfeindungen wirken anstachelnd auf den Geschmähten. »Er war ein Mann, der Herausforderungen suchte«, erinnerte sich Brels belgischer Weggefährte, der damals noch ganz unbekannte Komiker Raymond Devos, an seinen neuen Freund und ambitionierten Landsmann, mit dem er Freud und Leid des Tourneealltags ebenso teilte wie Pariser Strapazen, Kritikerschelte und Kollegenhäme. »Er gab vor, die Bühne zu verabscheuen, aber er konnte gar nicht ohne die Emotionen auskommen, die sie ihm verschaffte. Außerdem war er ein exzellenter Kumpel, wenn es darum ging, das Elend brüderlich zu teilen.« Die beiden schrieben ihre Texte in den Bistros und aßen dabei ihre mit Camembert belegten Sandwiches.

Wenn ihm alles über den Kopf wächst, wenn er, wie so oft, an grauenvollen, überfallartigen Zahnweh-Attacken leidet, wenn die Selbstzweifel unerträgliche Ausmaße annehmen, sucht er Trost und Zuspruch in seiner Korrespondenz mit Hector Bruyndonckx. Der väterliche Freund rät aber das genaue Gegenteil dessen, was der einstige Cordée-Held gerne hören will. Hector entpuppt sich auf einmal als Konservativer und Mahner. Er legt seinem Zögling nahe, das Pariser Abenteuer, viel zu vage und mit ungewissem Ausgang, rasch zu beenden und wieder nach Hause zurückzukehren, wo Frau und Töchter bereits sehnsüchtig auf ihn warten. Das hat ihm gerade noch gefehlt! Jacques legt diese Brieffreundschaft vorerst auf Eis. Und probiert eine andere Form des Zusammenlebens aus: Miche, Chantal und France ziehen probehalber zu ihm nach Frankreich. Seine bescheidenen Gagen erlauben ihnen nur, gemeinsam einen kleinen Pavillon außerhalb von Paris zu mieten, in Montreuil. Vergebens – das Experiment funktioniert nicht. Miche ist die deprimierenden Zustände in der Banlieue bald leid und fühlt sich isoliert, und Brel ist letztlich auch nicht viel öfter zu Hause als sonst.

Es bleibt also bei den Stippvisiten in Brüssel; den Mädchen

ist der hagere, gestresste Mann, der alle paar Monate auf einen Sprung vorbeischaut, fremd geworden. Trotzdem sollen sie weiterhin »Papa« zu ihrem Kette rauchenden Rabenvater sagen. Miche bleibt zwar, nach außen hin, die Nummer eins; das haben die beiden Eheleute einander ja schließlich geschworen. Lieben im Sinne von begehren und zusammenleben tut Brel jetzt aber andere Frauen. Er lässt sich von der Chansonnière Catherine Sauvage verführen, die ihn wie eine heiße Kartoffel rasch wieder fallen lässt, und gleich darauf beginnt er eine stürmische Liaison mit seiner Tourneekollegin Suzanne Gabriello, einer »fille à papa« – also einem verwöhnten Mädchen aus gutem Hause. Das Auf und Ab dieser komplizierten Beziehung mit »Zizou«, mit leidenschaftlichen Trennungen, Dramen und Neuanfängen, hält ihn und seine Entourage einige Jahre lang mächtig in Atem. Gottlob nennt er jetzt eine sturmfreie Bude sein Eigen; ganz einfach ausgestattet, aber ausreichend. Ein Refugium, in das er sich zurückzieht, wenn ihm die Geliebte zu sehr auf den Pelz rückt. In den Batignolles, in einer Straße mit kleinen Gärtchen. Und ohne Dusche. Zizou besitzt freilich Ausdauer. Sie und er führen eine wilde Ehe, in der es, vorsichtig ausgedrückt, spannend zugeht. Was Brel nicht daran hindert, mit Miche, die mit dem meist absenten Ehemann ihren ganz speziellen modus vivendi gefunden zu haben scheint, »nebenbei« noch eine weitere Tochter zu zeugen.

Was die Karriere betrifft, geht es inzwischen in Trippelschritten vorwärts. Auch weiterhin ohne fundierte, systematische Gesangsausbildung, aber mit besseren, attraktiveren Arrangements, mit einfühlsameren Begleitmusikern. Die Gitarre nimmt er jetzt nur noch bei jedem zweiten oder dritten Lied zur Hand, bald verkommt sie zum Accessoire. Er nimmt weitere Platten auf, denn Canetti glaubt unbeirrt an den Durchbruch, der doch immer näher rückt – oder? In Talentschmieden wie L'Écluse und in L'Échelle de Jacob, der Pariser »Jakobsleiter« von Suzy Lebrun, wird Brel zum Stammgast unter den Vortragenden. Da hat man sich bereits an einen Liedblock, an eine »tour de chant«, von Jacques Brel gewöhnt. Schmunzelt allabendlich über seine verbalen Kapriolen und lacht, wenn er erfundene Verben wie »bruxeller« oder »s'embigoter« einstreut, »brüsselieren« und »bigott werden, verspießern«. Man redet nun über ihn: ein gutes Zeichen. Man schreibt über ihn, *tant mieux* – noch besser! Das Adjektiv »brelien« zirkuliert inzwischen in Paris, um seine so eigentümliche Darbietung, seine Manier, die Worte zu kauen, seinen sonoren Bariton zu kennzeichnen. Der Applaus wird freundlicher, wohlwollender. Brel möchte aber weit höher hinaus, ins Bobino und ins Olympia. Noch ist es nicht so weit. Immerhin wird Juliette Gréco, die aparte und fragile Existenzialisten-Muse, auf ihn aufmerksam, nimmt Brels Chanson *Le Diable (ça va)* in ihr neues Programm auf – das ist schon ein wenig mehr als nur ein Anerkennungserfolg, das zeugt von Wertschätzung. Wirklich gut aussehend ist er noch immer nicht, aber sein Bärtchen ist endlich ab, und er trägt jetzt einen dunklen, neutralen Anzug mit Schlips. Keiner soll ihn mehr für einen Kaplan halten, und zu seinem knochigen Pferdekopf steht er. Denn »die, die schön sind, halten sich leicht für den Mittelpunkt der Welt«, weiß Brel, »und wenn sie nicht gehörig aufpassen, dann glauben sie am Ende, dass sie wirklich existieren.« Und Brel, existiert er noch – oder ist er schon untergegangen vor lauter Schinderei?

Gleich vier Männer tragen in den ersten, von Rückschlägen gekennzeichneten Pariser Jahren maßgeblich zu seiner musikalisch-künstlerischen Horizonterweiterung und zu seinem menschlichen Wohlbefinden bei. Alle vier werden Freunde fürs Leben. François Rauber und Gérard Jouannest, der spätere Gréco-Gefährte, beide ausgezeichnete Pianisten mit fundiertem Klassik- und Jazz-Background, nehmen in seiner Begleitcombo Platz, ersinnen für ihn herrliche, schwelgerische Orchestrierungen mit hohem Wiedererkennungswert. Sie präsentieren Brel einen ganzen Strauß raffinierter harmonischer Wendungen, lassen ihn am unerschöpflichen Fundus der »seriösen« Musik teilhaben, kennen alle Tricks von Strophenbau und Phrasenbildung, schreiben zugkräftige Refrains. Sie spüren, welche Instrumentenkombinationen zu Brels Stimme passen, sie verstehen sich aufs Variieren, zaubern, dramaturgisch geschickt, Stimmungswechsel herbei. Sie kennen sich mit der Dramaturgie von Programmen aus, mit der überraschenden Platzierung neuer Titel. Und sie haben auch den Dreh heraus, wie man ein Lied für eine Big-Band-Besetzung arrangiert. Sobald Brel einen musikalischen Einfall hat, eine kompositorische Idee, greifen sie sie auf, wissen, was man damit anstellen kann. Auf der Bühne tragen sie ihn, betten ihn weich, verleihen ihm ein Fundament, heben ihn in die Lüfte. Im Plattenstudio geben sie ebenfalls ihr Bestes. Er kann sich hundertprozentig auf sie verlassen.

Allein mit dem erstklassigen Tastenlöwen Jouannest konzipiert Brel vierunddreißig Chansons in nur acht Jahren, und darunter sind viele Hits. Und Akkordeonist Jean Corti, auch er ein treuer, verlässlicher Begleiter und begnadeter Musiker, leiht Brels Miniaturen erst ihre unverwechselbare Farbe, sorgt für Melancholie und Nostalgie, beschwört mit einem einzigen Lauf oder Sound eine Pariser Straßenszene, einen Park im Herbst, einen liebeskranken Jüngling herauf. Corti und seine Soli, Raubers Arrangements und Jouannests pianistische Kunstfertigkeit dominieren nun auch auf den nächsten Langspielplatten Brels. Die qualitative Steigerung ist nicht zu überhören. Und auch der Absatz der Tonträger »stimmt« jetzt. Um einen wirklichen Hit zu landen, fehlt es nur noch an echten Ohrwürmern. Das hoch motivierte Quartett erweist sich als auch dieser Herausforderung gewachsen und schreibt in den nächsten Jahren neben vielen anderen Kostbarkeiten *Quand on n'a que l'amour, La Valse à mille temps* und *Ne me quitte pas*: ein feierliches Liebeslied, einen rasanten, Purzelbäume schlagenden Walzer und einen unvergesslichen Sehnsuchtssong. Drei Nummern, die sofort einschlagen; drei »Markenzeichen«. Die richtige Mischung.

Der vierte Mann im Bunde ist Jojo. Georges Pasquier mit richtigem Namen, Geräuschemacher in der Ulktruppe Les Trois Milson (gemeint sind »les trois milles sons«, die dreitausend Klänge). Er kommt aus der Bretagne, hat in Nordafrika gearbeitet, macht sich die großen Hände im Ölgeschäft schmutzig und ist eher zufällig ins Kleinkunstgewerbe hineingerutscht. Jacques und Jojo, dem er später sogar ein Lied gleichen Namens zueignen wird, treten an den gleichen Orten auf, kommen sich näher, werden aus dem Stand dicke Freunde. Jojo ist ein großer, zuverlässiger, Brel ergebener Kerl. Ein Mann zum Pferdestehlen. Jemand, der auch mal mit anpacken kann. Treu, praktisch veranlagt, eine Seele von einem Menschen. Mit ihm kann Jacques ganze Nächte durch quatschen, zechen, rauchen, lachen. Wie ein Herz und eine Seele verstehen sich die beiden Männer, die beide fremd sind in Paris und manchmal auch ganz schön einsam. Wenn die anderen Tourneekollegen schon lange im Bett liegen, ziehen Jojo und Brel noch immer um die Häuser. Lassen die frühen Morgenstunden in Bordellen ausklingen, aber nur, um mit den Mädchen zu »diskutieren«. Brel benötigt gerade einen Sekretär, also übernimmt Jojo diese Aufgabe für ihn. Brel möchte eine Portion *moules-frites* zu nächtlicher Stunde, Jojo beschafft sie. Brel hat Lust auf eine Spritztour in ein belgisches Strandbad, Jojo kommt mit und fährt ihn hin. Wird zum Mädchen für alles. Zum Fahrer, zum Organisator, zum Faktotum. Die ersten Ideen des Chansonniers bekommt immer er und niemand sonst zu hören; Brel vertraut auf das Urteil seines *copain*, akzeptiert sogar seine Kritik, lässt sich von ihm ins Gewissen reden.

Ihm gefällt die unverfälschte Natur seines Freundes. Das Unkultivierte, aber Aufrichtige zeichnet ihn aus. Außenstehende sehen nur einen »einfachen«, etwas ungeschlachten Mann. Brel aber weiß, dass Jojo für ihn durchs Feuer gehen würde. Dass er der einzige Garant ist im doppelzüngigen, unaufrichtigen Showbusiness. Brel fungiert auch als Jojos Trauzeuge. Und er scheut sich nicht, diesen großen Bären, der kaum noch von seiner Seite weicht, als »den Mann seines Lebens« zu bezeichnen. Deutliche Worte für einen Sänger, der eindeutige verbale Liebesbezeugungen sonst eher vermeidet. Jojo, das ist vielleicht auch der *Jef* aus einem anderen Chanson, in dem die Solidarität unter echten Männern zelebriert wird. Jojo-Jef: der Kumpel, dem man aus der Patsche hilft, mit dem man einen trinken geht, der Kamerad, der auch noch für einen da ist, wenn man Trübsal bläst, wenn einen die Frauen und das Leben wieder einmal enttäuscht haben.

Der Erfolg nähert sich auf Zehenspitzen und im Schneckentempo; jeder auch noch so kleine Schritt will erobert und erarbeitet werden. Nichts fällt Brel in den Schoß. Ein Gastspiel zu Hause in Brüssel, diesmal aber in der angesehenen »Ancienne Belgique« im Vorprogramm, erfüllt ihn mit Genugtuung, denn nun kann er auch hier vorweisen, dass er es zu etwas gebracht hat. Der Applaus überwiegt; die »ketjes« von früher, Miche, die Jugendfreunde, Mutter Lisette und sogar Vater Romain sind stolz auf ihn, haben sie es doch schon immer gewusst. »Unser Junge war von jeher begabt.« Trotz der scharfen, belgienkritischen Satiren, die ja stets Bestandteil seiner Liederabende sind. Und auch Jean-Michel Boris, Coquatrix' Neffe, setzt sich in der Olympia-Direktion über Bedenken hinweg, indem er Brel mehrfach für kurze Einlagen ins Programm nimmt. Noch immer *vor* der Pause, versteht sich. Manchmal ist der Beifall für ihn schon stärker als für die jeweiligen Stars, die nach ihm dran sind. Canetti reibt sich die Hände, Pariser Prominente drängen in die Garderobe, mit Brassens geht Brel einen trinken. Das Selbstvertrauen wächst. Bei den Plattenaufnahmen stellt Brel große Professionalität unter Beweis, indem er »en direct« im Studio arbeitet, also gleichzeitig mit Orchester und Pianist seinen Gesangspart abliefert – anstatt, wie später üblich, die vokale Spur einzeln aufzuzeichnen und nachträglich, über ein Playback, als Extra-Schicht hinzuzufügen. Damit verdient er sich den Respekt der Musiker. Ein oder zwei Takes reichen meist aus; dann ist die Einspielung bereits perfekt. Alte Schule. Philips schaut auf die guten, die immer besseren Chart-Platzierungen, verlängert den Vertrag, verkürzt die Abstände zwischen den Veröffentlichungen. Und auf einmal, ob es Canetti nun schmeckt oder nicht, tritt auch ein Impresario auf den Plan, Charles Marouani. Eine weitere »ewige« Freundschaft entsteht, und zu Beginn des nächsten Jahrzehnts werden die beiden zusammenarbeiten – bis an Brels Lebensende.

Zum Ende der Fünfziger hin kann le Grand Jacques zum ersten Mal durchatmen. Mehrere schlauchende »Tournées Canetti« mit ungezählten Gigs, oft mehreren täglich, in Nordafrika, im Nahen Osten, in Kanada und im europäischen Ausland hat er auf dem Buckel. »Flickschusterei« in seinen Worten. Das war mörderisch anstrengend, hat vielen seiner Lieder jedoch den letzten Schliff gegeben. Von seiner Gitarre endgültig befreit – er holt sie nur noch vereinzelt, zur Begleitung von nachdenklichen Balladen hervor –, baut er sich nunmehr vor dem Mikrofon auf und nimmt für jedes Chanson eine andere Haltung ein, durchlebt eine andere Rolle. Vom bloßen Liedersänger ist er zum Theaterdarsteller, zum singenden Mimen geworden. Die Leute kommen, um ihn unter Einsatz seines ganzen Körpers spielen zu sehen, um ihm beim Spotten, Schwitzen und Schreien zuzuschauen. Er erweitert thematisch seine Bandbreite: Grotesken, Tangos und anklägerische Chansons – *La Colombe* flattert als weiße Taube bald um die Welt – wechseln mit Liebesliedern, Nachdenklichem, Gesellschaftskritischem, Reflexionen über die »belgitude«, bluesigen Nummern und Satiren zum Geschlechterverhältnis. Nun wird er auch im Pariser Bobino eingeladen. Charles Aznavour und Zizi Jeanmaire, Serge Gainsbourg, Michel Legrand und Maurice Chevalier stehen mit ihm auf der Bühne. Er gewinnt prestigereiche Schallplattenpreise, und eine Tournee in die Sowjetunion steht kurz bevor. Zizou spielt für ihn die Ansagerin, präsentiert ihn gekonnt. Sein drittes, 1958 geborenes Töchterchen Isabelle kennt das Gesicht ihres Vaters fast nur von Postern, Plattencovern und Zeitungsartikeln, aber es gibt schon ein nettes kleines Lied, das Brel ihr zuliebe komponiert hat, und Arrangeurfreund Rauber firmiert als ihr Patenonkel.

Isabelle und Clara, Frida und Marieke, Madeleine und Fanette,

Rosa und Mathilde, das sind die Frauen in seinen Liedern. In seinem Leben spielt mittlerweile eine ganz andere junge Dame die erste Geige: Sylvie Rivet. Als sie noch Presseattachée bei Philips war, kreuzten sich ihre und Brels Wege erstmals. Danach immer öfter, bis sie zusammen in dieselbe Richtung weiterschritten. Gainsbourg ist mit ihr verbandelt gewesen, der Sänger Leny Escudero hat ausgiebig für sie geschwärmt. Sie bringt demnach Erfahrung mit Künstlerpersönlichkeiten mit, und sie kennt die Höhen und Untiefen des komplizierten Metiers sehr genau. Zwischen ihr und Jacques entsteht gerade etwas »Ernstes«. So ernst, dass Brel die gesamten, die für ihn lebensentscheidenden Sechziger exklusiv mit ihr zubringen wird. Weit weniger anstrengend als die fordernde Zizou ist diese Sylvie, eine Brünette mit grünen Augen, doch besitzergreifend auf ihre Weise. Bedrohlich genug für Miche und die Mädchen, die nun – nicht nur geografisch – noch weiter ins Hintertreffen geraten.

Gelegentlich schnappt sich Brel eine seiner Töchter und nimmt sie mit zu einer seiner Shows, damit sie ihm »bei der Arbeit zusehen« kann. Abrupte Nähe, danach wieder monatelange Abwesenheit. Das ist, neben dem Unterhalt, neben Geschenken, gestellten Fotos für die Presse und seltenem Bonjour-Sagen, sein einziger Beitrag zum Familienleben. Er selbst hält sein Verhalten für weit nützlicher und erbaulicher als das, was die meisten anderen Väter tun – ihm zufolge ist das: am frühen Abend von der Arbeit nach Hause kommen, den Fernseher anstellen und die Füße hochlegen, um dann zwei Stunden später lustlos und gelangweilt, mit gespielter Autorität »Nun aber ab ins Bett, ihr Frechdachse!« zu rufen und das Ganze dann auch noch »Erziehung« zu nennen. Brel, der in Interviews fortwährend gern mit diesem Standpunkt provoziert, hat seine ganz eigene Vorstellung von Vatersein und Treue; seiner Logik zufolge ist er seinen vier Brüsseler Frauen gegenüber, auch wenn er sie de facto vernachlässigt, von konsequenter Loyalität. Das muss ihnen reichen; ihm reicht es jedenfalls für lange Zeit.

Zwei parallele Ehen führt er nun, eine davon existiert auf dem Papier und ist »beglaubigt«, die andere stellt die Lebenswirklichkeit dar und entfacht die zur Liebe unabdingbare Leidenschaft. Nicht mehr und nicht weniger.

Brel hat sich unterdessen nach einem südlichen, sonnenverwöhnten Refugium umgesehen, als Gegenentwurf zur Pariser Hektik, zur Brüsseler Scheinfamilienwelt und zum Tourneestress, und er ist fündig geworden – an der französischen Riviera, abseits vom Trubel, schlägt er seine Zelte auf. In einer eher bescheidenen Strandunterkunft zwischen Monaco und Menton. Golfe Bleu heißt das idyllische Fleckchen Erde. In einer Nische versteckt, ohne jeglichen Luxus. Mehr Hütte als Villa, aber mit einer fantastischen Aussicht. Schroffe Steilküste, sanfte Hügel, Pinien und Kiesel, kristallklares Wasser direkt vor den kleinen Zimmerchen, das traumentrückte, stille Cap-Martin zur Linken, das unwirkliche, blendende Monte-Carlo mit seiner Skyline zur Rechten. Unweit des rustikalen »cabanon«, des hölzernen Feriendomizils von Le Corbusier, und nur einen Steinwurf entfernt vom visionären Strandkubus »E. 1027«, vormals von der Architekturpionierin Eileen Gray unmittelbar am Meer in die Felsen der Cabbé-Bucht gebaut. Mithin eine Gegend, die schon die Avantgarde für sich auserkoren hatte. Und zugleich ein mediterranes Liebesnest für Jacques und Sylvie – ideal zum Liederschreiben, zum Empfangen intimer Freunde, denen zuvor eingeschärft wurde, Lage und Adresse nicht preiszugeben. Über ihnen thront die Burgruine von Roquebrune; der Flughafen von Nizza liegt nur einen Katzensprung weiter westlich.

Ein größerer Gegensatz zu den rauen Nordseestränden ist kaum vorstellbar, doch gerade hier, an der Côte d'Azur, findet Brel die nötige Inspiration, um *Amsterdam* und *Le plat pays*, zwei seiner stärksten, persönlichsten und eindringlichsten Titel, zu Papier zu bringen. So hilft der Süden dem Norden auf die Sprünge. Zur Entspannung, wenn gerade einmal keine Besucher oder Kollegen zum Arbeiten, Feiern und Baden vorbeischauen, dient ihm Fachsimpelei mit den Strandnachbarn – über das Fischen, über maritime Details, über Boote. Und immer öfter macht er mit Sylvie kurze Abstecher in den Jachthafen von Menton, wo wunderschöne, begehrenswerte Segelschiffe vor Anker liegen. Bis er dort schließlich auch eines für sich auswählt und in See sticht, im Golfe Bleu aufkreuzt und seinen Mittelmeer-Freunden von Weitem zuwinkt.

Aufrecht leben und hundertprozentig man selbst sein, »Vivre debout«, und sich anderswo umschauen, »voir ailleurs«, hier an der Riviera kommen seine zwei fundamentalen Lebensprinzipien wirklich zum Tragen; hier kann er deren Folgen erstmals in vollen Zügen genießen. Nicht länger zaghaft und mutlos »cimetièrer«, »verfriedhofen« – um eine weitere seiner Wortschöpfungen aufzugreifen. Nein, mitten im Leben stehen.

Und dann, im Oktober 1961, schlägt sie auf einmal, die große Stunde des Jacques Brel: Marlene Dietrich ist, so heißt es, verhindert, unpässlich oder nicht willens aufzutreten; die lebende Legende kann ihren Konzertverpflichtungen im Olympia auf alle Fälle nicht nachkommen und sagt kurzfristig ab. Direktor Bruno Coquatrix ringt die Hände; alle großen Stars geben ihm einen Korb. Die Zeit wird knapp. Bis Coquatrix sich einen Ruck gibt und tatsächlich Brel präsentiert, nun endlich im Hauptprogramm. Mit einem Feuerwerk aus fünfzehn Chansons, davon nicht weniger als sechs neue. Kein Wagnis mehr, wie sich schon bei der ersten Soiree herausstellt. Sondern ein Entschluss, an dem es nichts zu bereuen gibt. Brel, flankiert von Jouannest und Rauber, tritt an. Kotzt sich zuvor die Seele aus dem Leib – und triumphiert.

Paris lässt ihn hochleben.

Die Verzweifelten

Wann immer, in Gesprächen oder Interviews, die Sprache auf seine Kunst kam, spielte Brel deren Bedeutung herunter und tat sie ab. Nicht aus Koketterie, falscher Bescheidenheit oder weil er auf weitere, noch überschwänglichere Komplimente seines Gegenübers aus war, sondern aus Überzeugung. Schubert und Ravel, seine beiden Lieblingskomponisten, oder auch Debussy hätten hingegen Großes vollbracht, pflegte er dann zu sagen – damit könne sich etwas so Ephemeres und Winziges wie ein Chanson überhaupt nicht messen. Die Streichquartette dieser beiden französischen Komponisten an der Schwelle zur Moderne etwa liebte er über alles. Überhaupt hörte Brel in seiner Freizeit nichts als klassische Musik, so gut wie nie Zeitgenössisches oder gar Pop. Nur seine verehrten Kollegen Brassens und Ferré fanden Gnade vor seinen Ohren und seinem Urteil. Auf langen Tourneen im Auto stellte Brel deshalb meistens Radio Vatikan an. Die Textbeiträge dieses Senders hatten es ihm selbstverständlich keinesfalls angetan, aber dort wurden, quasi nonstop, Werke der Klassik ausgestrahlt. So ließen sich die langen Fahrten über Land, die nächtlichen Trips in den nächsten Auftrittsort aufs Angenehmste überstehen.

Ravel war demnach sein großer Favorit. Ihn verehrte er. Und bei einem Interview in Knokke verriet er dem Reporter im Jahre 1966 ein weiteres Detail: »Ein Wort, das ich unbedingt verwenden und einsetzen möchte, sobald sich die Gelegenheit dazu bietet, ist das Wort Zärtlichkeit. Wahrlich ein unerhörtes Wort. In unserer heutigen Zeit nimmt das Wort für mich allmählich eine großartige, herausragende Bedeutung an. Im Bereich der Musik gibt es nun etwas, das eine ganz außergewöhnliche Zärtlichkeit aufweist, und das ist Ravel. Und zwar der zweite [, langsame] Satz in Ravels Klavierkonzert in G-Dur. Gespielt von Samson François. Er ist derjenige, der dieses Werk am besten interpretiert.«

In der Tat zählt dieser Mittelsatz zu den kostbarsten, berückendsten Schöpfungen der neueren französischen Klaviermusik und der Konzertliteratur überhaupt – mit seinen lang ausgedehnten Bläser-Kantilenen, seiner subtil verschobenen Metrik, den gewaltigen Steigerungen für den Solisten und einem schier grenzenlosen, sich großzügig verströmenden harmonischen Reichtum. Wie zum Beweis für die Ausnahmestellung dieser faszinierenden Komposition hatte Brel im Vorjahr für seine Barclay-LP *Ces gens-là* ein heute zu Unrecht wenig bekanntes Chanson eingespielt, das seine These untermauert: *Les Désespérés*, »die Verzweifelten«. Es wird von einem einzigen großen Klaviersolo dominiert, das dem betörenden Beginn und der Atmosphäre von eben diesem traumverlorenen »Adagio assai« Ravels bis aufs Haar zu gleichen scheint. Ein Solo, das dessen weiteren Verlauf und dessen Struktur unterschwellig nachvollzieht; ein Monolog, der dieses einzigartige Adagio Takt für Takt mit Geschick und Feingefühl paraphrasiert.

Brels treuer Komponist Gérard Jouannest erwies sich mit seinem Wissen und Können wieder einmal als Glücksgriff für Brel. Während der Probenpausen hatte Jouannest, Pianist mit klassischer Vorbildung, gelegentlich Auszüge aus Ravels Konzert angedeutet, um sich einzuspielen oder pianistisch »aufzuwärmen«. Brel war auf der Stelle begeistert. »Füge hier und da noch ein Quäntchen Ravel hinzu«, wies er seinen begabten Begleiter beim Aushecken neuer Titel an, wobei Jouannest auch mit Chopin-Anspielungen nicht geizte.

So kam es, dass nicht nur *Les Désespérés* (1965) deutliche Anklänge an das Adagio des baskischen Meisters enthält, auch der Klavierpart von *Les Biches*, das auf seiner ersten LP für Barclay enthalten ist (*Les Bourgeois*; 1962), ist bereits unüberhörbar eine Hommage an Ravel und das Herzstück aus dessen Solokonzert.

Erstaunlich nur, dass Brel für ein noch älteres Chanson, das sich schon im Titel mit der Zärtlichkeit beschäftigt, dann aber nicht auf Ravel zurückgreifen mochte – *La Tendresse* von 1959 weist einen gänzlich anderen musikalischen Tonfall auf, gibt sich heiter und unbeschwert. Die »Verzweifelten« jedoch, die in seinen *Désespérés* Hand in Hand im Nieselregen durch stille, ausgelöschte Städte ziehen, in denen nur ihre eigenen Schritte widerhallen, bedürfen des Trostes durch Ravels/Jouannests exquisite Modulationen und den üppigen Streicherteppich, der eigens für sie ausgebreitet wurde, umso mehr. Schiffbrüchige sind es, die sich hier zusammengefunden haben, »Entlaubte«, zum Weiterziehen verdammt, und zugleich Wesen, deren Flügel verbrannt sind. Vor ihnen liegt ein langer Weg, den der Sänger des Chansons, wie er bekennt, schon Hunderte Male selbst abgeschritten ist. Intime Einblicke in sein Seelenleben gewährt uns Brel hier – eine Seltenheit.

Der Weg führt die Verzweifelten schließlich an eine Brücke, unter der ein tiefes Wasser hindurchströmt, »das Ende der Welt«, und wo sie ihre Vornamen beweinen können, »so wie ein junges Hochzeitspaar«. Am Ende bleibt von ihnen nichts zurück als ein leichter Nebel und eine noch viel größere Stille. Der Freitod also, kaum verhüllt. Frühere Hoffnungen fallen der Vergessenheit anheim. Und wenn es jemand wirklich wagen sollte, sich zu erheben, um den ersten Stein auf sie zu werfen, so warnt Brel seine Zuhörer, dann habe derjenige von der Liebe nicht mehr verstanden als das bloße Wort »lieben«.

Assistiert von Ravel gelingt hier auf engstem Raum eine Sternstunde poetischer Verdichtung. Ganz große Kunst. Eine Parabel auf die Desillusionierung – mit ihr kann eine gescheiterte Liebe, eine gesellschaftliche Utopie, können die Träume einer ganzen Generation gemeint sein. Das Ungesagte füllen sinnliche Klavier-Meditationen samt begleitendem Orchester aus. Sie verleihen den

Leerstellen zwischen den Zeilen Sinn. Jeder kann sich hier angesprochen fühlen; gleichwohl muss niemand seiner Verzweiflung freien Lauf lassen und resigniert »ins Wasser gehen«: Die Schönheit des Schlussakkordes, der sich mit dem letzten Ton von Brels versöhnlicher, ruhig deklamierter Schlussphrase vermählt, straft den Titel des Chansons Lügen. Eher gewinnt man den Eindruck, dass hier jemand – nach vollzogener Introspektion – mit sich selbst endlich wieder im Reinen ist. Zumindest für den nächsten Abschnitt seines langen Weges. Hand in Hand mit seiner Vergangenheit.

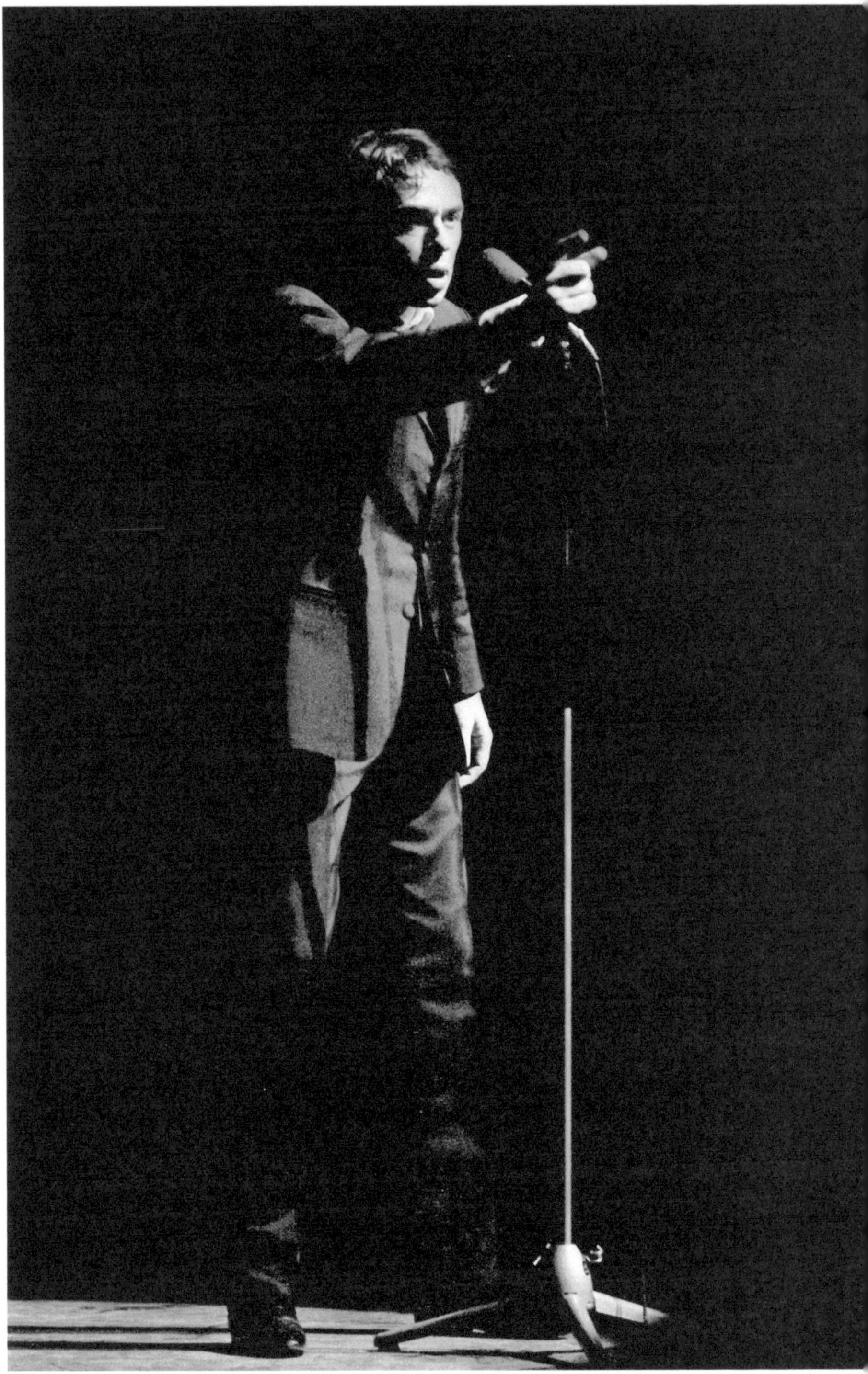

Der Hypnotiseur

1961–1966

> Es scheint mir undenkbar,
> nicht vor jedem Lebewesen schüchtern zu sein.
> Wir stören doch mit jeder Geste, mit jedem Atemzug.
> Damit einem das verziehen wird –
> muss man da nicht auf Zehenspitzen leben?

In den fünf goldenen Jahren, die jetzt vor ihm liegen, von der befreienden Eroberung des Olympia bis zu seinem fulminanten Abschied am selben Ort, gehört Brel die Bühne, beherrscht er seine Konzertabende mit erstaunlicher, souveräner Machtfülle. Zwischen Oktober 1961 und dem Finale in Roubaix hat er sein Publikum allabendlich in der Hand, ob nun in Montreal, im Libanon oder in der Türkei, ob in Tel Aviv, Kairo, Bordeaux oder in einem belgischen Provinzkurhaus. Er spielt mit den Emotionen seiner Zuhörer, jongliert mit der Dramaturgie, bringt immer neue Fermaten, Überraschungsmomente und Gedankenblitze ein, unterläuft die Erwartungshaltung, hält inne, überrumpelt sich selbst. Eine geniale Mischung aus sehr viel Kalkulation und einem Quäntchen Improvisation – nie sind seine Interpretationen desselben Liedes haargenau gleich, und seine Musiker, die mit ihm seit Langem schon symbiotisch verwachsen sind, müssen ihm bei seinen spontanen Eingebungen bis in die kleinsten Nuancen und Verästelungen folgen.

Das Singen und Gestalten eines Chansons, so definierte er es einmal treffend, sei ein Handwerk, bei dem sich die Stimme allein als völlig unzureichend erweise. Ein Chanson müsse nicht nur gesungen, sondern eben auch erzählt, personifiziert und durchlebt werden. »Der ganze Körper muss dabei mithelfen, bis zum Bersten, bis zur Explosion, bis er zu Boden fällt. Wenn auf den Liebesakt nicht eine ganz große Erschöpfung folgt, dann war es keine Liebe.« Ein kleiner Tod, eine postkoitale Bewusstlosigkeit. »Und wenn ein Chansonabend nicht mit einer ganz großen Erschöpfung endet«, so brachte Brel es auf den Punkt, »dann hat man vielleicht sein Handwerk wunderbar im Griff, aber man liebt das Publikum nicht wirklich.« Brel liebte es fürwahr. Diese anonyme Masse, die er so gern aus der Reserve lockte. Er brachte die Seelen, Hirne und Herzen der Leute zum Lodern, und diese grenzenlose Zuneigung, gespeist von einem Einverständnis und einem gemeinsamen »Wissen«, das weit über die Inhalte seiner Lieder hinausging, wurde enthusiastisch erwidert. Noch kurz vor ihrem Tod hatte die große Piaf ihm ins Stammbuch geschrieben, Brel verlange sich, wie kaum ein anderer – wie vielleicht nur noch sie selbst, sei hier hinzugefügt –, in der schwarzen Unendlichkeit des Theatersaales, ganz auf sich allein gestellt, alles, aber auch alles ab. »Er geht bis ans Ende seiner Kräfte, weil es die Chansons sind, die ihm sagen, was seine wahre Lebensbestimmung ist. Und jeder seiner Sätze trifft einen mitten ins Gesicht und lässt einen ein wenig groggy zurück.«

Brel versteht sich aufs Hypnotisieren. Dass er dabei nicht mit seinen Kräften haushaltet, dass er sich Tag für Tag in einen fieberhaften Wahn hineinsteigert, der einem Sprung in den Abgrund gleichkommt, steht auf einem anderen Blatt. Über die Monate legt er Zehntausende von Kilometern zurück, gönnt sich so gut wie nie eine Pause. Sein Zigarettenkonsum bricht alle Rekorde. Und nachts wird nicht geschlafen, sondern mit Jojo und dem harten Kern seiner Musiker weiterdiskutiert, getrunken, gefeiert. Er nimmt zu allem Überfluss auch noch Flugstunden, wenn er einmal eine freie

Minute findet. Die Welt, die er sich geschaffen hat, ist im Begriff, aus allen Nähten zu platzen, deshalb muss er sie sich jetzt von oben anschauen.

Europa, wo er sich so mühselig emporarbeiten musste, ist ihm längst zu eng geworden. Die Neue Welt lockt, Kanada ist inzwischen ebenfalls ein vertrautes Pflaster für ihn. Nun öffnet ihm gar die New Yorker Carnegie Hall ihre Pforten, er erobert auch sie im Sturm. Seine Platten finden reißenden Absatz und werden wie Kultobjekte behandelt. Eine angesehene Poesie-Buchreihe widmet ihm und seiner Chansonlyrik einen ganzen Band; man möchte ihn kanonisieren. Doch Brel ist auf der Hut. Er bestreitet, ein Poet zu sein oder überhaupt Literat. Er weiß nur zu gut, dass ein gekonnter Liedtext zu zehn Prozent aus Inspiration besteht und zu neunzig aus Schweiß. Er findet auch keinen Gefallen daran, auf einmal »in« zu sein, von allen gemocht zu werden. Widerstandslose Akklamation, vor allem vonseiten der Printmedien, erregt sein Unbehagen; den immer zahlreicheren Interviewanfragen kommt er zwar nach, äußert dann aber regelmäßig Provokatives und Unerhörtes, gibt sich kratzbürstig. Er redet sich um Kopf und Kragen, stößt seine Gesprächspartner zuweilen brutal vor den Kopf. Brel verweigert sich den eingespielten Mechanismen. Gedankenprozesse bei den Hörern auslösen – das ja; sich vereinnahmen lassen – niemals. Publikumsliebling ist er gern, aber nicht, weil ihn die Journaille gnädig dabei unterstützt. Sondern weil er um seine Zuhörer kämpft, Abend für Abend, wie ein Löwe. Er will sie packen und »kriegen«. Er will sich die Gunst verdienen. Im Kleinstadttheater genauso wie bei der Gala in Manhattan.

Brel findet heraus, dass es gar nicht so leicht und angenehm ist, populär zu sein. Die Menschen hängen an seinen Lippen – genau das hatte er doch angestrebt. Zwar genießt er diese Fähigkeit, ungehindert gestalten, aber auch manipulieren zu können, eine Zeit lang, er weiß auch um die Narrenfreiheit, von der er gerade profitiert, entzieht sich dann aber wieder, tänzelt unentschieden zwischen zwei Positionen hin und her. Und wenn ihm wirklich einmal alles zu viel wird, legt er einige ruhige Stunden auf dem Meer ein und betrachtet die Küstenlinie Liguriens und Korsikas von seinem Ankerplatz vom Cap-Martin aus, als ginge ihn das ganze verrückte Geschehen, das ihn und seinen Zirkel von Freunden und Musikern in Atem hält, im Grunde gar nichts an. Für die Dauer eines Wochenendes, bestenfalls, und auch das nur ein- oder zweimal pro Jahr.

Sein Ton wird noch bissiger, kesser, unversöhnlicher. Seine Angriffslust ist ungebremst. Jeder andere Chansonstar würde sich jetzt zurücklehnen, auf Nummer sicher gehen, einfach das Rampenlicht auskosten und mit ein paar eingängigen Liedern die Karriere nur noch behutsam voranschieben. Brel tut das Gegenteil – er sucht die Attacke, bezieht Position, gestattet sich Respektlosigkeiten, überzieht ganze Bevölkerungsgruppen, die ihm ein Dorn im Auge sind, mit ungefilterter Häme. Legt »noch einen drauf«. Schnulzen wird man von ihm nicht zu hören bekommen. Schon in den späten Fünfzigern war in seinem Repertoire eine deutliche Akzentverschiebung weg vom idealistischen hin zum dramatischen, szenischen Chanson bemerkbar. Inzwischen macht er fast nur noch – im Wortsinn! – Theater, wenn er singt, trennt sich von der einstigen, oft reichlich narzisstischen Perspektive. Die Troubadour-Pose hat er zu Grabe getragen. Er deklamiert nicht länger, er *lebt* seine Lieder. Bei aller Innovation: Einige Konstanten bei der Themenstellung sind freilich unübersehbar, wie etwa seine intensive, ungebrochene Auseinandersetzung mit der »belgitude« – oder sollte man nicht besser gleich sagen »Brelgitude«? Mit dem einfach nur »belge« sein, was schon ambivalent und problematisch genug ist, tut Brel sich nämlich auch weiterhin schwer, er setzt ihm sein individualistisches Verständnis von Nationalität und Selbstbewusstsein, sein spezifisches »Brelge« sein, entgegen.

Wallonische und flämische Charakterelemente tragen in seiner Persönlichkeit einen zähen, wohl nie lösbaren Kampf aus – schon abstammungsbedingt, denn die Vorfahren von Vater und Mutter

Brel besaßen ja höchst unterschiedliche regionale und linguistische Identitäten. Im Grunde ist er, je nachdem, wie er sich in seiner Familie situiert oder orientiert, durchaus in verschiedenen Landesteilen »zu Hause«. Ob er nun will oder nicht. Flämisch, das er verunglimpfend einmal mit »Hundegebell« verglichen hat und wohl als unattraktiv erachtet, spricht er selbst aber weniger gut als Französisch. Aus dieser kulturellen Kollision, wie sie die gesamte belgische Bevölkerung seit Jahrhunderten umtreibt, aus diesem unablässigen Ringen um Harmonie macht Brel gleich einen ganzen Zyklus von Chansons – besänftigende und brüskierende sind darunter, Allegorien, Hasstiraden und Hymnen. Vom »flachen Land« mit seinen endlosen, monotonen Dünen, mit seinen von der Flut überrollten Felsen und seinem bleiernen grauen Himmel, von diesem finsteren Belgien, über das die vier Winde hinwegstreichen, erzählt er, zärtlich und wehmütig, im sehnsüchtig-balladesken *Le plat pays*. Dort evoziert er »Kathedralen anstelle von Bergen« sowie die Schwärze der Kirchtürme, die Klettermasten gleichen. Spricht von »steinernen Teufeln«, von zu pflückenden, tief herabhängenden Wolken. In diesem Flandern, mit dem man Mitleid haben muss, herrscht eine Tristesse ohnegleichen. Selbst die Kanäle »erhängen« sich. Hier wird geschwiegen, hier herrscht eine kaum erträgliche Dumpfheit. Und dennoch, so spürt jeder Hörer sofort, liebt Brel dieses Land zutiefst. Der Tonfall schwankt hier zwischen Nostalgie und Melancholie.

Für Lebensfreude oder Ausgelassenheit haben die Fläminnen, so behauptet Brel sodann in *Les Flamandes*, mit seinen Staccati und seinem grotesken Hüpf-Rhythmus, keine Zeit, und auch das Tanzen macht ihnen kein wirkliches Vergnügen: Sie sprechen nicht, sie beben nicht. »Sie tanzen nur, weil sie zwanzig sind«, weil sie schon längst, unausweichlich, in einen vorgezeichneten Teufelskreis aus Verlobung, Heiraten, Kinderkriegen und Stolz auf die dann geborenen, »gedeihenden« Kinder eingebunden sind. Mit dreißig. Noch jung und schon fast abgestorben.

Les Flamandes – eine unschöne, ziemlich harsche Parabel auf das ganze Land. Brel präsentiert es hier als einengend, konventionell, eingeschüchtert. Sicherlich jedoch nicht die ganze Wahrheit. Schämte sich Brel etwa seiner belgischen, vorgeblich unrühmlichen Herkunft? Verleugnen tat er sie jedenfalls nicht: In Paris ließ er ja kaum eine Gelegenheit aus, eigens auf sie hinzuweisen, sie hervorzukehren, mit einer seltsamen Mischung aus falscher Bescheidenheit, echter Verunsicherung und gespieltem Masochismus. Heimat, so viel wird auch in *La ... La ... La ...* (von 1966/67) klar, wo er zwischen lobenswerten Flamen und aufreizend nationalistischen, reaktionär-faschistischen »flamingants« unterscheidet, auf die er in diesem Lied sogar expressis verbis »scheißt«, ist für Brel untrennbar mit Hassliebe verbunden, mit fortgesetzten Reibereien und historischen Fehden. Damit hat er in ein Wespennest aus Schuld, kulturellen Differenzen, noch lange nicht bewältigter geschichtlicher Verantwortung und übler Nazi-Vergangenheit gestochen. Der Ton wird schärfer, die Fronten zwischen Brel-Befürwortern und Brel-Hassern im eigenen Land verhärten sich. Ohne Not hat der nationale Star einen Keil zwischen seine Landsleute getrieben, aber um der Sache willen ist ihm dieser gezielte Affront äußerst wichtig gewesen.

In seinem späten Lied *Les F ...* setzt er 1977 Provokation und Konfrontation fort und wendet sich nun direkt, gleich in der ersten Zeile, an die verhassten Flamingants, denen er nicht einmal mehr den Gefallen tut, sie im Titel zu nennen. Er attackiert sie mit Fäkalsprache, schmäht sie aufs Unflätigste. In diesem auch antikatholischen Pamphlet ist es Brel darum zu tun, die unheilige Mischung von extremen Rechten und scheinheiligen Konservativen in seinem Land nochmals mit Wut und ohne Maß an den Pranger zu stellen. Die Reaktion lässt nicht auf sich warten – die Entrüstung ist immens. Schnurstracks handelt er sich eine Strafanzeige ein; die Angelegenheit kommt sogar, nach offizieller Anfrage, im Parlament zur Sprache. Ein damals in der Öffentlichkeit bereits zunehmend unsichtbarer Brel ist in seinem Heimatland also noch immer für einen Skandal gut. Für viele Belgier, die ihm weder in ästhetischer noch in politischer Hinsicht sonderlich nahestehen, ist es zudem ein Ärgernis, dass er mit seinen »landesinternen« Überzeugungen ausgerechnet im großen Nachbarland Frankreich, dessen erdrückende Vormacht bei ihnen schon seit jeher erhebliche Minderwertigkeitskomplexe auslöst, hausieren geht – und damit auch noch großen Applaus erntet. Und manche, wie die flämische Volksbewegung, die gegen ihn wettert, nehmen seine feine Differenzierung zwischen Flamen und Flamingants schon gar nicht mehr wahr, fühlen sich in ihrer Gesamtheit vorgeführt – so als habe Brel gleich ein halbes Volk vor aller Welt zu unbelehrbaren Provinzlern erklärt und mit dem Finger darauf gezeigt.

Unmittelbar nach Brels Ableben beschmierte einer von jenen Belgiern, für die er eben kein nationales Aushängeschild darstellte, die er mit seinen fortgesetzten Angriffen offenbar nachhaltig beleidigt hatte und die die Nase von so viel Selbstgerechtigkeit und Nestbeschmutzung gründlich voll hatten, im Oktober 1978 eine Brücke zwischen Lüttich und Brüssel mit dem makabren Graffito »Hoera, Brel is dood«. Ein hässliches Dokument der Genugtuung sowie der Beweis, dass keinesfalls die ganze Nation geschlossen hinter ihrem großen Sänger stand. Für die Brel-Skeptiker und -Widersacher machte es da auch keinen Unterschied mehr, dass er in seinem schwärmerischen, von perlenden Klavierläufen gestützten Lied *Marieke* mit seinen mal flämischen, mal französischen Textpassagen eine Art musikalisch-poetischer Versöhnung zwischen den beiden Sprach- und Volksgruppen in Belgien herstellte: »Ich hatte dich so lieb, zwischen den Türmen von Brügge und Gent«, heißt es dort. Wieder wird hier der Himmel von Flandern bemüht, doch diesmal ist es ein heiterer, friedfertiger. »Brelien« eben. Für viele, die Brels vermeintliche Verleumdungen, Ehrverletzungen und Herabsetzungen satthaben, verhallt diese Liebeserklärung an »sein Land« bedauerlicherweise ungehört. Für die anderen ist sie ein weiterer Beweis von echter Vaterlandsliebe und aufrichtiger, kritischer Beschäftigung mit Heimat – und mit all dem, was dort im Argen liegt und einfach angesprochen werden muss.

Der zweite rote Faden in Brels Œuvre ist sein komplexes und nicht eben störungsfreies Verhältnis zu Frauen und Familie, sein eigenwilliges Bild von der Liebe, seine Idee vom Paar, seine Vorstellung von der Zweisamkeit. Obsessiv umkreist er diese Themen immer aufs Neue und setzt sich dabei mehr als einmal dem Vorwurf der Frauenfeindlichkeit, der Misogynie, aus. Und genauso oft ist er als ein Sänger für Männer apostrophiert worden, denn allein auf die unzerstörbare, solidarisch geprägte Männerfreundschaft singt er aus vollem Herzen sein Lobeslied, ohne Wenn und Aber. Vor Frauen hingegen, so seine durchgängige Position in Chansons und Interviews, muss man sich tunlichst in Acht nehmen. Sie fügen, davon ist er zutiefst überzeugt, den Männern zwangsläufig Niederlagen und Enttäuschungen zu.

Lieben heißt für einen Mann: bereits wissen, dass es nicht gut für ihn ausgehen wird. Späteres Leiden billigend in Kauf nehmen. Den Kürzeren ziehen. »Frauen spielen immer, um zu gewinnen«, lässt er sein lyrisches Ich singen oder auch, in *Les Biches* (»Die Hirschkühe«): »Sie sind unser schönster Feind. Sie sind unser schlimmster Feind. Sie schummeln mit ihrem ganzen Körper.« Nicht immer geht er so weit wie in seinem Chanson vom Betrunkenen, den er ausrufen lässt: »Trinken wir auf die Nutte, die mir das Herz verdreht hat!« (*L'Ivrogne*). Ja, »verdreht«, nicht »gebrochen« … Aber auch in *L'Air de la bêtise* (»Das Lied von der Dummheit«) findet sich eine ähnlich geartete Definition: »Die echten Huren sind diejenigen, die sich nicht vorher, sondern hinterher bezahlen lassen.« Oder, in *Les Filles et les chiens* (»Die Mädchen und die Hunde«): »Die Frauen geben sich eine Zeit lang hin. Gibst du mir, so geb ich dir.«

Es geht also vorrangig um Berechnung – und ums Aufrechnen. Um das Investieren von Emotionen. Und später im Leben um Besitzstandssicherung. Jacques braucht sich gar nicht hinter den Protagonisten in seinen Liedern zu verstecken – deren Ansichten sind mit seiner eigenen Position deckungsgleich, praktisch identisch. Rundheraus spricht er den *femmes* und den *filles* erotische Großzügigkeit, die Bereitschaft zu authentischer Zärtlichkeit, die nicht von Vorteilsnahme gespeist ist, und gar echte Empfindungsfähigkeit ab: »Die Frauen vermögen es nicht, einem Mann Gleichgewicht zu verleihen, ganz einfach deshalb, weil sie stets mehr am Nehmen sind als am Geben. Sie bringen uns notgedrungen auf lange Sicht um unsere Balance, denn sie zwingen uns dazu, ihnen alles zu schenken, was wir besitzen. Wenn wir uns auf dieses Spiel einlassen, finden wir uns unterm Strich arm, entleert, mittellos und schutzbedürftig wieder.« Er vergleicht sie rundheraus mit Tieren, einzig darauf aus, zufriedengestellt zu werden. Erklärt sie zu selbstsüchtigen Kreaturen, dazu fähig, ihre Männer von einem Moment zum anderen für einen Nebenbuhler zu verlassen, sobald sie sich nicht mehr amüsieren. »Vor dem Spiegel. Lippenstift auflegen.« Und das Spiel gehe von vorne los. Was ihn, Brel, als gebranntes Kind reize, so beschließt er seine Ausführungen aus dem Jahre 1964 – die immerhin in Druckform erschienen! –, sei einzig das Alleinsein und Alleinleben. Eigentlich sei es eine idiotische Illusion, dem imaginären Glück einer Paarbeziehung hinterherzurennen, wenn doch offenkundig sei, dass man von Grund auf allein bleibe, ein Leben lang.

Starker Tobak. Und Brel geht noch weiter. Er hält das weibliche Geschlecht für fantasielos und nüchtern, rein an Sachinteressen orientiert. »Die Frauen können nicht träumen.« Spricht hier ein Verbitterter, ein eingeschworener Weiberfeind, ein unverbesserlicher Pessimist, ein unverstandenes, hasserfülltes Individuum? Nicht doch. »Man sagt immer, dass ich frauenfeindlich sei«, beklagt er sich an anderer Stelle. »Aber ich glaube, dass die Frauen einen Teil der Verantwortung dafür tragen«, verteidigt er sich. »Sie wollen die Männer um jeden Preis zu unbedingter Vorsicht anhalten. Zu viel der Ermahnungen wie ›Sag nichts, denk lieber an die Zukunft!‹ Als ob man ständig an die Zukunft denken könnte! Wir sind doch nichts als Gegenwart!« Abenteuerlust, Freiheitsdrang und Unternehmungsgeist kann er ausschließlich mit den *copains*, seinen männlichen Wegbegleitern, ausleben und erleben.

Gemeinsamer Nenner solcher und ähnlich formulierter Aussagen ist bei Brel eine tiefsitzende Angst vor dem Nestbau. Für ihn gleichbedeutend mit Stagnation und Leblosigkeit. Während Frauen mit List darauf aus seien, sich des Kinderkriegens und -aufziehens wegen niederzulassen, sich einzuigeln und dauerhaft sesshaft zu werden, trachteten sie danach, auch den Mann dazu zu bringen, an ihrer Seite eine sinnentleerte, konsumorientierte und den Leidenschaften entsagende Existenz zu führen. So erstickten sie jegliches Freibeutertum, machten alle Pläne zunichte und vereitelten noch die geringste Initiative. Das Leben als Ehepaar mit Kindern münde unweigerlich in die totale Ereignislosigkeit, vollziehe sich auf Kosten der Selbstverwirklichung des Mannes, dessen Selbstaufgabe die Folge sei. Kurz gesagt, Brel erlebt die Frau verallgemeinernd als Bremse männlichen Tatendrangs. Kein Wort davon, dass ihm Miche seit Langem so ziemlich alle Freiheiten lässt und er dem gemeinsamen »Nest« nun schon seit mehr als einem Jahrzehnt entflohen ist. Und natürlich auch keine Erwähnung von den außerehelichen Langzeitbeziehungen, die er sich gegönnt hat und die er auch immer noch genießt. Die Eskapaden mit Sylvie am Cap-Martin – in diesem Zusammenhang nicht der Rede wert. Allerdings spricht er im selben Atemzug auch den Männern jegliche Eignung für die Vaterschaft im Allgemeinen und für sinnvolle väterliche Erziehungsversuche im Besonderen ab. Ein Freibrief für ihn, Chantal, France und Isabelle jahrelang sich selbst und ihrer Mutter zu überlassen? Sich völlig auszuklinken, das Miterleben von deren Kindheit und Jugend in Gänze zu versäumen? Den eigenen Anteil an deren Menschwerdung zu eliminieren?

Selbst im Kontext seiner Erziehung und eingedenk der patriarchalischen Epoche, in der er aufwuchs, befremden solche archaischen Standpunkte – zumal aus heutiger Sicht. Sie als Ausdruck eines puren Machismo oder als Generalabrechnung abzutun, wäre indessen unzutreffend. Die Äußerungen Brels sind, neben der Lust an der Querdenkerei und am Aufrütteln, unübersehbar Eingeständnisse einer lebenslangen Desillusionierung. Sie verdanken sich genauer Beobachtung und tiefer gedanklicher Durchdringung. Dass er mit seiner polarisierenden, auch ziemlich ichbezogenen Haltung sowie mit seiner Ehefeindlichkeit keinen Staat machen kann, weiß er nichtsdestoweniger nur zu gut. Die Gewissheit, für eine geäußerte Ansicht nicht mit breiter Zustimmung rechnen zu können, ist für ihn jedoch noch nie Anlass gewesen, ein Blatt vor den Mund zu nehmen. Vorwürfen stellt er sich ohne Umschweife, zu einer Zeit freilich, in der europaweit die feministische Bewegung noch in den Kinderschuhen steckt: »Man nennt besonders gern jene Männer frauenfeindlich, die nicht systematisch allen Frauen den Hof machen. Nein, die Frauen haben mich nicht enttäuscht. Um enttäuscht zu sein, muss man etwas erwarten«, und er erwarte ja gar nichts. Oder meint er, als Konsequenz von Enttäuschungen und nicht mehr heilenden Wunden, gar nichts *mehr*?

Man geht wohl nicht zu weit, wenn man bei Brel in vorgerücktem Alter gewisse misanthropische Züge ausmacht. Und einen Hang zur Isolation – als letzte mögliche Rettung. Als hielte er es kaum noch unter Menschen aus, als könnte er nur noch von der Bühne herab die Gegenwart Anderer ertragen. Denn fast immer, wenn man genau hinschaut, stellt er sich nunmehr einer abstrakten größeren Gruppe als unverstandenes, verletzbares, an seiner Entfaltung gehindertes Individuum gegenüber: er gegen die Gesamtheit der Erwachsenen, er gegen alle Frauen dieser Erde. Ohne weinerlichen Unterton, stattdessen mit Empörung. Über Männer – für ihn die bei Weitem zärtlichere, sich ohne Hintergedanken verströmende »Spezies« – fällt er dagegen nur wenige Pauschalurteile, und sein Werk nach abwertenden Bemerkungen über das eigene Geschlecht zu durchforsten hieße, die berühmte Stecknadel im Heuhaufen zu suchen: Es gibt so gut wie keine.

Brel, so lautet das Fazit, vermag die Frauen nicht (mehr) zu achten. Ihre Anziehungskraft haben sie für ihn deshalb noch lange nicht verloren. »Ein Typ, der mit einer solchen Wut von den Frauen spricht«, sagt Brassens einmal über ihn, »glauben Sie mir, das kann nur bedeuten, dass er ihnen ganz und gar gehört.« Und ein berührendes, herzzerreißendes Trennungs-Chanson wie *Orly*, wo es ein Paar nicht länger miteinander, aber irgendwie auch nicht ohneeinander aushält, und wo jeder am Ende, in einem öden Flughafen-Terminal, auf Lügen verzichtet und trotzdem eigene Wege gehen muss, zeugt von Brel'scher Demut vor den Geliebten dieser Welt und von männlicher Verletzbarkeit. Und von einer im Innern seines Wesens verankerten Furcht: »Ein Mann, der nicht zittert, wenn er sich einer Frau nähert – man soll mir da nicht von Virilität sprechen, das ist dummes Zeug. Man muss bis zu seinem Tod vor den Frauen zittern.« Eine solche Berührungs- und wohl auch Versagensangst, ein solch eingefleischtes Misstrauen tut seinem künstlerischen Selbstbewusstsein keinen Abbruch – Brel gehört zu den wenigen kreativen Männern im 20. Jahrhundert, die ganz und gar ohne Muse auskommen. Nur sehr selten hat er es nötig, sich einer bestimmten Frau oder eines Liebesverhältnisses als Inspirations-Reservoir zu bedienen. Brel liebt es autark.

Brel, als Kind eines noch unschuldigen Zeitalters, in dem Meinungsvielfalt keine leere Worthülse und in dem sofortige mediale Kontrollmechanismen unbekannt sind, schert sich nicht um eingefahrene Denkgewohnheiten, leistet mit seinen Statements zur Geschlechterfrage keiner *political correctness* und keinem Einheitsdenken Vorschub. Weder beim Singen noch beim Journalistengespräch. Insofern herrschen in den Mittsechzigern noch paradiesische Zustände – im ungünstigsten Fall sind vielleicht ein paar empörte Leserzuschriften zu erwarten. Oder er muss damit klarkommen, dass zehn aufgebrachte Zuhörer den Konzertsaal verlassen, während ihm die restlichen neunhundert zujubeln. Ein Shitstorm bleibt aus. Was er zu sagen hat, sagt, singt, schreit, brüllt er unverbrämt heraus – auf die Gefahr hin, seine weibliche Fangemeinde zu erzürnen und zu verprellen. Doch einen Brel schätzt und verehrt man trotz – oder gerade wegen – seiner Brüskierungen und Entgleisungen. Einen Liebesentzug seiner Fans hat er auch als angeblich misogyner Künstler nicht zu befürchten.

Freundschaft, so viel lässt sich sagen, besitzt für ihn letzten Endes einen viel höheren Stellenwert als Liebe. Wie gesagt: Freundschaft zu Männern. Ist es für Brel überhaupt möglich, mit einer Frau »nur« befreundet zu sein, ihr auf platonische, noble Weise unverbrüchliche Treue zu beweisen? Ohne Hintergedanken und Vorbehalte? In seinem beachtlichen, zutiefst persönlichen Lied *Voir un ami pleurer* machen nicht Krieg, Unglücke, weibliche Finten oder Missgeschicke das aus, was man sich nicht einmal im schlimmsten Fall vorstellen möchte, sondern die Erfahrung einer elementaren Hilflosigkeit. Hilflos zu sein im Angesicht des Schmerzes, den der ihm nahestehende, kostbare Mensch erlebt: »Einen Freund weinen sehen«, das wäre das Allerschlimmste – damit lässt er jede der vier stillen, staunenswert abgeklärten Strophen ausklingen. Die Tränen des Freundes nicht eindämmen zu können, zum Trostspenden unfähig zu sein: Das wäre eine Katastrophe.

Die fünf goldenen Jahre bringen auch die eine oder andere Bewährungsprobe mit sich. 1962 wechselt Brel die Plattenfirma – ein folgenreicher Schritt: Bei Barclay ist er fortan in noch besseren Händen; eine lukrative Entscheidung für beide Seiten. Er ruft gemeinsam mit Miche, die künftig hier schalten und walten wird, in Brüssel die Éditions musicales Pouchenel ins Leben, um sein Gesamtwerk zu verlegen und rechtlich zu schützen. François Rauber wird ein großer Freundschaftsdienst erwiesen, als Brel für dessen Bewerbung am Pariser Conservatoire eigens drei lyrische und zugleich historisierende Texte für ihn schreibt, *Jean de Bruges*. Diese Trilogie in Versform über einen flämischen Buchmaler ist zugleich eine Hommage an die Stadt Brügge und an das Meer. Und, kurz nachdem er sich in Menton mit Sylvie ein Boot zugelegt hat, segnen Brels Eltern 1964 direkt nacheinander das Zeitliche. Damit endet für ihn endgültig die Kindheit; er hat sich damit abzufinden, dass er nun selbst den verhassten Lebensabschnitt Erwachsensein betreten muss. Wogegen er sich so lange mit Händen und Füßen gewehrt hat ... Lisette und Romain, mit dem er sich noch versöhnen konnte, ist wenigstens vergönnt gewesen mitzuerleben, wie es für ihren Jacky, der nicht einmal das Zeug zum Abiturienten zu haben schien, zuletzt steil bergauf ging. Wie aus dem Repertoire ihres Sohnes das Synonym für qualitativ anspruchsvolles und populäres Chanson und wie er, Brel, zum Bühnen-Chansonnier schlechthin wurde.

Die schönste Überraschung in diesen ereignisreichen Jahren gelingt Brel aber, als er im Herbst 1964 im Olympia, im Anschluss an einen besonders gelungenen Konzertabend und noch trunken vor Glück über das Chanson-Ereignis *Amsterdam*, die gesamte Bühne in einen riesigen Speisesaal verwandeln lässt und »on stage« zum Dîner einlädt. Einen exzellenten Pariser Traîteur hat er mit der Speisen- und Weinauswahl beauftragt, und es wird – auf seine Rechnung, versteht sich – fürstlich getafelt. Alle, die zum Gelingen dieses Abends beigetragen haben, wirklich alle dürfen, nein *sollen* dabei sein. Coquatrix, Plattenmagnat Eddy Barclay und Manager Marouani. Jojo, die Pianisten und die übrigen Musiker. Die Beleuchter, Techniker, Garderobieren, Platzanweiserinnen und die Kellnerinnen aus der Theaterbar. Brel schaut in die Runde. »Ich möchte, dass man lacht, will, dass man tanzt, will, dass man sich närrisch amüsiert.« So hat er es am liebsten, so geziemt es sich, laut Chansontext, ja selbst für Todgeweihte. Ein originelles Freudenfest. Ein Theaterleichenschmaus. Eigentlich hat er ja allen Grund, hochzufrieden mit sich zu sein – für eine Weile ist er es auch.

Und jetzt?

Mokant und zärtlich

Ich glaube, dass ich zartfühlend geboren bin.
Ich glaube, dass das, was ich in meinen Chansons Liebe nenne,
in Wirklichkeit Zärtlichkeit ist.
Das ist schon immer so gewesen,
aber erst jetzt, heutzutage, fange ich an,
mir darüber klar zu werden.

Nirgends kommt Brels szenisches Genie, nirgends sein Hang zum »konstruktiven« Stänkern, zum Anprangern und Entlarven stärker zum Vorschein als in seinen provokanten Chansons. »Psychodramen mit vorbeugender Wirkung« wurden sie einmal treffend genannt. Im Gegensatz zu den Balladen, in denen er stillere, nachdenkliche und auch traurige Töne anschlug, sind dies samt und sonders heftige, nicht selten gehässige Attacken auf die Bigotterie, die Dummheit, die kleingeistige Denkweise, die satte Bourgeoisie, den verbohrten Nationalismus. Musikalische Peitschenhiebe, die schwere Verletzungen zufügen und deren Wunden nicht so schnell verheilen. Lieder, mit denen er sich nicht nur Freunde machte; Pamphlete, mit denen er Feindseligkeit und Hass auf sich zog – von Menschen, die sich von seinen Bloßstellungen direkt angesprochen und auch angegriffen fühlten, die diese Art der prononcierten Darstellung und gelegentlich ätzenden Bühneninterpretation einfach unerträglich fanden.

Es lohnt sich, Mitschnitte seiner Konzerte wieder und wieder anzuschauen und seine phänomenale Gestik zu studieren. Den

Nuancen der Mimik zu folgen, den Wandlungen seines schweißüberströmten, fratzenhaft verzerrten Gesichtes. Den Blick nicht von seinen flatternden, zitternden, fuchtelnden Händen zu wenden, die nahezu jede Silbe beredt kommentieren. Und so Nummer für Nummer nachzuvollziehen, anhand seiner weit aufgerissenen, dann wieder verschwörerischen Augen, anhand seines geifernden, maliziös lächelnden Mundes, wie er innerhalb weniger Zeilen in völlig verschiedene Persönlichkeiten und Charaktere hineinschlüpfte, eine lächerlicher und erbärmlicher, bemitleidenswerter und abscheulicher als die andere. Und gerade deshalb uns noch heute so vertraut. Denn wenn Brel sich über kleinkarierte Katholiken, geizige Liebhaber, angeberische Halbstarke, alte Paare am Lebensende oder reiche, denkfaule Rechtsanwälte schonungslos lustig macht, dann nur, um uns mit grausamer Deutlichkeit vorzuführen, dass Bestandteile ihres Handelns und Funktionierens in ihm und in uns allen vorhanden sind. Wenn Brel ohne Erbarmen öffentlich über menschliche Schwächen, grobes Fehlverhalten und primitive Regungen herzieht, dann nur, um sich und uns auf die Pelle zu rücken. Uns einen Spiegel vorzuhalten. So lange, bis wir unsere Doppelgänger angewidert von uns stoßen, so lange, bis uns der Ekel übermannt und wir erleichtert klatschen – und so tun, als wären die Porträtierten in seinen Chansons nur irgendwelche fremden Leute in einer Geschichte und nicht in Wahrheit üble Facetten unserer Individualität. Doch vergebens: Brel, mit seinem moralisierenden Galgenhumor, hat uns alle durchschaut, und es zeugt von Größe, dass er sich selbst nicht von dieser Analyse ausnimmt, die auch immer denunziatorische Züge trägt.

Die schauspielerische Intensität und Virtuosität, die gestische Bandbreite, die darstellerische Expressivität und Vehemenz, die er bei seinen Soli aufbot, hatten etwas Beängstigendes: das dramatische Ballen der Fäuste, die wie Schwerter ausgefahrenen Arme, das Schlackern der Beine, die Schnuten, die er zog, das faszinierende, elastische Mienenspiel, das Blecken seines ungeheuren Gebisses, das trotzige Schütteln des Kopfes – sein Repertoire an Masken schien schier unbegrenzt, sein mimischer Einfallsreichtum schlug Kapriolen. Fabelhaft, wie er in *Les Bigotes*, mal kichernd, mal hin und her hüpfend, mal verschämt, dabei auch noch die Hände faltend und heuchlerisch den Kopf schief legend, frömmelnde Kirchgängerinnen und engstirnige Moralprediger durch den Kakao zieht. Unheimlich, wie er in *Ces gens-là* mit seinem fatalistischen, stagnierenden Guillotine-Rhythmus »diese Leute da«, also immer die jeweils anderen, die auszugrenzenden und nicht präsentablen, die marginalen und schwachen, die betrügerischen und verwerflichen, einen nach dem anderen mit subtiler Brutalität vorführt. Und bei diesem sozialen Spießrutenlaufen keine Gnade walten lässt. Verblüffend auch, wie er in *Les Bourgeois*, wo drei junge, ausgelassene und reichlich angetrunkene Kumpel nach dem Zechen auf der Straße arrivierten, gut situierten Geschäftsleuten den blanken Hintern zeigen und sie verspotten, von einer Zeile zur nächsten den Spieß einfach umdreht: Die Hierarchie wurde einfach weitergereicht. Die Krakeeler von einst haben nun selbst Karriere gemacht und unterscheiden sich keinen Deut von ihren verleumdeten Vorgängern – laut Brel gleichen ohnehin alle Bürgerlichen irgendwann »den Schweinen«, werden immer dümmer, älter und »blöder«. Der natürliche Lauf der Dinge, den vorlauter jugendlicher Protest nur bedingt aufhalten kann. Und ziemlich drastisch formuliert.

Legendär ist seine Interpretation von *Les Bonbons* geworden: Brel verwandelt sich hier in einen ungeschickten, schief grinsenden jungen Mann, der eine Dame ausführen möchte und ihr statt frischer Blumen, »die ja eigentlich viel mehr hermachen«, aus Knauserigkeit eine Tüte mit Süßigkeiten mitbringt, weil sie »nicht so schnell verwelken und länger halten«. Linkisch grinsend, mit hochrotem Kopf und wie von der eigenen Unzulänglichkeit peinlich berührt, liefert Brel eine perfekt einstudierte Charakterstudie ab, die ihresgleichen sucht: Er präsentiert uns einen wankelmütigen, an seiner Männlichkeit zweifelnden, ja womöglich liebesunfähigen armen Wicht. Dem nichts Besseres einfällt, als litaneiartig seine albernen Pralinen anzupreisen, und der sie schließlich, als seine Begleiterin ihm einen Korb gegeben hat, einer anderen, noch verfügbaren jungen Frau aufdrängt, die er anfangs noch verschmäht und belächelt hatte. Ein hilfloser, aus der Not geborener Wechsel der Partnerin – um überhaupt noch eine »abzukriegen«. Und einmal mehr stellt sich die Frage: Wo endet hier die Liedkunst Brels, wo beginnt reines Theater? Die Grenzen sind wie immer fließend …

Brel parodierte zusätzlich sein eigenes Chanson, indem er es wenige Jahre später erneut aufgriff und in *Les Bonbons 67* umtaufte: Nunmehr verlangt der stark mutierte Jüngling sein schon verteiltes Naschzeug trotzig wieder zurück. Der verklemmte Biedermann ist – der Aktualität geschuldet – zu einem langhaarigen, unerzogenen und verwöhnten Snob geworden. Ein Muttersöhnchen, das in schicken Hotels absteigt und affektiert-halbherzig gegen den Vietnamkrieg protestiert. Brel, der keinen Hehl aus seiner Abneigung gegen effeminiertes Verhalten machte, gab hier seinem Affen Zucker und ließ der übertriebenen Tuntigkeit seiner Bühnenfigur freien Lauf. Die enthusiastischen Reaktionen des Publikums, das er sich diesmal ausnahmsweise zum Komplizen machte und das sich wiehernd an seiner karikierenden Darbietung weidete, befremden aus heutiger Sicht. Genauso wie die unverhohlen homophobe Attitüde Brels bei seiner »Re-Bonbonisierung« der einstigen Erfolgsnummer. Eine solche Anbiederung, eine solche Akzentuierung geschmackloser Vorurteile hatte er bislang nie nötig gehabt.

Dass Brel auch ganz anders konnte, nämlich Empathie für Schwache zeigen und Verständnis für Schwächen aufbringen, belegen zwei seiner ergreifendsten Chansons. Nicht zufällig handeln sie beide vom Alter. In *Les Vieux* schlägt er, als handle es sich bei ihm um den Leibhaftigen persönlich, mit zackigen Bewegungen die Stunden der abgelaufenen Lebens-Uhr, die mit entsetzlicher Präzision das Nahen des Todes ankündigt. Er schildert die immer routinierteren, immer eintönigeren Abläufe im Dasein eines alten Paares, die Schrullen und die Gleichförmigkeit, den Verlust der Haustiere und die Ereignislosigkeit. Er berichtet von der Aussichtslosigkeit all ihres Tuns, von der »Provinz« in ihren Hirnen, Herzen und Seelen. Er weiß, als Chronist der Eintönigkeit, um die Vergeblichkeit jedes Jas und jedes Neins in ihrem Dasein, um die »Hölle«, die sich augenblicklich auftut, sobald einer von beiden das Zeitliche segnet; er kennt die schauderhaften Symptome des »Zu lange-Lebens«. Doch die schneidende Kälte in seiner Stimme, mit der er noch in den Eingangsstrophen den grauen Alltag der beiden Alten in zynische Metaphern kleidet, weicht am Ende des Liedes einem unendlich sanften, von Herzenswärme erfüllten Tonfall. Und mündet in die Gewissheit, dass auch für Brel selbst und seine Zuhörer das Pendel der alten Uhr im Korridor demnächst das sichere Ende einläuten wird.

Im ungleich berühmteren, sehnsüchtigen *Chanson des vieux amants* blickt ein alternder Liebender in versöhnlicher, abgeklärter Haltung auf alles Positive und Stürmische, alles Leidenschaftliche und Verstörende in einer offenkundig erfolgreichen »Langzeitbeziehung« zurück. Dieser Liebhaber beschwört noch einmal die »zarten Kriege«, die Eifersüchteleien, die Erinnerung an schlagartig aufblitzende Lust auf den Treuebruch und die im letzten Moment vereitelten Trennungsversuche herauf. Und bilanziert, zum guten Schluss, wehmütig die ewige, die unverbrüchliche Liebe, mit der sich alle Höhen und Tiefen überstehen ließen. »Am Ende, am Ende haben wir beide ganz schön viel Talent aufbringen müssen, um alt zu sein, ohne jemals erwachsen gewesen zu sein.« Wahrscheinlich stellt diese Hymne voller Pathos, je öfter man sie hört, tatsächlich Brels einziges Liebeslied dar, in dem ein ausbalanciertes Liebesglück, in dem eine von Schuldzuschreibungen freie und kompromissbereite Partnerschaft als Ideal präsentiert und gefeiert wird.

Wie brachte der Eulenspiegel Brel es nur fertig, knallhart und rücksichtslos einen ganzen Saal voller Menschen in die Knie zu zwingen und jeden einzelnen seiner beschämten Zuschauer mit der eigenen Spießigkeit zu konfrontieren – und zugleich sein Einfühlungsvermögen unter Beweis zu stellen und noch die Schwächsten und Verwundbarsten unter seinen Hörern zu trösten und zu besänftigen? Sie, bildlich gesprochen, zu streicheln? »Ich liebe die Zärtlichkeit«, bekannte er 1964 in einem großen, ausführlichen Interview, das einer Selbstdefinition gleichkam. »Ich gebe sie sehr gern und ich empfange sie sehr gern. Doch im Allgemeinen fehlt uns allen Zärtlichkeit, ohne Zweifel deshalb, weil wir es nicht wagen, sie zu geben, und weil wir es nicht wagen, sie zu empfangen. Zärtlichkeit vergeht nach und nach, und das Drama ist nun, dass sie durch nichts ersetzt wird. Insbesondere die Frauen sind nicht mehr so zärtlich, wie sie es einst waren.« Da war sie also wieder, diese unvermutete, irritierende Angriffslust. »Liebe ist ein Ausdruck von Leidenschaft«, so fuhr Brel mit seiner ganz persönlichen Katalogisierung der Gefühle fort. »Zärtlichkeit ist etwas anderes. Liebe verschwindet eines Tages, wohingegen Zärtlichkeit unveränderlich bleibt. Das ist eine unumstößliche Tatsache.«

Amsterdam: Die Apotheose

Im Oktober 1964 hält das Publikum im Pariser Olympia, Brels treueste Fangemeinde, den Atem an: Was hat er ihnen diesmal mitgebracht, womit wird er in dieser Saison sein Repertoire erweitern? »Dans le port d'Amsterdam ...«, stellt er in den Raum und hält kurz inne, kostet die letzte Silbe aus, hebt die Stimme, funkelt seine Fans an. Zornig, provokativ. Ein musikalischer Doppelpunkt. Irgendetwas ist heute anders als sonst. Eine bislang unbekannte Atmosphäre breitet sich aus, ein völlig fremder Ton wird angeschlagen. Tausende von Augenbrauen scheinen sich zu heben: Was wird hier verhandelt, wie wird es im nächsten Vers weitergehen? Augenblicklich beherrscht eine eigentümliche Spannung den Saal. Dann folgt, wie ein Donnerschlag, die Antwort. Dann überrumpelt Brel seine Zuhörer mit einem brandneuen Chanson der Leidenschaft, das er, roh und unfertig, wie es jetzt noch ist, erst vor wenigen Tagen in Versailles zur Erstaufführung gebracht hat – ein Test. Und bereits dort hat sein Publikum es akzeptiert und mit einem überwältigenden Beifallssturm gutgeheißen. Heute steht es an dritter Stelle auf dem Programm, und kaum, dass die letzten Takte eines gigantischen Crescendo verklungen sind, in dem sich Brel auf der Bühne bis zur Raserei steigert, bricht sich unter den Zuschauern eine bis dato unbekannte Begeisterung Bahn. Sie toben und verwandeln das große Haus am Boulevard des Capucines in einen Hexenkessel. Unten wie oben: ein Orkan.

Mit *Amsterdam* hat Brel soeben eine Grenze überschritten, hinter die es kein Zurück gibt. Mit *Amsterdam* gewinnt seine Vortragskunst eine neue Dimension. Hemmungslos liefert er sich den krudesten Emotionen aus, legt sich keine Gefühlsmäßigung mehr auf. Sein zuckender, hin- und hergerissener Körper und sein verzerrtes, mal leidendes, dann wieder diabolisch lachendes Gesicht spiegeln eine Glut sondergleichen, werden zum Synonym unbeherrschter Wut: Brel lebt dieses Lied mit jeder Faser seines Seins; sein Leib verwandelt sich binnen dreier Minuten in diesen schäbigen Hafen der Wollust und der Trunkenheit, in einen Abgrund der Liebessehnsucht und des Schmutzes, der Triebe und des Gestanks.

Matrosen bei ihrem Landgang in der niederländischen Hafenstadt begleitet Brel in den vier Strophen, die einem banalen harmonischen Schema folgen und dennoch aufwühlen wie nur wenige seiner Titel zuvor. Keine Moritat wird erzählt, keine Geschichte wird abgespult und erst recht keine Wertung abgegeben: Er rülpst, rotzt und hurt mit den Seeleuten, schläft ihren Rausch aus, stirbt ihre kleinen Tode und schnarcht, säuft, tanzt, pisst und lacht dreckig. Wie sie öffnet und schließt er, je nach Laune, seinen Hosenschlitz, taumelt von einem billigen Amüsement, von einem käuflichen Mädchen zum nächsten, fühlt sich wie neugeboren und träumt schon vom morgigen Halt, in einer anderen Stadt, in einem anderen Bordell – von weiteren Trugbildern. Er weiß, wie es um eingepferchte Männer bestellt ist, die ihre aufgestauten Gefühle endlich ausleben können, für die Dauer einer Nacht; er kennt ihre Geilheit, die Mühe, sich beherrschen zu müssen, die Gier nach wahlloser Befriedigung, den ungeheuren Druck, der während der monatelangen Überfahrt auf den Weltmeeren auf diesen »Arbeitern der Ozeane« gelastet hat. Brel führt in seinen Couplets eindringlich vor, wie es sich anfühlt, wenn Menschen, die man viel zu lange eingesperrt hat, bis sie vor Aggressivität und Einsamkeit platzen, plötzlich »die Sau rauslassen« können. So werden die Matrosen in Amsterdam, namenlose Ausgehungerte im Rotlichtviertel, zur Allegorie: Sie stehen stellvertretend für Soldaten im Krieg, Leute im Ehegefängnis, Gedemütigte im Alltag, Angestellte, denen man täglich zusetzt, Familienmitglieder, die man in einen Kerker gesperrt hat, Individuen, die noch nie gelobt worden sind, erotisch Frustrierte, seelische Krüppel, denen niemand auf die Beine hilft.

Eine Ballade der Vulgarität und zugleich eine Hymne von beispielloser Menschenfreundlichkeit – ein Appell an Einfühlung und Mitleid. Naturalistisch? Auch. Realistisch? Wie man's nimmt. Eines aber sicher: Poesie in Reinkultur. Nur – wie »landet« man einen solchen Titel, wie formuliert man einen solch gewaltigen Urschrei, wie bringt man Tausende von Zuhörern Abend für Abend dazu, nach nur einem Lied aus dem Häuschen zu sein? Und wie wenig hat das alles im Grunde mit Holland zu tun? Brels spärliche Kommentare zur Genese seines künftigen Dauerbrenners liefern nur Anhaltspunkte, aber wenig Aufschluss. »Warum ich *Amsterdam* geschrieben habe? Ich weiß es überhaupt nicht. Wohl weil es darin eine gewisse Farbe gibt; weil die Leute einfach wissen müssen, dass eine bestimmte Art von Abenteuer existiert; weil man ja nicht gezwungenermaßen zwischen A und B dahinzuvegetieren braucht, weil man sich gar keine Grenzen auferlegen muss. Die Lust ... lässt sich nicht erzählen.« Oder er gibt an anderer Stelle einen kleinen Hinweis zur Deutung: »Ein Pseudo-Matrosen-Chanson. Das heißt: wie ein Bild von Bruegel, mit einer klassischen Note und einem gedämpften Akkordeon.« Mit anderen Worten – ein besonders drastisches Sittengemälde. Noch dazu, wenn man den kunsthistorischen Bezug probehalber aufgreift, in bester flämischer Tradition!

Als Musiker bedient sich Brel hier eines vergleichsweise einfachen Rezeptes und verwendet die altbekannte, vierteilige andalusische Kadenz – von einer Molltonart in drei Sekundstufen abwärtsschreitende Durakkorde bis zur Dominante – und eine recht simple Basslinie. Standard für jeden Flamenco-Gitarristen. Kurios nun, wie stark *Amsterdam*, wenn man mal etwas genauer hinhört und die Machart von den Emotionen zu trennen versucht, hinsichtlich Melodieführung und harmonischer Progression dadurch dem unverwüstlichen Traditional *Greensleeves* ähnelt, mit dessen Schlichtheit, Innigkeit und Reinheit es hingegen schier gar nichts gemein hat. Kurios auch, dass Brel ausgerechnet diesen veritablen »Hit« nie für ein Studioalbum aufgenommen hat: Alle davon bekannten Aufnahmen sind Live-Einspielungen. Sie transportieren freilich auch besonders intensiv Spannung und aufgeheizte Stimmung, die gerade hier mit Händen zu greifende Interaktion zwischen Interpret und Publikum, den orgiastischen Effekt.

Das Olympia steht jedenfalls kopf. Die Leute verlangen nach einer Wiederholung, sie klatschen frenetisch, trampeln, rufen und jubeln, verderben Brel den geplanten Übergang zur nächsten, ungleich ruhigeren Nummer. Wie immer fruchtet das lautstarke Insistieren nichts: Noch nie in seiner gesamten Laufbahn hat er sich zu einer Doppeldarbietung desselben Titels hinreißen lassen. Und auch heute ist wieder Fehlanzeige. Erst bei einem Konzert in Moskau wird er diese eiserne Regel ein einziges Mal brechen – hier ringen die enthusiastischen Russen Brel ausnahmsweise ein Dacapo ab. Auf *Amsterdam* folgt *Amsterdam*. Ein Tournee-Zugeständnis; ein Einzelfall, der schon fast einem Unfall gleichkommt.

Brel hat den Sensationserfolg seines groben Matrosenliedes, das er wohl an der Riviera verfasste, weder planen noch voraussehen können. Noch zu Lebzeiten bemächtigten sich etliche Interpreten dieses Chansons, das wie kaum ein anderes letztlich nur von einem einzigen Mann glaubwürdig und mit Inbrunst gesungen werden kann: von seinem Schöpfer. Nach Brels Tod versuchten sich daran, mit recht unterschiedlichen Resultaten, so disparate Künstler wie Scott Walker und Klaus Hoffmann, Michael Heltau und John Denver, Ute Lemper und Anne Watts, und, man glaubt es kaum, sogar Hildegard Knef und Romy Haag …

Im Herbst 1964 gehörte *Amsterdam* zum Glück noch ganz und gar seinem Urheber, und er verteidigte dessen Authentizität mit Haut und Haaren. In den frühen Siebzigern dann kam allerdings David Bowie, griff beherzt zur Gitarre und mischte sich, ohne

Komplexe, unter die Seemänner zwischen Amstel und Ijmeer. Und Bowie, dieses verwirrend androgyne künstlerische Chamäleon, ließ sich von einer geharnischten Abfuhr durch Brel nicht einschüchtern. Er eignete sich *Amsterdam* an, erhobenen Kopfes. Lieferte selbstbewusst seine furiose Version des Landgangs ab. Ob es Brel nun gefiel oder nicht.

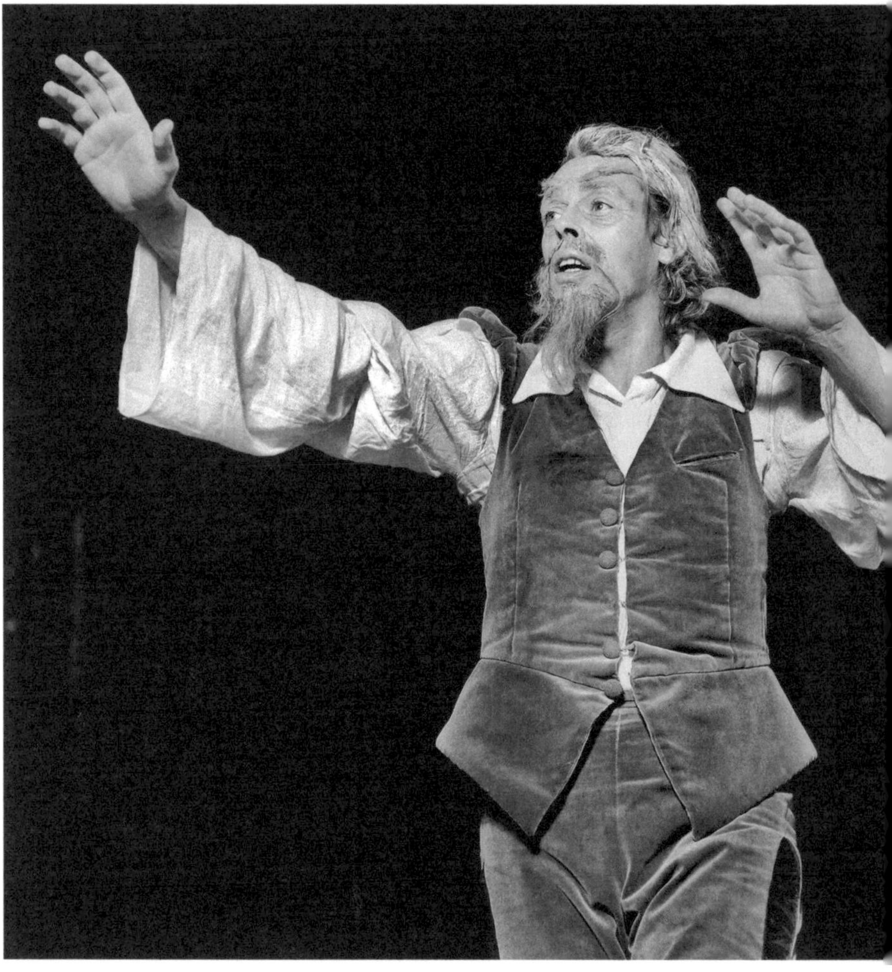

»Einen unmöglichen Traum träumen«

1967–1968

> Ich tue alles, was ich kann,
> um Träume zu erzählen,
> die, so glaube ich,
> genau dem entsprechen,
> was eine gewisse Anzahl von Leuten
> beschäftigt und umtreibt.

New York ist für Brel, im Grunde eher ein Amerika-Skeptiker, stets eine Reise wert und, was seine Laufbahn angeht, immer ein lohnendes Ziel gewesen. Seine gefeierten Solo-Soireen in der mythischen Carnegie Hall waren auch für ihn, den so lange Erfolgsverwöhnten, Ausnahmeereignisse. Dass man hier, ihm zu Ehren, inzwischen eine kurzweilige englischsprachige Brel-Revue kreiert hat, die Monat für Monat Hunderte von enthusiastischen Theatergängern in Manhattan anzieht und nicht mehr von den Spielplänen wegzudenken ist, stellt eine ganz besondere Auszeichnung dar. Eine Verbeugung! Auch wenn deren umständlicher Titel *Jacques Brel is Alive and Well and Living in Paris* merkwürdigerweise auf einen geschmacklosen Hitler-Witz anspielt … Brel kann den Inhalt dieser Headline nur bestätigen: Nie war er lebendiger, nie ging es ihm besser als gerade jetzt, 1967, da er seine Konzerttourneen an den Nagel gehängt hat. Die Aussage über seinen Pariser Wohnort würde er vielleicht einschränken: Schließlich ist er längst Weltbürger. Hatte denn je ein Zweifel daran bestanden, dass er noch am Leben ist? Wurde er schon vermisst? Wie dem auch sei, das intellektuelle, showsüchtige New York entdeckt Brel auf Englisch – endlich in akzeptabler Übersetzung – und ist hingerissen. Mort Shuman, einer der Urheber der Revue und bald auch ein Star in Frankreich, wird mit dem Off-Broadway-Songspiel bald den Großen Teich überqueren. Und dort feststellen müssen, dass die meisten Pariser leider nur sehr wenig Interesse an Brel *à l'anglaise* zeigen.

Brel aber entdeckt nun einen dritten Grund für einen Trip in die so aufregende, stimulierende Stadt am Hudson. Endlich befreit von eigenen Bühnenverpflichtungen, besucht er im Big Apple, ganz in der Nähe des Washington Square, eine Musical-Produktion über das Sujet Don Quichotte, die ihn buchstäblich umhaut. *The Man of La Mancha*, das im Goodspeed Opera House von Connecticut seine vielbeachtete Premiere feierte, um dann am Broadway seinen Siegeszug fortzusetzen, ist eine »comédie musicale« ganz nach seinem Geschmack. Eine poetische Parabel über Eigensinn, Widerstand, Idealismus und die unwahrscheinliche Verwirklichung von Träumen, die dem Rest der Menschheit völlig »verrückt« erscheinen. »Seine« Thematik, nur diesmal in volkstümlicher Dramengestalt. Ein Bühnenhit, ein Reißer obendrein. Dreimal hintereinander schaut er sich das Musical an und ist sofort von der Idee beseelt, diese moderne, sehr freie Adaptation, basierend auf Cervantes' berühmter Romanvorlage, in eigener, französischsprachiger Bearbeitung in Europa herauszubringen. »Ich durchlebte damals eine Krise, ich hatte Lust, ganz andere Dinge zu machen. Ich dachte, dass Don Quichotte«, dieser klägliche, aber liebenswerte Ritter von der traurigen Gestalt, der sich in seinem allegorischen Kampf gegen Windmühlen vergeblich abmüht und sich hier, in Dale Wassermans Musical, vor erbarmungslosen Inquisitoren und Peinigern verantworten muss, »viel erwachsener als die Erwachsenen war.« Mit anderen Worten: Brel sieht sich auf der Stelle als seine Reinkarnation.

Ohne zu zögern, tritt er in langwierige Verhandlungen mit den amerikanischen Produzenten ein, investiert viel Zeit und Geld und geht am Ende, nachdem er auf die strengen Bedingungen des US-Teams eingegangen ist und sogar ein demütigendes »Debütanten«-Casting über sich hat ergehen lassen, siegreich aus dem künstlerisch-organisatorischen Tauziehen hervor: Er wird *L'Homme de la Mancha* tatsächlich in Brüssel und in Paris zeigen können, von ihm persönlich übertragen und dem französischen Publikumsgeschmack behutsam angenähert. Und niemand anderes als Jacques Brel, so wollen es die Urheber, Macher und Sponsoren der Show, wird in der französischen Fassung die Titelrolle des tragischen spanischen Edelmannes übernehmen – wenngleich dies nicht seinem ursprünglichen Vorhaben entspricht. Aber ist er nicht ohnehin, schon aufgrund seiner Physiognomie und auch, was sein Image als Rebell und streitbarer, widerborstiger Barde betrifft, die Idealbesetzung für diesen Part? Hinzu kommt, dass er ein einziges Mal während seiner Schulzeit einen kleinen Buchpreis zuerkannt bekommen hat – und dabei handelte es sich um Cervantes' weltbekanntes Opus! Dass Brel den Quichotte irgendwann einmal verkörpern und interpretieren, ihm menschliche Züge verleihen muss, stand seitdem einfach geschrieben …

So entsteht ein monumentales, riskantes Projekt, dessen einzelne Schritte Brel mit wachsender Euphorie kontrolliert und überwacht. Brel und seine europäischen Vertragspartner wissen nur zu genau, was für einen schweren Stand Musicals englischer oder amerikanischer Provenienz in Frankreich und Belgien haben – tiefsitzende Vorbehalte, schwer nachvollziehbare Gesetzmäßigkeiten der Gattung, die im Land von Revue und Operette auf Unverständnis stoßen, und noch dazu, falls man das Original beibehält, die Sprachbarriere sind keine geringen Hindernisse. Brel möchte sie allesamt umschiffen. Genau in diesem Stoff erblickt er genug Potenzial, um das Musical in Frankreich salonfähig zu machen: »Unser Versuch und unser Vorhaben besitzen enorme Wichtigkeit.

Die Ära konventioneller Chansonabende in Frankreich hat sich überlebt, ist an ihre Grenzen gestoßen. Nur das Musical kann das musikalische Kabarett, das populäre Musiktheater hierzulande noch retten. Falls wir erfolgreich sind, schlagen wir eine Bresche.« Selbst für den Fall, dass er sich geirrt habe: »Dringlichkeit ist geboten.« Brels Ansehen und sein künstlerischer Ruf, die den Amerikanern anfangs herzlich egal sind, geben bei den europäischen Geldgebern und Veranstaltern allemal den Ausschlag: Brüssels Opernhaus La Monnaie und das legendäre Pariser Théâtre des Champs-Élysées beißen an – zwei der begehrtesten großen Häuser in der Alten Welt. Und ausgerechnet im Jahr der Studentenunruhen, als in der Nähe der Sorbonne die Steine fliegen, eine Protestbewegung sich formiert und eine Weltordnung allmählich aus den Fugen gerät, kommt Brels musikalischer Windmühlenkampf gleich in zwei Ländern nacheinander vor ein Publikum. Brel hat als Sänger eigener Chansons zwar der Bühne entsagt, doch nun besteigt er sie bereits wieder – erstmals als Interpret von Liedern aus fremder Hand, und noch dazu als Schauspieler, in einer einzigen, festgelegten Rolle. Das wollen viele sich nicht entgehen lassen.

Er muss fast wieder von vorn anfangen, um diese unerhörte Herausforderung zu bestehen – ununterbrochen präsent zu sein und sich in ein Team von Darsteller-Sängern einzufügen, als aktueller Star glaubwürdig einer historischen Figur Atem einzuhauchen. »Ich hatte alles noch zu lernen. Nie zuvor hatte ich auf einer Bühne gesprochen, nicht einmal *bonjour* gesagt. Selbst gehen und laufen musste ich neu lernen. Schauspieler sein: Ich wusste gar nicht, was das war.« Seine diesbezüglichen Erfahrungen im Schultheater scheinen ihm offenbar abhandengekommen zu sein … Ihm wird jedenfalls ein falscher Ziegenbart verpasst und eine Rüstung angelegt, er lässt sich die Haare wachsen und bleichen, tiefe Furchen und Falten werden ihm ins weiß gepuderte Gesicht geschminkt, damit er älter und ausgezehrter erscheint. Zehn Kilo nimmt er während der Proben und Vorstellungen ab, sodass ein gespenstisch naturalistischer, ein abgemagerter, todkrank wirkender Cervantes-Brel ins Scheinwerferlicht tritt. Die Rechnung geht auf: Man nimmt ihm den gebrechlichen, verzweifelten, todesmutigen, närrischen Don Quichotte auf Anhieb ab, als hätte er nie eine andere Rolle gespielt – Brel ist der glaubwürdige Wiedergänger von Cervantes' glorreichem und zugleich bedauernswertem, der Lächerlichkeit preisgegebenem Antihelden. Sein Doppelgänger. Brel spottet, mit seinem Gesicht könne er auch gleich noch Rosinante, den alten dürren Gaul des verwirrten Junkers, spielen, ohne sich weiter verkleiden zu müssen.

Der Jubel ist groß, die Presse enthusiastisch, die Vorstellungen in beiden Ländern sind ausverkauft. Das Kalkül ist aufgegangen: Brel hat die erste erfolgreiche volkstümliche Musical-Produktion auf französischsprachigem Boden lanciert – und er hat richtiggelegen. Von nun an werden weitere, für den frankofonen Markt neu geschriebene »comédies musicales« in der Tat zu einem beliebten Genre. Auch seiner szenischen Leistung wird Bewunderung gezollt. Ihm gelingt ein Bravourstück. Bis zur völligen Erschöpfung spielt sich Brel, wieder einmal, die Seele aus dem Leib. Er ist in die Rolle seines Lebens geschlüpft. Sie hat auf ihn gewartet, er hat die Gelegenheit nur zu ergreifen brauchen. Mit *La Quête*, dem hymnischen Parade-Song und Ohrwurm dieser Produktion, gelingt ihm abermals ein Triumph ohnegleichen – er eignet sich ein Lied, das gar nicht von ihm stammt, mit derartiger Intensität an, bis es durch seine exemplarische Darbietung zu einem nicht mehr von seiner Person zu trennenden »Dauerbrenner« von hohem Wiedererkennungswert wird. Hier nun schreit er seine vergebliche (Sinn-)Suche nach dem uralten menschlichen Traum den Inquisitoren und der Nachwelt entgegen, eine Suche, in der sich Jung und Alt, Frauen und Männer, Zufriedene und Gescheiterte wiederfinden können: Träume träumen, die nur schwer zu verwirklichen sind – so lange, bis sie möglich werden. »Sich von einem brennenden Fieber verzehren lassen. Lieben, bis es einen zerreißt. Sogar *zu viel* lieben, sogar unzulänglich lieben. Lodern. Bis man den unerreichbaren Stern endlich erreicht hat.« Die Quintessenz von Lied, Musical und Brel-typischer Wiedergabe wird jedoch in der Zeile »Partir où personne ne part« erreicht: Dahin aufbrechen, wohin sonst niemand aufbricht. Brel hat diesen Neuanfang aufgezeigt, hat Mut bewiesen und sich zum Vorkämpfer und Pionier erklärt. Ob er dabei scheitert oder ob sein Vorhaben gelingt, ist ihm einerlei. Einzig auf den Versuch kommt es an. Auf die Vision, der man zeitlebens – meist vergeblich – nachrennen sollte. Und darauf, dass man nie aufgibt.

Der Doppeltriumph von Brüssel und Paris kostet selbstverständlich Kraft und Nerven. Brel hat womöglich unterschätzt, wie viel Energie er für die Mammutshow aufbringen muss. Der überraschende Verlust seines Bühnenpartners und Sancho-Pansa-Darstellers Dario Moreno, der ihm ans Herz gewachsen war und der dann ganz unerwartet verstarb, hat ihn, kurz vor der Pariser Premiere, zusätzlich mitgenommen. Brel wirkt weitaus erschöpfter und leidender, als für das Spielen seiner Rolle nötig wäre. Die letzten Monate haben unübersehbare, ja verheerende Spuren hinterlassen. Schon wird hinter seinem Rücken gemunkelt, ihm gehe es äußerst schlecht, er habe es bei der Identifikation mit seinem Part vielleicht ein wenig übertrieben. Völlig aus der Luft gegriffene Gerüchte über eine schwere Krebserkrankung machen sogar bereits die Runde. Sie werden dementiert. Es lässt sich hingegen nicht länger leugnen, dass Brel Opfer seines eigenen Erfolges mit *La Mancha* geworden ist. Produzenten, Publikum und Presse fordern weitere Vorstellungen. Doch Brel, in seiner Eigenschaft als Initiator und Hauptfigur, kündigt an, dass im Mai 1969, mit dem geplanten Auslaufen der langen Auftrittsserie im Théâtre des Champs-Élysées, Schluss sein wird. Wie schon bei seiner Solo-Karriere zieht er auch diesmal wieder die Reißleine, als er – und diesmal auch das Stück – sich im Zenit der Popularität befinden.

Viele Beteiligte laufen Sturm gegen die als voreilig und eigenmächtig empfundene Entscheidung. Brel bleibt hart; auch dieser

Entschluss bleibt unumstößlich. Aus eigener Tasche zahlt er jene Akteure aus, die im Vertrauen auf eine Fortsetzung des Quichotte-Stückes bereits andere Verpflichtungen ausgeschlagen haben und nun mit leeren Händen dastehen. Das Musical kann und wird, wie er weiß, auch ohne seine Beteiligung ein erfreuliches Eigenleben führen; er hat den Grundstein dafür gelegt. Erneut hat er ein hürdenreiches Projekt von A bis Z »durchgezogen«, erneut ist er bereit, es ohne Reue oder Gewissensbisse ad acta zu legen, nachdem die Show auf eigenen Füßen stehen kann.

Mitten während der Pariser Vorstellungsserie kommt es, ganz unverhofft, noch zu einer Sternstunde des französischen Chansons: Dem Journalisten François-René Cristiani gelingt im Januar 1969 eine kleine Sensation, als er für den Sender *RTL* die drei lebenden Legenden Brel, Brassens und Léo Ferré zu einem anregenden und intensiven Dreiergespräch in einem winzigen, kleinbürgerlich eingerichteten Wohnzimmer in Paris zusammenbringt. Eine Begegnung »am runden Tisch« und in entspanntem Ambiente, die wohl kaum ein Fan dieser drei großen Männer jemals für möglich gehalten hätte. Drei Rebellen, drei Berühmtheiten, drei Denker und Poeten tauschen sich über Gott und die Welt aus – als »Trois hommes dans un salon« wird mit dieser mal kontroversen, mal vergnüglichen Unterredung Kulturgeschichte geschrieben. Selbstverständlich wird sie aufgezeichnet und in Teilen auch ausgestrahlt; Brels »Hof«-Fotograf Jean-Pierre Leloir hält die denkwürdige Diskussion in kongenialen Dreierporträts fest – seit Jahrzehnten gehören diese Bilder zur Ikonografie der französischen Nachkriegsgeschichte, zierten bereits unzählige Studentenbuden, Teestuben, Kleinkunstkeller und Bars. Brel trägt einen hellen Rollkragenpullover und stellt seine wilde, gebleichte Quichotte-Mähne zur Schau. Ein Blick auf den mit Mikros, Flaschen und Aschenbechern vollgestellten Tisch belegt, dass bei dem Treffen viel getrunken und vor allem maßlos viel geraucht wird: Brassens legt so gut wie nie seine Pfeife aus der Hand, Ferré und Brel stecken sich eine Zigarette nach der anderen an. Und palavert wird, was das Zeug hält – nachdenklich und kategorisch, aufgebracht und beschwichtigend, zustimmend und widersprechend. Über das Handwerk und den Alltag der Chansonkunst, über die Schwierigkeiten mit Berühmtheit, Elfenbeinturm und Öffentlichkeit, über den Tod, über Interpretation, über neue Projekte und die Frauen.

Nur ganz selten aber bewegen sich die drei Männer, die nie zusammen aufgetreten sind und völlig verschiedene Facetten der Liedkunst und des politisch-ästhetischen Denkens repräsentieren, wirklich aufeinander zu, nur selten rücken sie von Posen und Positionen ab. Lassen sich kaum aus der Reserve locken, reden immer auch ein wenig aneinander vorbei. Selbst ohne imaginäre Windmühlenflügel, selbst ohne Kampf oder Disput ist es wohl aussichtslos, einen gemeinsamen Nenner zu finden. »Am Ende findet man sich ganz allein wieder«, Brels alte Erkenntnis bestätigt sich auch hier. Aufschlussreich, unterhaltsam und faszinierend ist der Austausch trotzdem gewesen.

»Accelerando« – Auf dem Karussell mit Jacques Brel

Ich habe dich so sehr geliebt, Clara
Ich habe dich so sehr geliebt
Karneval in Rio
Du kannst noch weitertanzen
Karneval in Rio
Daran kannst du nichts ändern
Ich bin in Paris gestorben
Schon vor langer Zeit
Schon vor langer Zeit, aus Langeweile
Schon vor langer Zeit, mit dir.

Brels Chansons zu hören und kennenzulernen kommt einer Expedition in die musikalische Vergangenheit gleich. Man trifft bei den Arrangements auf virtuose Pianisten und noch virtuosere Akkordeonisten, auf swingende Big Bands und sinfonisch besetzte Orchester. Man lauscht nostalgischen, gurrenden Drehorgeln, schrill klirrenden Glockenspielen, leiernden, nur unvollständig aufgezogenen Spieluhren, melancholischen Gitarren und mysteriösen Ondes Martenot – mit ihren künstlichen, befremdenden Wellengeräuschen. Man taucht ein in die Formenwelt der Tanz-Standards wie Valse-Musette, Charleston, Foxtrott oder Samba. Man begegnet Tangos und Paso doble. Man wähnt sich in alten Aufnahmen aus der Zwischenkriegszeit oder der unmittelbaren Nachkriegszeit, aber kein Chanson verrät gleich beim ersten Höreindruck, dass es in einer Ära verfasst und aufgenommen wurde, in der andernorts schon Chuck Berry, Bill Haley oder Elvis Presley, die Beatles und die Stones den Ton angaben. Als Brel 1968 *J'arrive* einspielte, gastierten die Doors im Hollywood Bowl, und als er sein letztes Album für uns festhielt, 1977, hatte die Disco-Welle bereits weite Teile der westlichen Welt überflutet und unter sich begraben, bumpten begeisterte Jugendliche zu Donna Summers *I feel love* oder himmelten John Travolta im global ausgebrochenen *Saturday Night Fever* an. Wären da nicht Brels Texte mit ihren wenigen »zeitgemäßen« Anspielungen und gelegentlichen aktuellen Verweisen, wären da nicht seine beißende Gesellschaftskritik und die Brisanz seiner Themen, könnte man fast glauben, seine Kunst entstammte einer längst vergangenen Epoche oder transportierte uns gar in eine zeitlose, klassische Sphäre.

Dem Universum der Brel-Chansons eignet etwas Archaisches und Solides. Stilzitate und gezielte Reverenzen an Altmeister und berühmte Komponisten verstärken diese Tendenz noch. Dennoch wirken die Lieder in keinem Moment abgestanden, angestaubt oder gar veraltet auf uns. Die musikalischen Partner in seinen Liedern agieren schließlich durchweg auf hohem Niveau, sind versierte, nicht selten brillante Klassik- und Jazz-Interpreten. Die Aufnahmequalität ist beachtlich. Und erst nachdem man sich mit Brels Poesie, seinen Anliegen und Sujets gründlich vertraut gemacht hat, bemerkt man, wie souverän er, unterstützt von seinen kongenialen Arrangeuren und Instrumentalisten, auch musikalische Topoi und Formkonventionen nutzt, mit ihnen spielt und jongliert. Wir »erkennen« Abläufe und Schemata plötzlich wieder und erfreuen uns an deren Variation und Verfremdung, an ihrem Zitatcharakter und an den zahlreichen Abweichungen. Brels Musik zu lauschen ist manchmal, als würde man im Zirkus talentierten Akrobaten bei längst vertrauten Kunststücken und aufsehenerregenden Performances zuschauen – man hat die Abläufe im Geiste bereits abgespeichert und ergötzt sich nun erst recht, wenn es etwas anders kommt, als man anfangs noch dachte. An den kleinen, subtilen Überraschungen, an Nuancen. Am besonderen Kick.

So etwa beim brasilianisch angehauchten Samba *Clara*, einem repetitiven und recht ironischen, ja frotzelnden Lied im Fünfvierteltakt. Bei ihm hat selbstverständlich Dave Brubecks geistreiches *Take Five* Pate gestanden. Oder bei der gelungenen Grammatik-Parodie im neckisch-spritzigen »Schullied« *Rosa*, wo das sinnentleerte Pauken von Vokabeln und ihren Endungen, der pädagogische Drill sowie die Hierarchie in den Lehranstalten mithilfe einer amüsanten, zackigen Tango-Karikatur noch eine Spur sinnfälliger wird – und damit auch der Lächerlichkeit preisgegeben.

Ein besonderes Faible hatte Brel aber für Temposteigerungen und auf die Spitze getriebene, atemberaubende Presti. Faszinierend, wie er in seinem dutzendfach gecoverten Hit *La Valse à mille temps,* einem echten Ohrwurm, aus einer stockenden, mühsam vorwärtstastenden Walzer-»Zelle« von Strophe zu Strophe zu einem furiosen, orgiastischen Prestissimo vordringt. Fürwahr ins »Tausendfache«. Bewundernswert, wie er in *Vesoul* noch die schwierigsten Zungenbrecher, eine schier endlose Kaskade von Orts- und Personennamen, bei aberwitziger Geschwindigkeit und gekonnt kontrapunktiert von einem Akkordeonisten-Genie mit sensationell flinken Fingern bewältigt, sämtliche Wort-Hürden meistert und seine Musiker mit Anfeuerungsrufen zu noch groteskeren Accelerandi animiert. Bei diesem Chanson kann er buchstäblich nicht ein einziges Mal Luft geholt haben. Ein vergleichbares Prinzip waltet auch im aufgekratzten, fröhlichen Allegro-Charleston *Madeleine*, in dem ein zunehmend frustrierter Kavalier vergebens auf seine Angebetete wartet, mit der er liebend gerne ins Kino gehen und Fritten essen möchte. Obschon sie ihn auch weiterhin versetzt – jede Strophe birgt neue Rückschläge –, lässt er sich in seiner Vorfreude kaum beirren und steigert sich in eine Art antizipatorischen Wahn hinein. Letztlich, so die Moral von der Geschicht', ist es nämlich völlig bedeutungslos, ob die phantomhafte Madeleine überhaupt noch erscheint oder nicht: Der wartende Liebende hat das galante Rendezvous als Gedankenspiel bereits so oft voller Wonne durchlebt, dass die Fiktion des Zusammentreffens die Realität ihres tatsächlichen Erscheinens an Wonne und Lustgewinn übertrifft. Kaum fassbar, wie die Überholmanöver von Brels Begleitkapelle – Tastenlöwen, Kontrabass-Könner und Akkordeonvirtuosen spielen dabei einander die Bälle zu und übertreffen sich gegenseitig – ihn ihrerseits zum Noch-schneller-Werden aufpeitschen und diese einzigartige kollektive Beschleunigung überhaupt erst ermöglichen.

Die Liste lässt sich fortsetzen – mit den frivolen *Remparts de Varsovie* und ihrer Jahrmarktsatmosphäre, zu der perlend-pendelnde Klavierläufe und kurze, knackige Bläser-Riffs beitragen; mit der optimistischen, quirligen Hommage an *Bruxelles* zur »guten alten Zeit«, voll von Spielautomaten-Mechanik und auch nicht ohne einen Stich ins Ordinäre; mit *La Chanson de Jacky* und seinem makaber-triumphalen Marschcharakter, der das Ambiente von Corridas und Gladiatorenkämpfen spüren lässt; oder mit *Les Prénoms de Paris* – dort werden in einem Staccato-Walzer Sehenswürdigkeiten, Schauplätze, Facetten und Sehnsüchte der französischen Hauptstadt spielerisch durchdekliniert. Allen gemein ist die Lust am Geschwindigkeitsrausch und am vorsätzlichen Kontrollverlust durch gestalterische Raserei, der Hang, irgendwann emotional den Bogen zu überspannen und ins Bodenlose zu stürzen. Drehen, wirbeln, Raserei, Rausch. Den Kopf verlieren. Potenzierte Crescendi, absurd übertriebene Accelerandi.

So klingen sie im Grunde alle, diese »schnellen Nummern« unter den Brel-Chansons: Als stiege man – bei einem Rummel oder Volksvergnügen – auf ein Kettenkarussell, das einfach nie mehr anhalten will und stattdessen immer schneller, immer bedrohlicher weiterkreist, bis man das Gefühl bekommt, von einem Drehwurm erfasst und ins Weite hinausgeschleudert zu werden. Unter einem fliegt eine Welt billiger Vergnügungen vorüber: Schaubuden und Schießstände, Zuckerwattenverkäufer, abgetakelte Losbudendamen, Prahler und Proleten, schwere Jungs und leichte

Mädchen. Die Wirklichkeit entgleitet einem. Bis sich der Horizont erweitert und auf einmal alles sichtbar wird: Liebesabenteuer und Enttäuschungen. Glücksmomente und Rückschläge. Kindheit, Jugend, Ehe, Alter. Das ganze Leben wird von einem Strudel erfasst, und man selbst ist mittendrin.

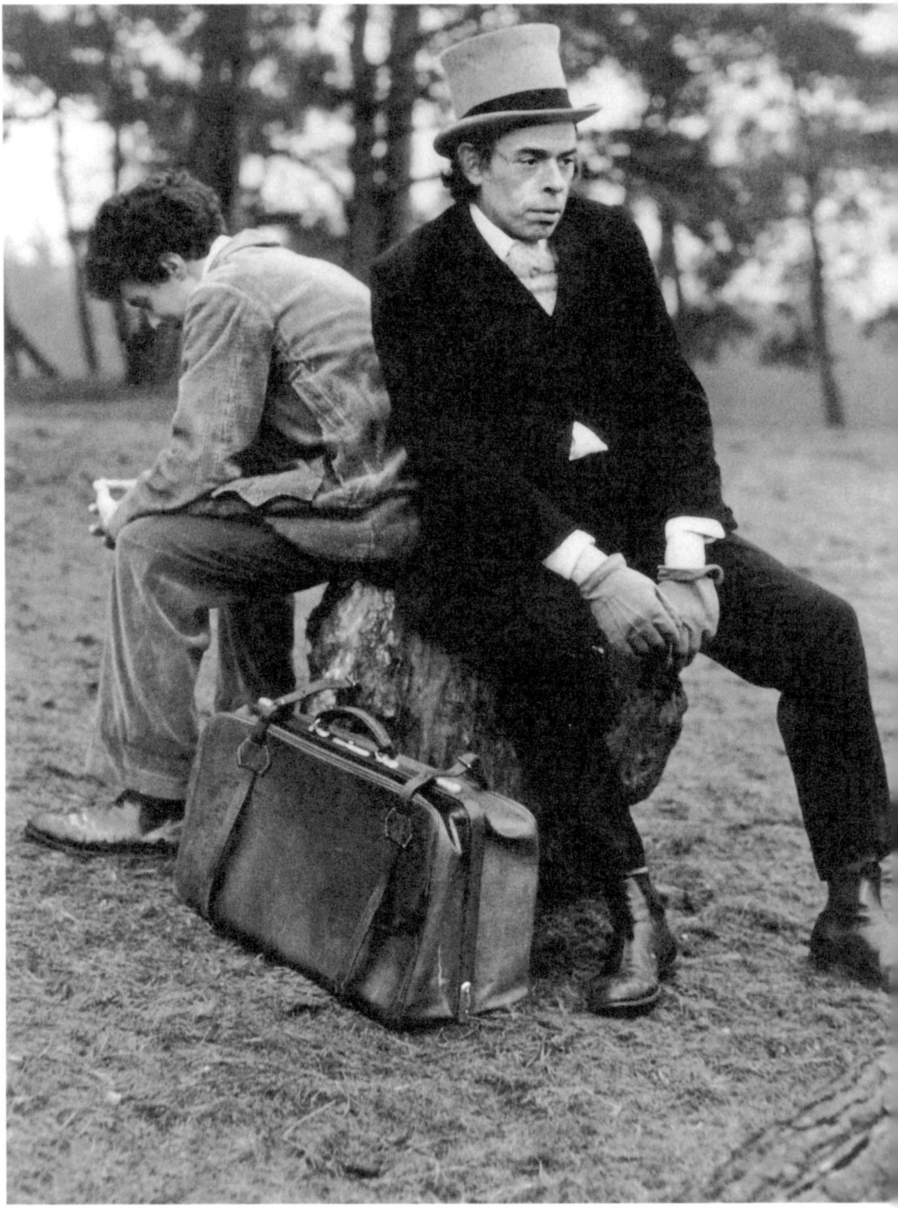

Vor und hinter der Kamera

1967–1974

> Ich habe nichts dagegen, mich zu irren,
> aber ich will nicht betrügen.

Das nächste Abenteuer wartet schon: Die späten Sechziger und frühen Siebziger gehören dem Film. Bereits ab Mitte der Fünfziger hatte Brel die Fühler ausgestreckt in Richtung Kino und in zwei heute vergessenen Kurzfilmen mitgewirkt; gelegentlich schrieb er auch das eine oder andere Filmchanson. Nun aber, angespornt von der Breitenwirkung seiner so überzeugenden Version vom traurigen Ritter und vom phänomenalen Feedback, das seine schauspielerischen Leistungen in der Cervantes-Produktion hervorgerufen haben, fühlt er sich von Studios, Regisseuren und Kinosälen magisch angezogen. Bei einem Chansonabend kann er schließlich nur mehrere Hundert, als Musicalstar einige Tausend, als Filmschauspieler jedoch Zehn-, ja Hunderttausende Zuschauer erreichen. Kabarett, Bühne und jetzt die Leinwand – eine konsequente Entwicklung also. Der in seinen letzten Jahren dann so extrem öffentlichkeitsscheue Endvierziger sucht nunmehr, als Enddreißiger, die Publicity, wie sie der Kino-Rummel mit sich bringt; er signalisiert Bereitschaft und Offenheit für ganz disparate Rollen. Und an Angeboten mangelt es nicht. Das stilistisch vielseitige französische *cinéma* der Flowerpower-Ära, von deren Esprit in all jenen Streifen, an denen der singende Belgier beteiligt ist, jedoch nicht allzu viel zu spüren sein wird, reißt sich förmlich um Brel. Zehn Filme dreht er in einer recht kurzen Zeitspanne: Räuberpistolen, Schwänke, Sozialdramen, Krimis und Farcen. Zwei davon, weitaus ernster, unzugänglicher und düsterer, sogar als Regisseur und als sein eigener Hauptdarsteller. Brel wäre nicht Brel, würde er nicht auch fast immer den Soundtrack und einige Chansons beisteuern. Selbst wenn er »lediglich« Protagonist ist, trägt jedes einzelne Projekt deutlich seine Handschrift. Jeder Film mit Brel ist unübersehbar ein Brel-Film – auf ihn zugeschnitten oder von ihm dominiert.

Die Filmemacher, die ihm ihre qualitativ stark differierenden Drehbücher schicken und denen Brel dann sein Jawort gibt, sind von ganz unterschiedlichem Kaliber: Altmeister und Routiniers wie Marcel Carné sind darunter und Newcomer wie Alain Levent, populäre Virtuosen, versierte Komödienschreiber und Publikumsmagneten wie Claude Lelouch und Édouard Molinaro. Exzentriker, dezidiert literarische Autorenfilmer oder gar Experimentalfilmer sind keine dabei. Brel probiert sich, eine Vielzahl von Schauplätzen, Epochen und die Bandbreite seiner Talente aus – als von seinen Schülern zu Unrecht der Vergewaltigung bezichtigter Lehrer in einem Dorf außerhalb von Paris, als idealistischer Untersuchungsrichter, als reitender und degenfechtender Verführer in einem historischen Vexierspiel zur Zeit von Ludwig dem Fünfzehnten, als anarchistisches Bandenmitglied, als schnauzbärtiges, von Rache getriebenes Scheusal, als treuloser, pokerspielender Hasardeur in einem von Armut und Verbrechen gekennzeichneten Kanada, als durchgeknallter Tollpatsch und nervtötender Handlungsreisender, der einem Profikiller ständig ins blutige Handwerk pfuscht. Sympathische Zeitgenossen oder liebenswert-philosophische Figuren aus der Geschichte verkörpert er selten. Filous, Gauner, Schürzenjäger, Träumer, derbe Witzbolde, Übeltäter, Getriebene, Gewissenlose und Gesetzesbrecher schon eher. Das größte Vergnügen bereiten ihm »Männerfilme« und Lustspiele, in denen die Helden, aufgekratzt, blödelnd und zu allen Schandtaten bereit, ordentlich herumballern oder sich zu mehreren hemmungslos amüsieren können. »Brel war ein Mann der Aktion«, konstatierte Claude Lelouch, der ihn für seinen Kassenschlager *L'Aventure c'est l'aventure* engagierte und dann für Brels eigenen zweiten Film mit freundschaftlicher Solidarität einen beträchtlichen Geldbetrag vorstreckte, »für Ferien und Faulenzen war er nicht gemacht.«

Verständliche Anfängerschwierigkeiten und mangelnde Vertrautheit mit Prozedere und Ritualen des Drehalltags weichen rasch einer großen Selbstsicherheit auf dem Set. Brel agiert vor den Filmkameras bald wie ein Fisch im Wasser. Das Schauspielern macht ihm unübersehbar Spaß. Prompt und wohl auch vorschnell wähnt er sich in »seinem« Metier; eine Einschätzung, die unter dem Strich von Presse und Publikum keineswegs bestätigt wird ... Was ihm am meisten imponiert, ist – wie schon beim Musical – die Arbeit im Kollektiv. Das Ineinandergreifen von Zuständigkeiten, das Erstellen eines Gesamtkunstwerks, in dem technische und künstlerische Kompetenz einander ebenbürtig sind und die Verantwortung klar verteilt ist, fasziniert den ewigen Einzelgänger und früheren Weltverbesserer und muss, in seiner Komplexität, erst von ihm durchschaut werden. Er staunt, wie sich die dürftigen Ergebnisse chaotischer Drehtage mit all ihren Widrigkeiten und Zwangspausen am Ende doch zu einem organischen, überzeugenden Ganzen fügen. Stetiger, produktiver Trubel herrscht vor und hinter den Kulissen. Konstruktive Konflikte und Reibereien sind an der Tagesordnung. Das pralle Leben. Wobei der endgültige Schnitt, der *final cut*, zuletzt alle Unebenheiten wieder glättet. »In den Studios habe ich jenen Teamgeist wiedergefunden, den ich aus dem Blick verloren hatte, seit ich nicht mehr Fußball spiele. Die Leute vom Film leisten in dieser Hinsicht Wunderbares. Wenn der zweite Elektriker eines schönen Morgens an einer Backenzahnentzündung leidet, tun auf einmal allen am Set ein wenig die Zähne weh.«

Alles Misanthropisch-Misstrauische scheint sich verflüchtigt zu haben. *It's party time* für Brel, mehr als je zuvor. Eine neue Welt tut sich für ihn auf. Ständig neue Menschen, ständig ein Anlass zum Feiern. Geschlafen wird noch weniger als früher. Erstmals kommt er ohne die Gesellschaft von Musikern aus. Auf den Sets trifft er mit schon etablierten Größen des Filmgeschäfts wie Annie Girardot, Michael Lonsdale, Bruno Cremer und Emmanuelle Riva zusammen oder mit noch jungen, unbekannten Akteuren, die wie er noch am Beginn ihrer Karriere stehen, beispielsweise Isabelle Huppert. Alle begegnen sie ihm mit kollegialer Freundlichkeit, und zuweilen steht sein Namenszug – stets der größte oder einer der größten – auf den Kinoplakaten sogar neben jenen von Showstars und Sängern wie ihm selbst, Leuten aus seinem früheren Metier: Johnny Hallyday und Boby Lapointe etwa. Und die Pariser Kinogänger, die in die Filmtheater auf den großen Boulevards strömen, sind Zeuge, wie sich Jacques Brel wieder einmal neu erfindet: als Schauspieler in mäßig unterhaltsamen, zuweilen irritierenden, mehr oder minder trivialen Streifen.

Innerhalb von Lelouchs unbekümmerter Männerclique von *L'Aventure*, einer Art burleskem Vorläufer von *Ocean's Eleven*, schließt er, in den Drehpausen und nach Feierabend, eine weitere bemerkenswerte Freundschaft mit einem Mann, der sich sonst nur selten anderen Darstellern gegenüber öffnet – mit dem großen Lino Ventura. Schauspielerisches Urgestein, markant, kantig, aufrichtig und humorvoll. Man mag sich auf Anhieb, man ist aus dem gleichen Holz geschnitzt. Man trifft sich auch privat in Paris und diniert des Öfteren gemeinsam; Jacques greift dem wortkargen, verschlossenen Lino und seiner Frau, die dazu verurteilt sind, ein behindertes Kind großzuziehen, außerdem großzügig beim Aufbau einer karitativen Organisation für ähnlich geartete Fälle unter die Arme. Beide sind deshalb hocherfreut, als sie in *Die Filzlaus* (im Original *L'Emmerdeur*), Brels zweiter Zusammenarbeit mit Molinaro, als denkbar ungleiches Paar erneut gemeinsam vor der Kamera stehen dürfen. Spießgesellen und echte Kumpel – perfektes

Casting. Ihre private Verbundenheit wird, bei aller Gegensätzlichkeit ihrer Parts und ihrer Charaktere, auf der Leinwand spürbar. Die beiden Filme mit Ventura, sowohl Lelouchs quirlig-mondänes Gruppen-Abenteuer, das an so exotischen Orten in Afrika und der Karibik gedreht wurde, als auch Molinaros witziges, überdrehtes Porträt einer Hassliebe zwischen zwei Männern, in einer grotesken Situation auf Gedeih und Verderb aufeinander angewiesen, sind denn auch Brels einzige wirkliche Erfolge an der Kinokasse. Womöglich auch deshalb, weil sie so gar nicht dem Bild entsprechen, das sich die Öffentlichkeit vom wortgewaltigen, expressiven Chansonnier gemacht hatte. Einmal ist er hier Teil einer unternehmungslustigen, frechen Bande von Kerlen, die alles auf eine Karte setzen, dann gibt er, als quengelnder Widerpart Venturas, die penetrante Nervensäge mit suizidären Tendenzen – für deren klamaukige, glaubwürdige Darstellung er ganz besonders begabt zu sein scheint. Keine Spur von Olympia-Glanz oder tiefschürfender Gesellschaftsanalyse. Reine, unverfälschte Spielfreude.

Was die übrigen Filme anbelangt, so kommt keiner von ihnen über einen Achtungserfolg hinaus. Der Zuspruch des Publikums ist verhalten; die Zuschauerzahlen lassen zunehmend zu wünschen übrig; in den Rezensionen, anfangs noch ermunternd und wohlwollend, nehmen die Kritiker bald kein Blatt mehr vor den Mund und prangern Brels – aus ihrer Sicht offenkundige – darstellerische Schwächen an. »Man kann ihm nur wünschen, dass die Gage, die er [für *Mont-Dragon*] erhalten hat, ihm gestatten wird, endlich zu lernen, wie man richtig spielt«, heißt es 1970, und einige seiner Filme überleben keinen Monat in den Kinosälen von Paris, verschwinden erschreckend schnell von den Spielprogrammen und auch aus dem Gedächtnis der Cineasten. Meisterwerke? Fehlanzeige. Bestenfalls sind ein paar annehmbare Stilübungen darunter. Bis auf die Rolle als Stänkerer an der Seite des Leinwand-Lieblings Ventura, mit der er ausnahmsweise ein Massenpublikum von seinen schauspielerischen Qualitäten überzeugt, nur um sich dann umso schneller vom Kino wieder zu verabschieden, hat Brel scheinbar kein gutes Händchen für Stoffe, Drehbücher und ausgeliehene Identitäten. Ist er nicht wählerisch, nicht anspruchsvoll genug gewesen? Hat er zu sehr auf den Part des Antihelden, des unliebenswerten Komödianten und des Bösewichts gesetzt?

Ganz unabhängig davon, wie die Presse seine darstellerischen Fähigkeiten beurteilt, hat Brel indessen schon mit der Idee zu liebäugeln begonnen, sein eigener Regisseur zu sein. Nicht nur Lelouch, dem gleich auffällt, wie Brel auf dem Set »spioniert« und wie er lange über die Dreharbeiten hinaus in den Technikabteilungen und Schneideräumen herumlungert, fragt er Löcher in den Bauch, auch Carné und Molinaro, Beleuchter und Kameraleute bekommen Brels Wissbegierde zu spüren. Sein Mitwirken in ihren Filmen gleicht Lehrgängen in Inszenierungsfragen; das eigene Spielen ist, so ahnen sie, vielleicht nur ein Vorwand, um systematisch hinter die Geheimnisse des Filmens, der Kameraarbeit und der Personenführung zu kommen. Anfang der Siebziger ist es dann so weit: Tollkühn und unerfahren wagt er den Sprung ins Regiefach. Gelenkt und geführt zu werden, hat ihm erwartungsgemäß nur eine Zeit lang zugesagt, nun will er selbst Kontrolle ausüben, alle Fäden in der Hand halten, das Universalgenie geben. Die Gefahr, sich dabei zu übernehmen, ist gewaltig – sowohl künstlerisch, konzeptuell als auch finanziell.

In *Le Far West*, seinem zweiten Streich als Drehbuchautor, in dem sein unvergessliches Chanson *L'Enfance* eine große Rolle einnimmt, präsentiert er seine Neuzeit-Version des uralten Kindertraums vom Wilden Westen. In Form eines surrealen Roadmovies mit grausamem Ausgang. Eine Truppe marginaler, bunt zusammengewürfelter Erwachsener, menschliches Strandgut, das Brel mit Biberfellmütze, Sombrero, Indianerkostüm und Cowboy-Schlapphut ausstaffiert, mimt hier eine Kinderschar, die sich vor der trostlosen Kulisse belgischer Minenanlagen dagegen wehrt, dass man ihr ihre Träume wegnimmt: eine geradezu archetypische Brel-Thematik. Jacques spielt sich selbst in dieser ziellos vor sich hin mäandernden Suche nach einem Traumland, einen Mann aus Brüssel in den Vierzigern. Ein Fakir und ein Vagabund, Banditen, Goldsucher und verkleidete Wildwest-Mythen gesellen sich zu ihm, ein Südstaaten-Oberst und eine Schwarze im Rollstuhl sind ebenfalls mit von der Partie. Als überraschenderweise tatsächlich ein Schatz entdeckt wird, die Habgier nach dem Gold übermächtig wird und die Gruppe auseinanderbricht, woraufhin sich, aufgrund von Naivität und Gutgläubigkeit der »Kinder«, auch noch mit Spinnweben überzogene Politiker in den Fortgang der Ereignisse einmischen, kommt es zum brutalen Showdown. In einem absurden und auch grausigen Finale werden die übrig gebliebenen, wehrlosen Sonderlinge, die auf einer Wiese im Schatten ihres hölzernen Planwagens friedlich picknicken, auf Geheiß der staatslenkenden »Erwachsenen« von Jagdflugzeugen und Panzern eingekreist und erbarmungslos niedergemetzelt. Sämtliche Illusionen gehen mit diesem Sinnbild des Pessimismus im Kugelhagel unter; kindliche Großherzigkeit, die Fähigkeit zum Träumen und das Beharren auf Utopien werden zunichtegemacht. Im Jahre 1973, angesichts des fortdauernden, apokalyptischen Vietnamkriegs, ist dies – wenngleich indirekt – auch eine höchst politische Aussage. Eine fatalistische Parabel, ein Aufbegehren.

Beim Filmfestival von Cannes vermögen die Kritiker und Fachleute nur das Kindische, das Dilettantische, das Scheitern, das Lächerliche wahrzunehmen. Kein gutes Haar lassen sie an Brels modernem, aber als amateurhaft empfundenem Cowboy-und-Indianer-Märchen, sämtliche Reaktionen auf *Le Far West* sind niederschmetternd. Auch die Zuschauer bleiben aus. Ein gigantisches Fiasko. Brel steht vor einem Scherbenhaufen. Da hilft es auch wenig, dass Freund, Investor und Kollege Lelouch Brels Filmexperiment als faszinierend, als außergewöhnlich, als gelungen bezeichnet. »Durstend nach Perfektion und versessen auf das Absolute« sei er, und er habe durchaus einen persönlichen Stil, eine bestimmte Tonlage gefunden. Auch habe er es vermocht, Leidenschaft und Poesie auf die Leinwand zu bannen. Lelouch hält Brel aus voller Überzeugung für einen verkannten Meister. »Man hätte mit dem Genie-Begriff nur so um sich geworfen, wenn Jean-Luc Godard der Regisseur dieses Films gewesen wäre.« Die Zeit müsse erst reifen, um Brels Filmkunst wirklich würdigen und ihr den gebührenden Rang zuweisen zu können. Und, wichtiger noch: »Vielleicht reflektieren seine Filme noch mehr als seine Chansons den echten Brel«, den philosophisch-moralisierenden Begleiter einer ganzen Generation, den literarischen, in Gleichnissen sich artikulierenden Künstler.

Besonders trifft diese Einschätzung auf Brels stillen, lyrischen Erstling *Franz* zu. Seinem Kumpel Franz Jacobs, einem weiteren seiner »geliebten Kerle«, ist er gewidmet, der erst in Brüssel und dann an der belgischen Küste als Gastronom wirkte und über Jahre hinweg zu Jacques' engstem Freundeskreis gehört. *Franz* ist zuallererst eine große Hommage an das heimatliche, kalte und raue Meer des Nordens, das Hubschrauberkameras stets auf Neue in langen, schwelgerischen Panorama-Fahrten in den Blick nehmen und von oben sanft streicheln – die verwaisten, trüben Strandpromenaden von Blankenberge und Ostende, die hellbraunen, im Dunst verschwimmenden Dünen und abstoßenden, grauen Bettenburgen von Knokke und Zeebrugge. Die Bunker und Anlegestege, die schilfüberwachsenen Plankenwege und schäbigen *moules-frites*-Kneipen. Und zugleich liefert Brel mit dieser atmosphärisch dichten Low-Budget-Produktion – bei der die eingesetzten Hubschrauberkameras wohl die einzige Extravaganz darstellten – auch ein Bekenntnis zur Hässlichkeit ab. »Meine Helden sind nicht schön. Ihre Ungeschicktheit und Plumpheit nähert sie einander an, und die dramatische Komödie spielt sich in einer abgekapselten Welt ab.« Zwischen dem lebensuntauglichen Vierziger Léon, von Brel selbst gespielt, und der vom Leben enttäuschten Léonie, von seiner aparten, »göttlichen« Chanson-Kollegin Barbara mit ihrer markanten Raubvogelnase als schmale, zerbrechliche Prinzessin und elegante, traurige Dame angelegt, entspinnt sich eine zarte, verhaltene Liebesgeschichte. Sie nimmt in einer heruntergekommenen, an der Küste gelegenen Pension für Rekonvaleszente ihren Anfang, wo zwei einzelne Damen in ein ausschließlich männliches Universum eindringen und Unruhe in das kleinbürgerliche, eintönige Idyll bringen. Léons und Léonies Zuneigung, von den Mitbewohnern verspottet und belächelt, bleibt ein Provisorium, für das Brel berührende, eindringliche Bilder findet, die die oftmals banalen Dialoge Lügen strafen: versehrte Tauben, die Léon pflegt und wieder in die Freiheit entlässt; ein langer, hinreißender Spaziergang der beiden schüchternen Verliebten am Meer, der in einer makabren Imitation von martialischen Maschinengewehr-Salven durch Brel-Léon in einer Kriegsruine endet; und nicht zuletzt eine schier endlose Radtour, bei der Léon und Léonie parallel eine baumbestandene Allee entlangfahren, Nichtigkeiten austauschen und einander unausgesprochen ihre Zuneigung eingestehen – ein absichtlich weggeworfener Sommerhut setzt dabei die entsprechenden Emotionen frei.

Brel erweist sich als eminent musikalischer Regisseur mit Sinn für Rhythmus, Melancholie und Pathos, wenn er zum Vorspann die niederländische Sängerin Liesbeth List sein eigenes Chanson *Les Désespérés* singen lässt – auf Flämisch, versteht sich. Und wenn er seinen unglücklichen Helden Léon, zu den Klängen von Wagners *Lohengrin*-Vorspiel, in der Schlusssequenz seines Films in den Freitod laufen lässt. Mit Anzug und Krawatte und zwei Koffern, aus der Vogelperspektive gefilmt, stürzt Brel-Léon so gefasst wie entschlossen den eisigen Nordsee-Fluten entgegen, entledigt sich all seines Ballasts und geht, Stadt und Welt den Rücken zukehrend, in den Fluten unter. Zurück bleiben leere Gepäckstücke im Wattenmeer, eine abgelegte Jacke, über die sich die heranflutenden Wellen hermachen – und die Gewissheit, dass Brels im Ganzen gesehen unbefriedigendes Kino-Abenteuer mit diesem maritimen Selbstmord unwiderruflich zu Ende gegangen ist.

Ne me quitte pas

Was das trotzige, auftrumpfende *Non, je ne regrette rien* für Piaf war, ist das elegische, weinerliche *Ne me quitte pas* für Brel: Ein Welterfolg, ein Markenzeichen, ein unverwechselbares, zutiefst persönliches Chanson, mit dem jeder Hörer den Star sofort assoziiert, und zugleich ein Schwanengesang. Ein Abschiednehmen. Und das, obwohl Brel und sein musikalischer Partner Gérard Jouannest es entwarfen und schrieben, als der Sänger gerade einmal dreißig war: im Jahr 1959.

Für viele gilt es als das schönste, ergreifendste Liebeslied in französischer Sprache und wird in Umfragen regelmäßig zum besten Chanson aller Zeiten gewählt. Dabei glaubte Brel anfangs gar nicht so recht an den Erfolg seines Liedes, das für ihn nicht von Liebe oder Leidenschaft, sondern ausschließlich von Feigheit handelt. »Verlass mich nicht«, beschwört der Alleingelassene ein ums andere Mal, sogar unerträglich oft, im fiktiven Königreich der »amour« seine »reine«, seine Königin. Er bettelt und winselt, er malt eine utopische Zukunft in leuchtenden Farben aus. Er singt mit treuherzigem Blick, deklamiert mit eingezogenem Schwanz, weiß sich wohl schon auf verlorenem Posten. Aber kämpft er auch wirklich um die Frau, die im Begriff ist, ihm den Laufpass zu geben?

Als monumentale »Hymne an den Masochismus«, als »vergiftet« und »kaum erträglich« haben einzelne Abweichler unter den ansonsten einmütigen und enthusiastischen Kritikern diese fünf melancholischen Strophen bezeichnet, die in der Tat vor Selbstmitleid und Narzissmus nur so triefen. Für Brel klingen sie überdies ungewöhnlich kleinmütig, ja kleinlaut. Der Verlassene wittert zunächst noch eine Chance, eine klitzekleine Chance. Er beschwört Trugbilder herauf, versucht, sich wieder einzuschmeicheln. Biedert sich an, obwohl er allmählich ahnt, dass es für eine Versöhnung, selbst für ein Aufflackern großer Gefühle längst zu spät ist. »Gestatte mir doch, von zwei Liebenden zu dir zu sprechen, deren Herzen sich zweimal entflammt haben.« So unterwirft er sich und heult. Er demütigt sich, er erniedrigt sich. Spielt den Versager, greift nach dem Strohhalm längst vergessener Emotionen. Lockt mit trügerischen Gaben, mit glitzernden Regenperlen aus einem Land, in dem Regen unbekannt ist. Mit fast hündischer Ergebenheit klammert er sich an die Geliebte. »Lass mich zum Schatten deines Schattens werden, zum Schatten deiner Hand, zum Schatten deines Hundes.« Ein Liebhaber als Kreatur zweiter Klasse? Édith Piaf befand kurz und bündig, so etwas solle, ja so etwas dürfe ein Mann gar nicht singen!

Nun, welche Frau würde sich nicht wünschen, mit solcher Intensität angehimmelt, ja angebetet zu werden? Wenn auch die Tränen des Verschmähten womöglich lediglich Krokodilstränen sind. Brel hatte – nach eigener Aussage – beim Verfassen der Ballade jedenfalls keine bestimmte Partnerin oder Geliebte im Auge. Er habe vielmehr einen bestimmten Typ Mann porträtieren wollen. Suzanne Gabriello, mit der ihn in der zweiten Hälfte der Fünfziger eine intensive, enge Liebschaft verband, hat dennoch immer wieder behauptet, *Ne me quitte pas* sei eigens für sie geschrieben worden. Was der Urheber stets bestritt: »Es ist einfach die Geschichte eines Idioten, eines Arschloches und Versagers.« Eines Losers, würden wir heute sagen. »Es hat nichts mit irgendeiner konkreten Frau zu tun.« Brel dokumentiert stattdessen die Niederlage eines Gescheiterten. Eines Mannes, der sich willentlich seiner Würde beraubt.

Zahlreiche unterschiedliche Aufnahmen und Konzertmitschnitte dieses Chansons über vertane Gelegenheiten und müßiges Bedauern haben sich erhalten – stets mit Brels Gesicht in Großaufnahme, auf dessen Wangen sich Schweiß und Tränen zu vermischen scheinen. Unablässig schüttelt er den Kopf. Und vom gebetsmühlenartig wiederholten »quitte« verschluckt er beinahe das auslautende e, starrt uns entgegen, fixiert die Kamera und seine Zuhörer mit bohrender Hartnäckigkeit. Lässt seine Verflossene nicht einen Moment aus den Augen.

Kaum, dass das Klavier im Intro mit seinem charakteristischen Sekundschritt und den Tonwiederholungen erst in mittlerer, dann in hoher Lage anhebt, weiß der Hörer bereits Bescheid. Er darf es sich bequem machen in einem Lied, in dessen Pathos und vorhersehbaren harmonischen Wendungen man gut aufgehoben ist. Die Klavierstimme wird im Folgenden übrigens immer beredter, ausführlicher und ornamentaler, verselbstständigt sich mit all ihren Verzierungen, Trillern und virtuosen Läufen quer über die gesamte Tastatur. Wie ein aufgescheuchter Kolibri flattert die rechte Hand in hoher Lage. Die Stimme des Geliebten hat sich dabei unterzuordnen; sie tritt hinter die Instrumente zurück, gibt sich zusehends verzagter. Um sich von Zeit zu Zeit dann doch wieder aufzubäumen. Die von Brel gern eingesetzten, auch hier wieder präsenten Ondes Martenot, künstliche, aber äußerst suggestive musikalische Wellen, verleihen mit ihrem Sirren und Surren, Flirren und Schwirren dem Klagegesang etwas Irreales und Vages.

In der letzten von Brel erhaltenen Filmszene überhaupt, für die Filmfassung des Musicals *Jacques Brel is Alive and Well and Living in Paris*, hat er seinen Dauerbrenner noch ein weiteres Mal eingesungen, sich Mitte der Siebziger noch einmal vor die Kamera gequält. Wir erblicken ihn in einer Sitzecke, schon von der Krankheit gezeichnet, ein volles Bierglas vor sich und eine qualmende Zigarette zwischen den Fingern, umgeben von Topfpflanzen und in einen leuchtend roten Rollkragenpullover gezwängt. Sein Gesicht ist ausgezehrt, seine Haut wächsern. Wahrlich ein Bild des Elends und der Trostlosigkeit. Brel intoniert abermals sein altes, nicht totzukriegendes Lied – diesmal im Playback. In dieser Version wirkt es tatsächlich abgeschmackt, lässt seinen Urheber förmlich zusammenschrumpfen. Unbarmherzig zoomt Regisseur Denis Héroux auf die Augen des alternden Sängers, die zusehends feuchter werden, bis der anfangs noch klare, konzentrierte Blick einem Tränenschleier Platz macht. Alles verschwimmt in diesem Blick und somit auch auf der Leinwand. Eingeblendet wird dazu wieder und wieder die stürmische Brandung eines unbenannten, rauen Meeres. Gischt und Wellen, das unheimliche Pfeifen der Ondes Martenot. Und als wohnten wir der Schlussszene eines Horrorfilmes bei, rückt die Kamera ganz am Ende wieder von der aufgepeitschten See ab und lässt uns mit einem befremdlichen, unverständlichen Blick auf den Strand allein: Eine Handvoll hässlicher, grotesker Puppen wurde auf einem alten Kahn im Sand platziert. Aus toten Augen starren sie uns an. Stumm und gequält. Als flehten sie uns an: »Bitte verlass mich nicht. Verlass mich nicht. Verlass mich nicht.«

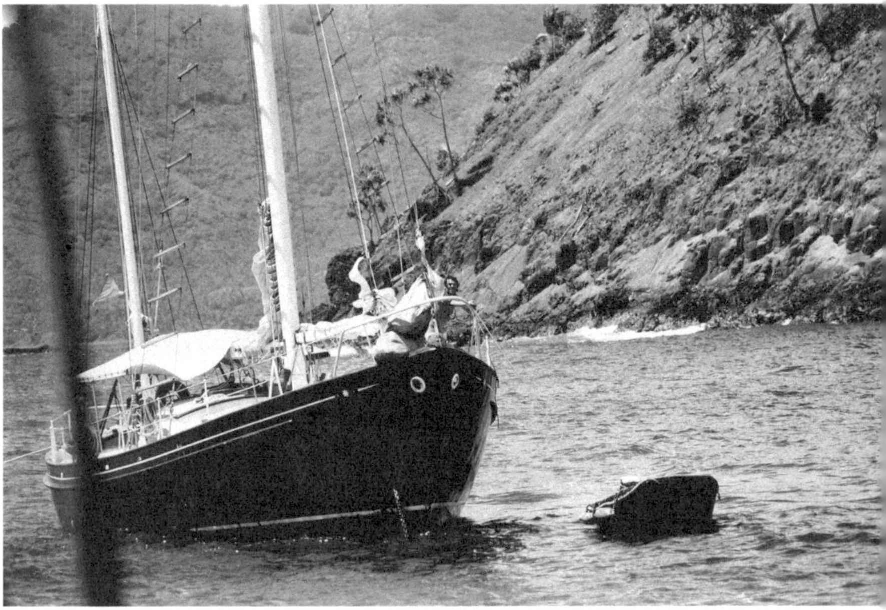

Auf und davon

1974–1975

> Alles Unglück rührt von der Unbeweglichkeit her.
> Immerzu.

Nichts hält Brel mehr in Europa, ja nicht einmal mehr in der Alten Welt. Seit er genügend Flugstunden angehäuft, vielerlei Erfahrungen in der Luft und hinter dem Steuerknüppel gesammelt und nun auch seinen Flugschein in der Tasche hat, legt er sich eine kleine Maschine nach der anderen zu und verbringt mehr Zeit im Cockpit als auf den Filmsets. Seine Freunde lädt der frischgebackene Pilot zu spontanen Ausflügen mit dem Privatflugzeug nach Beirut ein. Oder in die Karibik. Wobei es schon einmal vorkommen kann, dass die muntere Schar mitsamt ihrem edlen Spender, leicht bekleidet angesichts bevorstehender Badefreuden in den Tropen, wegen einer technischen Panne in Grönland notlanden muss, wo sie dazu verurteilt ist, stundenlang zitternd in einem nicht beheizten Hangar irgendwo im Packeis auszuharren, bis der Schaden behoben ist. Ein anderes Mal schlägt Brel seinen beiden ältesten Töchtern, inzwischen um die zwanzig, eine luftige Stippvisite in Marokko vor. Doch die jungen Damen winken ab – lieber würden sie auf eigene Faust als Rucksacktouristen im Maghreb trampen gehen, als sich als Co-Pilotinnen auf eine Laune ihres unberechenbaren Vaters einzulassen. Denn der kann es sich, so lehrt die Erfahrung, zwischendurch längst wieder anders überlegt und schließlich doch einer seiner vielen Gefährtinnen den Vorzug gegeben haben.

Zum engeren Freundeskreis des Kosmopoliten zählen jetzt sein Manager Marouani, sein Genfer Fluglehrer Jean Liardon, Ventura und, leider immer seltener, der gute alte Jojo. Um ihn, der schwer an Prostatakrebs erkrankt ist, macht sich Brel größte Sorgen und steht beinahe täglich in Kontakt mit dessen Frau, Alice Pasquier. Die langjährige Beziehung zu Sylvie Rivet ist unterdessen in die Brüche gegangen. Aus Brels Sicht zählte sie, ungeachtet kostbarer gemeinsamer Stunden und Jahre, letztlich zu jenen Frauen, die »immerzu Nein sagten«, sich zu ängstlich verhielten, zauderten und ihn bremsen wollten, wenn er in seine Maschine kletterte oder Lust auf eine Segeltour bei Sturm und Wellengang verspürte. Mehr denn je benötigt er nunmehr Begleiterinnen mit Energie, Risikobereitschaft und Entschlusskraft – furchtlose Frauen, die Ja sagen und vor nichts zurückschrecken. Ebenbürtige, unternehmungslustige Partnerinnen wie zum Beispiel eine gewisse »Monique«, von der man nicht allzu viel weiß, außer dass sie seinetwegen ihr bisheriges Privatleben und Mutterglück aufs Spiel gesetzt hat und ihm für lange Bootsausflüge bereitwillig zur Verfügung steht. Wann immer es geht, treffen sich die beiden in Menton oder in der Schweiz.

Und dann ist da noch die deutlich jüngere Maddly, ebenso zupackend und lebensbejahend. Eine exotische, feingliedrige und fast androgyn wirkende Tänzerin und Schauspielerin von der Antillen-Insel Guadeloupe. Eigentlich heißt sie Hélène Bamy. Sie trägt die Haare ganz kurz und hat ihren Spitznamen von einem gleichnamigen, recht oberflächlichen Film mit Alain Delon weg, in dem sie als Protagonistin Köpfe verdrehte und alle Akteure überhaupt irgendwie »madly in love« waren. Eine jungenhafte Abenteurerin mit *café au lait*-Teint, die ihn so nimmt, wie er ist – was er noch bei keiner ihrer Vorgängerinnen erlebt hat. Brel schirmt, mit Geschick und ohne Skrupel, eine Geliebte vor der anderen ab und verstrickt sich dabei heillos in ein kaum noch entwirrbares Dickicht aus Emotionen, unerfüllten Erwartungen und Ansprüchen. Was er den einzelnen Frauen damit antut, wird freilich nicht im Geringsten den hohen moralischen Maßstäben gerecht, die ihn als Chansonnier und Lyriker auszeichneten. Unaufrichtigkeit und Feigheit, von ihm stets aufs Schärfste verurteilt, prägen die von ihm initiierte, schäbige Verwechslungskomödie dauerhaft. Bei der jeder der Beteiligten das Lachen im Halse stecken bleibt, sobald ihr klar wird, dass sie wieder einmal gegen die anderen ausgespielt worden ist.

In Frankreich und Belgien hat Brel nichts mehr verloren. Nach dem Debakel mit *Le Far West* ist kein Produzent gewillt, in weitere vage Brel-Filmprojekte zu investieren, deren Sujets und Machart sich dann als Kassengift erweisen; sein kurzer Auftritt »as himself« in der Filmversion des Musicals *Jacques Brel is Alive and Well and Living in Paris* wird damit zu seinem letzten öffentlichen Erscheinen überhaupt. *L'Emmerdeur* setzt zwar unbeirrt seinen Siegeszug an den Kinokassen fort, womit Brel noch ein halbwegs ehrenvoller Abgang aus dem Filmgeschäft ermöglicht wird, aber die »Filzlaus« selbst kümmert dieser späte Erfolg schon kaum noch. Französische Abiturienten beugen sich, Ironie des Schicksals, über die Chansontexte des einstigen Sitzenbleibers – die »richtige« Interpretation von Brels Versen entscheidet über ihre Prüfungsnoten. Andere Vokalisten, die jetzt weltweit en vogue sind, David Bowie mit *Amsterdam* etwa oder Andy Williams und Terry Jacks mit *Seasons in the Sun*, haben sich, als extravagante Rockstars oder Crooner, auf ihre Weise mittlerweile seiner Songs bemächtigt. Sein Repertoire führt ein Eigenleben. Es geht also auch ohne ihn weiter. Auf den Sänger und Schauspieler wartet niemand mehr; an den Romancier glaubt er selbst nicht so richtig. Brel ist somit frei. Der Himmel gehört ihm schon; nun will er seinen ultimativen Lebenstraum wahr machen und sich auch die Ozeane untertan machen. Eine Weltumsegelung ist sein nächstes großes Vorhaben. Fünf Jahre soll sie dauern und ihm ein grenzenloses Freiheitsgefühl verschaffen.

Bei der Vorbereitung geht er planmäßig vor. Er belegt Kurse und schifft sich auf einem Chartersegelboot ein, mit dem er bereits einige Abschnitte seiner zukünftigen Atlantik-Route abklappert. Dabei trifft er Gleichgesinnte wie den Skipper Vick, der mit Geliebter und Tochter auf den Weltmeeren unterwegs ist – und damit ein Rollenmodell für ihn abgibt. Und er macht sich auf die Suche nach dem Boot seiner Träume, wobei es ihm rein gar nichts ausmacht, vorübergehend wieder bei Ehefrau Miche Quartier zu nehmen, die ihm, langmütig wie immer, das »unverhoffte Einnisten« gern gewährt.

Im Februar 1974 wird er fündig: Er verliebt sich unsterblich in die mehr als achtzehn Meter lange Yawl *Askoy II*. Schwarz, kühn, elegant, hervorragend ausgestattet und aus Stahl ist sie. Die Inneneinrichtung besteht ganz aus Teakholz. Ein Prachtschiff. Eine kühle Schöne. Der Antwerpener Architekt Hugo van Kuyck hat sie sich bauen lassen und mit ihr, die nach einer norwegischen Insel benannt ist, die Nordmeere bereist. Nun gehört sie Brel, der für sie tief in die Tasche greifen musste. Der Stolz auf den Besitz dieses Juwels ist ihm die Ausgabe wert.

Leicht wird die Reise um die Erde mit ihr freilich nicht werden. Denn sie ist schwer, nur von erfahrenen Seeleuten manövrierbar und verfügt zu allem Überfluss noch nicht einmal über einen Autopiloten. Wahrlich nicht das ideale Gefährt für seine ambitionierte *tour du monde*. Doch Brel, der alle Lehrgänge erfolgreich absolviert hat und nun auch sein Kapitänspatent in den Händen hält, lässt sich den Wind nicht so leicht aus den Segeln nehmen. Immer, wenn ihn jemand entmutigen oder warnen möchte, führt er prompt seinen Vergleich zwischen den zwei Piloten an – der furchtsame, mutlose sieht einen Sturm aufziehen und entschließt sich, gleich ganz auf den Start zu verzichten. Der beherzte, tatkräftige verkündet im Angesicht der aufziehenden Gefahr: Jetzt erst recht! – und startet so übermütig wie zuversichtlich den Motor, um sich in den Kampf mit den Elementen zu stürzen. Alle, die

Brel nahestehen, wissen sofort, zu welcher Sorte Pilot oder Kapitän er gehört.

Gleich vier Frauen können sich berechtigte Hoffnung darauf machen, mit dem neugeborenen Segler den Globus umrunden zu dürfen. Zuallererst seine mittlere Tochter France, die kurz davorsteht, ihre Ausbildung zur Sozialarbeiterin mit einem Examen abzuschließen. Mit der ältesten, Chantal, ist Brel während eines Familienzwistes gerade erst heftig aneinandergeraten, weshalb sie als Reisegefährtin definitiv ausfällt. Der jüngeren France versichert ihr Vater allen Ernstes, die *Askoy* sei von nun an »ihr« Boot. Eine haltlose Aussage, wie sich erweisen wird. Auch Miche soll zu den beiden stoßen, sobald das Boot aus dem Gröbsten heraus ist, sprich: sobald es die schwierige Passage durch den Ärmelkanal hinter sich hat. Brel stellt die Reise allerdings auch »Monique« in Aussicht, mit der er schon einige angenehme Fahrten auf Segelbooten unternommen hat. Und schließlich lädt er Maddly, die für ihn derzeit attraktivste, herausforderndste und stimulierendste *maîtresse*, ein, ihn zu begleiten. Brel hält sie alle hin, intrigiert, vertröstet, schürt Illusionen und schreibt mehrdeutige amouröse Briefe voller Versprechungen an das Quartett, das von ihm wochenlang an der Nase herumgeführt wird. Noch wenige Tage bevor die *Askoy* in See sticht, kann niemand mit Bestimmtheit sagen, wer am Tag X tatsächlich an Bord gehen wird. Womöglich weiß es nicht einmal Brel selbst ... Am Ende tragen France und Maddly den Sieg davon. Maddly hat ihren *amant* einfach vor vollendete Tatsachen gestellt, indem sie als Erste vor der Schiffskabine aufkreuzt. France wiederum zeigt sich irritiert, nicht mit ihrem Vater allein von Antwerpen Richtung Breskens an der Kanalmündung aufzubrechen, doch auf die Reise verzichten möchte sie deshalb auch nicht.

Mit Argwohn begegnen sich die beiden ungleichen Frauen, die etwas mehr als ein Jahrzehnt Lebens- und Liebeserfahrung trennt – hier die noch junge, in handwerklichen Dingen ungeübte und notgedrungen wenig mondäne Auszubildende, die ihren »schlechten«

Vater eigentlich kaum kennt, noch nie so privat erlebt hat und ahnt, dass ihre Mutter nichts von der Existenz Maddlys weiß; dort die selbstbewusste Schöne, die gerne mit anpackt und soeben das Herz des Seefahrers erobert hat. Zwar versuchen die beiden, einander freundlich und respektvoll zu begegnen, doch als Schiffsbesatzung, die sich eine Weltumsegelung vorgenommen hat, gerät die Konstellation aus einem Hobbysegler und zwei absoluten Anfängerinnen zu einem Trio Infernal. Drei Neulinge sind hier unterwegs. Und France spürt vom ersten Tag an, dass die ganze Unternehmung für sie unter keinem guten Stern zu stehen scheint. Am 24. Juli 1974 legen sie ab. Noch sind sie eine Weile zu fünft: Zwei Matrosen sind angeheuert worden, die sich als geschwätzig und inkompetent erweisen – und die noch dazu ständig seekrank werden. Brel tauscht die nutzlosen Männer bei der nächsten Gelegenheit gegen andere Seeleute aus, mit denen jedoch ebenso wenig anzufangen ist. So bleiben die drei schließlich auf sich allein gestellt. Keine leichte Aufgabe: Die Durchquerung des viel befahrenen Ärmelkanals hat ihre Tücken. Nur mit Mühe und Not können sie sich an rücksichtslosen Tankern und riesigen Containerschiffen vorbeilavieren. Sie nehmen Kurs auf die Südküste Englands, erkunden Häfen und vorgelagerte Inseln und legen einen ersten Halt auf den Scilly Islands ein, südwestlich von Cornwall. Brel, von großer Müdigkeit ergriffen und inzwischen deutlich weniger euphorisch, ist auf unerklärliche Weise nervös und reizbar. Er wird von Migräneanfällen geplagt, deren Intensität täglich zunimmt. Jetzt, wo er seine gesamte körperliche und mentale Stärke dringend braucht, rächt sich das unbarmherzige Pensum der letzten Wochen und Monate. In vollen Zügen genießen können Brel und seine beiden tapferen Matrosen-Damen den Aufbruch gen Westen jedenfalls noch nicht.

Sie haben, theoretisch zumindest, alle Zeit der Welt; niemand drängt sie. Wo es ihnen gefällt, können sie, je nach Lust und Laune, verweilen. Die nächste Reise-Etappe, in deren Verlauf sie sich mit der *Askoy* schon weit besser auskennen und sich die einzelnen

Handgriffe und Manöver allmählich eingespielt haben sowie die Aufgabenverteilung untereinander klarer geregelt ist, führt sie auf die Azoren. Dort legen sie im Hafen von Horta an, im Westen des Archipels. Inzwischen ist es Anfang September. Kapitän Brel bleibt vorerst an Bord, kümmert sich um den Ankerplatz und regelt die Formalitäten; Tochter und Freundin tut der erste längere Landgang mit Bewegungsfreiheit, der lebendigen Atmosphäre und der Möglichkeit zum Einkauf frischer Lebensmittel gut. Endlich wieder festen Boden unter den Füßen spüren, endlich einmal eigene Wege gehen, und sei es auch nur für ein paar Stunden. Doch die traurigen Neuigkeiten, die in der Hafenmeisterei in Form eines Telegramms aus Frankreich auf sie warten, dämpfen die Stimmung erneut. Und machen ihnen allen sofort einen Strich durch die Rechnung. Jojo, der in der Zwischenzeit schon wieder auf dem Weg der Genesung zu sein schien, ist tot. Die Nachricht ist ein schwerer Schock für Brel. Der – man darf das ohne Übertreibung sagen – bis dato wohl wichtigste, unersetzliche Mensch in seinem Leben, sein wertvollster Männerfreund, ist von ihm gegangen. Es ist ein Verlust, der ihn wie ein Schlag trifft und ihn auf Dauer fundamental verändern wird. Nichts ist mehr wie früher, seit Jojo ihn verlassen hat.

Jacques lässt alles stehen und liegen. Begibt sich, so umständlich die Reiseroute auch ist, über mehrere kleine und große Flughäfen umgehend zu Jojos Beerdigung in die Bretagne. Das Kommando über die *Askoy* allerdings legt er, zu France' Entsetzen, ohne zu zögern, in die Hände von Maddly. Die Rivalin in seiner Gunst, so teilt er seiner fassungslosen Tochter mit, sei jetzt für alles verantwortlich. Die neuen Herrschaftsverhältnisse auf der *Askoy* sind besiegelt. Auch für France stellt Jojos Tod demnach eine bittere Zäsur dar. Und zur Hochzeit von Chantal, der ältesten Tochter, die nur wenige Tage nach Jojos Begräbnis stattfindet und mit dem erzwungenen Abstecher nach Nordwestfrankreich ja durchaus zu verbinden gewesen wäre, begibt sich Brel erst gar nicht. Verschwendet kaum einen Gedanken daran, lässt es darauf ankommen, dass sich die Erstgeborene brüskiert fühlen wird. Erst die Kumpel, dann die Geliebten und ganz zuletzt die Familie, sein eigen Fleisch und Blut. So ist es eigentlich schon immer gewesen.

Auch jetzt noch, mitten in der Trauerphase um den viel zu früh dahingeschiedenen Seelenverwandten, jongliert er mit fragwürdigen Offerten: Sowohl »Monique« als auch Miche stellt er, wider besseres Wissen, weiterhin eine Mitfahrt auf der *Askoy* in Aussicht. Jeweils einzeln, versteht sich. Sein Schiff dient ihm als Lockmittel, als Gradmesser seiner Zuneigung. Vorerst aber, so gehört es sich für ihn als alten und zuverlässigen Freund, bittet er Jojos Witwe Alice auf das Boot, damit sie auf andere Gedanken kommen soll. Das ist für ihn Ehrensache. France, die sich im Stich gelassen und verraten fühlt, nutzt das allgemeine Durcheinander und fliegt zurück nach Belgien, um ihre Abschlussprüfung abzulegen. Als sie kurz darauf auf die *Askoy* zurückkehrt, die inzwischen auf den Kanarischen Inseln vor Anker liegt, befindet sie sich augenblicklich in der seltsamen Situation, ganz allein Alice Pasquier vom Flugplatz abholen zu müssen – Maddly und ein inzwischen sehr geschwächter Brel haben sich, alle Regeln der Höflichkeit missachtend, nämlich für einen mehrtägigen Erholungsurlaub in Gipfelnähe des Teide auf Teneriffa zurückgezogen. Nun sind sie also zu viert, mit Brel, unübersehbar kränkelnd, als Hahn im Korb.

Auf der Rückfahrt bergab vom Resort zum Hafen wird Brel plötzlich von qualvollen, stechenden Brustschmerzen geplagt. Er bricht zusammen. Man glaubt an einen Infarkt; er selbst wähnt sich bereits dem Tode nahe. Hat er sich nicht erst unlängst bei Jojos Bestattung zu der düsteren Prophezeiung verstiegen: »Als Nächster bin *ich* dran!«? Alice klingen seine unheilschwangeren Worte noch in den Ohren. Hat er nur die Höhe schlecht vertragen oder ist es in der Tat etwas Ernstes? Die ersten Untersuchungen liefern keinen klaren Befund; niemand weiß sich einen Rat. Auf Teneriffa kann er nicht bleiben. Brel reist, in Begleitung von seinen Freunden Marouani und Liardon, in die Schweiz. Dort erhält er die verhängnisvolle

Diagnose: Lungenkrebs. Todesurteil oder Warnschuss? Augenblicklich muss gehandelt werden. Diesmal ist es France, die über das Wohlergehen der *Askoy* auf den Kanaren wacht, während Brel in Brüssel operiert wird und Miche einmal mehr ihre schier grenzenlose Toleranz in Bezug auf die Eroberungen ihres Gatten beweist, als sie am Krankenbett erstmals auf Maddly trifft, ohne dass daraus Folgen für ihr Ehe-Arrangement entstehen.

Je weiter Brel sich von Europa und einer Journalistenmeute zu entfernen sucht, die bereits die Sensation wittert, desto unbarmherziger holt ihn die alte Heimat wieder ein. Als wollte ihn die Krankheit daran erinnern, dass er sich von Belgien und Frankreich eben doch nicht so einfach loslösen kann. Er hat Glück im Unglück – der partielle Eingriff vom 16. November, die Entfernung eines Lungenlappens, war offenbar ausreichend. Metastasen sind vorerst keine zu erkennen, der Tumor ist verschwunden. Ein »kleiner« Krebs. Aber auch ein »guter«?

Zur Rekonvaleszenz begibt er sich ausgerechnet ins Brüsseler Hilton – für jemanden, der vorgibt, keinen Kontakt zur Presse zu wünschen, und sogar mit aller Gewalt vor ihr flieht, ist das die Höhle des Löwen. Brel sucht paradoxerweise jedoch zugleich den Konflikt mit den Reportern, schimpft ausgiebig über die Aasgeier von der schreibenden Zunft und über ihre Handlanger, die Fotografen. Das Hotelpersonal und sein Frauenclan werden ebenfalls von ihm terrorisiert, obwohl es gesundheitlich deutlich bergauf geht. Aggressivität – für Brel ein gutes Zeichen, eigentlich. Zeugt sie doch von Lebenslust und neuer Energie. Mit der bevorstehenden Atlantiküberquerung vor Augen und der fixen Idee, zu Weihnachten wieder an Bord zu sein, gelingt ihm die Wiederauferstehung. Schnell noch ein Kurzbesuch bei Brassens und Ventura in Paris, und am 22. Dezember spürt er erneut die Planken der *Askoy* unter seinen Füßen. France hat unterdessen, mithilfe von Brels Skipperfreund Vick, gehorsam das edle Gefährt von Teneriffa nach Puerto Rico überführt, an die Südwestküste von Gran Canaria.

Das Weihnachtsfest wird feuchtfröhlich begangen – im Bewusstsein, dem Tod noch einmal von der Schippe gesprungen zu sein. Sängerkollege Antoine ankert im selben Hafen, man kommt sich näher und feiert ausgelassen die ungebrochene Vitalität, die wiedergewonnenen Kräfte. Erinnerungsfotos zeigen einen Kämpfer, einen triumphierenden Brel. Fünfundvierzig, schon gezeichnet, und doch voller Tatendrang. Mehr denn je gilt es, keine Zeit zu verlieren und den nun schon so oft unterbrochenen Trip endlich ernsthaft fortzuführen. Keine sechs Wochen nachdem Brel in Brüssel aus der Narkose erwacht ist, wird die nächste Etappe in Angriff genommen. Am 30. Dezember brechen Brel, Maddly und France mit Kurs auf Martinique auf, wo sie am 26. Januar 1975 eintreffen. Matrosen sind keine dabei. Und obwohl alle Voraussetzungen stimmen – Brel ist wieder halbwegs gesund, wenngleich es natürlich reichlich unvernünftig ist, sich als Frischoperierter ohne geschultes Schiffspersonal auf die Reise zu machen; France hat ihr Diplom geschafft –, obwohl also alle Beteiligten guten Grund zum Glücklichsein hätten, gerät die Überfahrt zum Desaster.

Brel erträgt niemanden mehr um sich herum. Er ergeht sich in zynischen Tiraden über die Schlechtigkeit der Welt, suhlt sich im Pessimismus, malt für France eine desillusionierende Zukunft aus. Hackt auf ihr herum. Wenn an Bord etwas schiefgeht oder nicht funktioniert, ist allein sie daran schuld. France wird zu seinem Sündenbock und reagiert mit Verstocktheit, schlechter Laune und verschlossener Miene. Zugleich muss sie miterleben, wie ihr Vater direkt vor ihrer Nase wie ein Achtzehnjähriger mit Maddly herumturtelt. Maddly, auf deren Heimat sie ja gerade zusteuern, ist sein Sonnenschein und unfehlbar, France, die Schwächste an Bord, gilt als die Störquelle. Noch die letzte Freude am Segelabenteuer nimmt er ihr. Charakterliche Ähnlichkeiten wie Sturheit und Dickköpfigkeit sind offenkundig und gerade deshalb für beide unakzeptabel. Als man sich der Karibik nähert, ist die Stimmung längst nachhaltig vergiftet. Brels aggressive Sticheleien und France'

Bockigkeit schaukeln sich gegenseitig auf, bis die Lage unerträglich wird und man sich in den engen Kajüten einfach nicht mehr aus dem Weg zu gehen vermag. Ein sich täglich erneuernder Albtraum anstatt einer Ausnahmeerfahrung im Einklang mit Meer, Wind, Stille und Natur ... Drei sind eindeutig einer zu viel.

Kaum dass die Überfahrt beendet ist, setzt Brel in Fort-de-France seiner Tochter die Pistole auf die Brust. Sie soll sich entweder zusammenreißen – oder das Bündel schnüren. Es kommt zum offenen Bruch; France verlässt die *Askoy*. Für immer. Kein Au Revoir, sondern ein fatales Adieu. »Ich hoffe, dass ich dich nie wiedersehen werde«, ruft der Vater ihr im Zorn nach. Die verbannte Tochter hält sich noch eine ganze Weile auf Martinique auf, schreibt kurze Nachrichten, in denen sie die Möglichkeit einer Versöhnung andeutet, nähert sich der *Askoy* in einem kleinen Beiboot, streckt nicht nur symbolisch die Hand aus nach ihm. Brel hingegen hält sich im Schiffsinneren verborgen, lässt France via Maddly wissen, dass ihre Anwesenheit auch weiterhin unerwünscht sei. Sie kehrt schließlich, tief enttäuscht und gedemütigt, nach Belgien zurück. Ihrem Vater wird sie, so wie er es sich ausdrücklich gewünscht hat, zu seinen Lebzeiten so gut wie nie mehr begegnen. Ein Trauma für die junge Frau; für Brel aber, wenn man seinem Eintrag im Logbuch Glauben schenkt, eine immense Erleichterung. »Der Kapitän hat keine Kinder mehr«, verzeichnet er darin am 28. Januar, und es klingt fast frohlockend.

Mit dem Rauswurf von France hat er die letzte Nabelschnur, die ihn noch mit seiner Familie und dem »alten« Brel, dem Universum des Belgiers, Bühnenstars und Chansonniers verband, endgültig gekappt. Er hat Ballast abgeworfen. Wie beim musikalischen Stühlerücken oder beim Spiel von den Zehn kleinen Negerlein ist eine Mitreisende, eine Erinnerung, eine Bindung nach der anderen auf der Strecke geblieben. Er, der sich über Jahre hin dermaßen darum bemüht hat, wahrgenommen, anerkannt und gefeiert zu werden, hält die Gegenwart von Menschen, die ihn von früher kennen, die ihn an sein Künstlerleben erinnern und damit auch Verantwortung von ihm einfordern, kaum noch aus. Von nun an zählt lediglich die Gegenwart. Jojo ist unter der Erde, der Krebs verdrängt, die Antillen harren ihrer Entdeckung, und die begehrenswerte Frau an seiner Seite symbolisiert aufs Schönste den Neubeginn. Und, mit ihr und durch sie, die Eventualität einer weiteren Leidenschaft. Brel möchte um jeden Preis ein anderer werden. Mit Gewalt hat er sich seiner Vergangenheit wie einer zu eng gewordenen Haut entledigt; jetzt deklariert er sich willentlich zum Insulaner. Zum Eigenbrötler, dem Gewissensbisse fremd sind, zum Reuelosen, der, konfrontiert mit seinem eigenmächtigen Verhalten, nur gleichgültig die Schultern zuckt, zum Skeptiker, der nur noch einem einzigen anderen Menschen vertraut.

Das Jahr 1975 dient fast in Gänze der Erkundung der französischen Karibikinseln und dem wohlverdienten Dolcefarniente. Auf Guadeloupe wird Brel von Maddlys Familie freundlich aufgenommen und fühlt sich wohler im Kreis dieser Gastfamilie, als es ihm daheim jemals vergönnt war. Von Eiland zu Eiland ziehen die beiden Verliebten, lassen sich treiben und sind niemandem Rechenschaft schuldig. Im warmen Tropenwind von Marie-Galante, den Grenadine und St. Lucia verschwimmt der Zeitbegriff, und mit ihm verflüchtigen sich auch die Erinnerungen. Von Miches Besuch auf der *Askoy*, von »Monique« gar, die vergebens auf Lebens- und Liebeszeichen von ihm wartet, ist bald nicht mehr die Rede. Schimären, Gespenster, Relikte. Ein ungutes Gefühl, mehr nicht. Marouani lässt sich blicken, Vick mit seiner Jacht ist auch nie weit. Eines Tages fliegt ihnen sogar ein Kanarienvogel zu, bleibt an Bord und leistet ihnen Gesellschaft. César nennen sie ihn.

Die spontane Idee, sich auf Guadeloupe dauerhaft niederzulassen, wird rasch wieder verworfen, als Maddly und Jacques merken, dass ihnen die Regenbogenpresse, wohin sie auch immer ihre Schritte lenken, dicht auf den Fersen ist. Dennoch weichen sie erstaunlicherweise so gut wie nie auf Inseln auf, auf denen man nicht Französisch spricht. Sie gönnen sich noch ein wenig Zeit, bevor der Pazifik für sie in Sichtweite gerät. Sie lassen die Seele an der Küste Venezuelas baumeln, in Caraballeda nördlich von Caracas. Jacques staunt, wie bekannt und beliebt er selbst hier in Mittel- und Lateinamerika ist. Danach stehen noch Curaçao und Bonaire auf dem Programm, zwei der anmutigen Kleinen Antillen unweit der Jungferninseln. Und dann weitet sich schließlich der Horizont für die *Askoy* und ihre Mini-Besatzung: Brel und Maddly fahren in den Panama-Kanal ein, wieder eine recht heikle Passage, und nehmen langsam, aber sicher Kurs auf die längste und verheißungsvolle Etappe ihrer Reise – den Stillen Ozean. Ein Wagnis. Zu zweit wollen sie es eingehen. Am 22. September 1975, nachdem die letzten Formalitäten erledigt sind und genügend Proviant verstaut worden ist, zieht der Hafen von Balboa an ihnen vorüber, und der Pazifik gehört ihnen.

Ist Brel überhaupt noch am Leben? Die belgischen Schundblätter haben ihn vorsorglich schon einmal für tot erklärt. Was Freunde und Familie entsetzt, amüsiert ihn. Ihm ist es nur recht, wenn man ihn – durch eine gezielte Falschmeldung – eine Zeit lang vergisst. Arthur Guélin, einer der Ärzte seines Vertrauens, hat ihn beschworen, sich noch einige Wochen zu schonen. Brel mag nicht länger warten. »Ich schwöre dir, dass es jetzt das Dringendste ist, endlich glücklich zu sein«, lässt er ihn wissen. Maddly pflichtet ihm bei: Jetzt oder nie. 59 Tage sind die beiden Eigensinnigen ganz mit sich allein und empfinden die Isolation als Privileg – ein Mann mit einer Dreiviertel-Lunge und seine ihm ergebene, tüchtige »Doudou«. Weder den Galapagos- noch der Osterinsel statten sie einen Besuch ab. Touristische Attraktionen üben keinen Reiz auf sie aus; kein einziger Halt ist mehr vorgesehen. Obwohl Brel die *Askoy* mit einem Autopiloten ausgerüstet hat, wofür es höchste Zeit wurde, bringt das vertrackte, vermaledeite Steuern *les amoureux*, die beiden Liebenden, mehr als einmal in die Bredouille. Improvisation ist gefragt. Einmal herrscht eine derartige Flaute, dass sie sich siebzehn Tage lang kaum vom Fleck bewegen. Selbst das Gezwitscher an Bord verstummt, als der kleine César genau dort das Zeitliche segnet. Vollkommene Stille umgibt sie nun. Niemand weiß, wo sie stecken. Diese Vorstellung gefällt ihnen ungemein, und sie kommen sich vor wie die sprichwörtliche Träne im Ozean. Ein Pünktchen irgendwo in der Unendlichkeit.

Etwas mehr als ein Jahr nach der Krebsoperation, am 19. November, nehmen sie Polynesien ins Visier. Eigentlich sollte es nur eine Zwischenstation werden, eigentlich hatten sie Tahiti und den Hauptort Papeete angepeilt, doch jetzt wird, nordöstlich davon, Kurs auf Tahauku genommen, eine kleine Bucht auf den Marquesas, die auf Französisch Les Marquises heißen, um dort für längere Zeit zu rasten. Womöglich sogar für immer. Taaoa, »die Bucht der Verräter«, gerät ins Blickfeld, und mit ihr Atuona, die »Kapitale« von Hiva Oa, das ungefähr im Zentrum des Miniatur-Archipels liegt. Die *Askoy*, Brels später in einem Chanson verewigte maritime »Kathedrale«, deren Segel er zum Singen gebracht und mit deren Hilfe er die Sterne vom Himmel gepflückt hat, macht es sich schon einmal bequem in der unwirtlichen, in dunkle Braun- und Grüntöne getauchten Lagune. Maddly und Jacques atmen tief durch. Fürs Erste haben sie es geschafft. Zu beweisen brauchen sie sich nichts mehr. Was macht es schon, wenn sie den Plan der Weltumsegelung vorläufig fallen lassen und eine lange, herrliche Verschnaufpause einlegen?

Charles Marouani, der auf dem umständlicheren Luftweg angereist ist und keine Mühe gescheut hat, Zeuge ihres ersten pazifischen Landganges zu sein, wird ihr erster, hochwillkommener Gast am neuen Liegeplatz. Zu dritt verleben sie »zehn wundervolle Tage der Freundschaft und der Brüderlichkeit«. Igeln sich ein, werfen nur dann und wann einen Blick auf die palmenbestandenen Strände und dicht bewachsenen Hügel. Hören stundenlang dem Schaukeln der Wellen zu. Noch haben sie genügend Vorräte an Bord, um sich nicht unter die Einheimischen mischen zu müssen.

Es bleibt dabei: Niemand behelligt sie. Niemand hat auch nur die geringste Ahnung, was sie treiben, und niemanden geht es etwas an. »Voir ailleurs«, hat Brel ein Leben lang gepredigt, »nachschauen, wie es woanders so ist«, und das hat er jetzt selbst vollzogen. Wie sie mit Befriedigung feststellen, ist es genau hier auf ereignislose Weise herrlich, schön und einsam. Hier können sie wunschlos glücklich sein. Dass er ein solches *bonheur* noch einmal mit einer hübschen, emanzipierten Frau teilen und erleben könnte, ist für ihn schon beinahe ausgeschlossen gewesen. Und dass ausgerechnet sein Manager, der ja kaum noch an ihm verdient, so bedingungslos zu ihm hält, rührt Brel. Fast alles erschien ihm bis vor Kurzem »schamlos und vulgär«. Was ihm aber geblieben ist, ist die »Lust, den Männern und den Menschen zu sagen, dass ich sie liebe. Und Dich liebe ich«, schreibt er Marouani kurz nach dessen Abreise. »Mit Charley«, so sollte es Alice Pasquier, eine genaue Beobachterin von Brels Gefühlsleben, einmal analysieren, »war es fast wie mit Jojo. Nicht ganz genau die gleiche Zärtlichkeit, aber Jacques liebte ihn ebenfalls sehr. Weil Marouani ein zu großer Treue fähiger Mensch war.«

Maddly und Jacques begleiten Charley zur winzigen Landepiste von Hiva Oa und winken ihm, den eine kleine, knatternde Maschine ihren Blicken entzieht, noch lange nach. Dann beschließen sie, das unwirkliche Atuona in Augenschein zu nehmen und den Leuten im Städtchen *bonjour* zu sagen. Kein bisschen verwundert scheinen die Inselbewohner zu sein oder auch nur neugierig, wer die Besitzer der *Askoy* wohl sein mögen, die bislang einfach nicht von ihrem Boot heruntergekommen sind.

Ein paar Wochen später wissen die beiden Gestrandeten, dass sie am richtigen Ort angekommen sind. Die *Askoy* bleibt erst einmal vertäut, und sie schauen sich nach einer einfachen Unterkunft um.

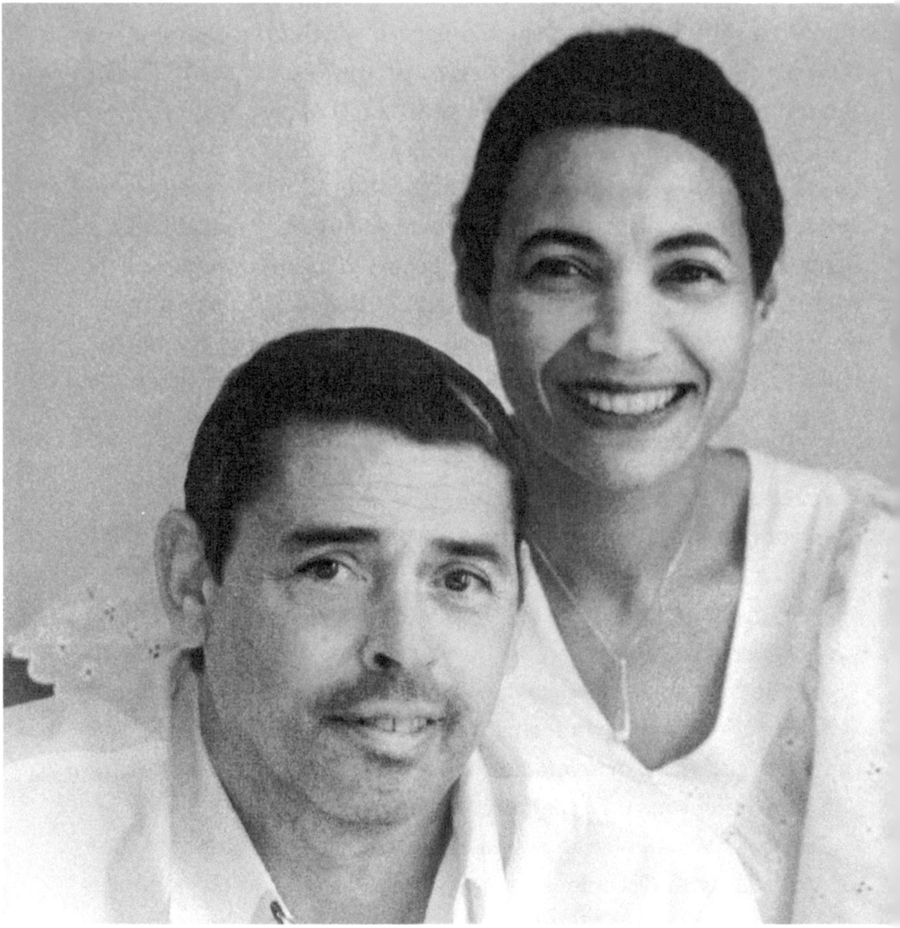

Im Paradies?

1975–1977

> Purcell hielt nun seinerseits das Fernrohr an das Auge
> und stellte die Länge auf seine Sehschärfe ein.
> Er hatte sich die Insel nach dem Bild von Tahiti vorgestellt:
> als ein gebirgiges Land, aber durch ein schützendes Riff,
> eine stille Lagune und eine Küstenebene vom offenen Meere getrennt.
> Die Wirklichkeit sah ganz anders aus.
> Die Insel erhob sich als ein dunkles gezacktes Kliff
> höher als tausend Fuß über das Meer,
> und ihr Sockel wurde von ungeheuren weißen Brandungswogen gepeitscht.
> Purcell gab Mason das Fernrohr zurück; ohne ihn anzusehen.
> »Ein Felsen«, sagte er, »und recht wenig einladend.«

Robert Merle, *Die Insel*

In den späten Siebzigern hat kein Reiseveranstalter weit und breit Hiva Oa im Programm. Die Insel bietet, abgesehen von beständiger Hitze, absoluter Ruhe, steinernen Tiki-Skulpturen und der eigentümlich indifferenten Lethargie ihrer Bewohner, so gut wie nichts Anziehendes. Weder Farbenpracht noch Südsee-Charme. Weder lockende, weiße Sandstrände mit türkisblauem, transparentem Wasser noch idyllische, natürliche Buchten, an denen man Hotels oder weitläufige Resorts ansiedeln könnte. Weder spektakuläre Felsformationen noch Krater, weder schön angelegte Wanderstrecken, leicht zu entdeckende Korallenriffe oder Tieftauch-Areale noch anderweitige, sonderlich aufregende Freizeitmöglichkeiten.

Steil ragen die Hügel gleich in Meeresnähe in die Höhe, die düsteren Uferstreifen laden nicht zum Verweilen ein, Dickicht versperrt fast überall den Weg. Die flachen, dunklen, mit Steinen durchsetzten Lagunen eignen sich kaum zum Baden und bieten wenig Schutz vor Wind und Wellengang. Auch das feuchtheiße Klima ist alles andere als ideal. Wolkenverhangen und von dampfenden Nebelschwaden verhüllt präsentieren sich Gipfel und Hänge von früh bis spät, sodass ein azurblauer Himmel die Ausnahme von der Regel darstellt. Von den tückischen Stechmücken, den »nonos«, die auf den Nachbarinseln ihr Unwesen treiben, bleibt man hier zwar weitgehend verschont. Doch regnet es fast täglich, oftmals ohne Unterlass, und wenn »hier auch nie Winter herrscht, so gibt es ebenso wenig einen richtigen Sommer«, wie Brel rasch konstatiert. Für einen Lungenkranken das reinste Gift …

Hiva Oa: nichts weniger als ein Postkarten-Eiland oder ein für Chartertouristen reizvolles Reiseziel. Sondern ein jahreszeitenloses, eintöniges und kulturell völlig unterbelichtetes Fleckchen Erde ohne die geringste Infrastruktur. Tropische Tristesse statt Bilderbuch-Plaisir. Keinerlei Luxus. Mangel an Abwechslung als Lebensprinzip. Fruchtbar, gebirgig, abweisend und wild zugleich. Nur auf dem Seeweg zu erreichen. Oder ab und zu aus der Luft: Zur Verfügung steht eine schwer zugängliche und äußerst kurze, gipfelnahe und daher gefährliche Landebahn, auf der – meist bleibt sie ungenutzt – friedlich ein paar Pferde grasen. Post gelangt somit nur in unregelmäßigen Abständen hierher und braucht oft Monate; die gesundheitliche Versorgung ist prekär. Wenige Hundert Seelen hausen in und um Atuona in hölzernen Hütten mit Dächern aus Palmwedeln und Wellblech oder in den traditionellen polynesischen »farés«, aus Bambusgerüst und Blätterdach; die sanitären Einrichtungen sind primitiv, die Stromversorgung gehorcht allein dem Zufallsprinzip, Klimaanlagen gibt es nur vereinzelt. Auf Radio, Fernsehen und Zeitungen muss verzichtet werden. Dass man sich auf französischem Staatsgebiet befindet, erkennt man lediglich an der Gendarmerie, am für mehrere Inseln zuständigen Pfarrer, der gelegentlich vorbeischaut, am Briefträger, mit Namen Fiston Amaru, und an der Mairie, dem Bürgermeisteramt, vor deren Fassade die Trikolore flattert.

Seit 1885 beherbergt Hiva Oa die Congrégation Joseph de Cluny und damit eine Schar Nonnen, denen die Leitung des Collège Saint-Anne anvertraut worden ist – eigentlich eine reine Mädchenschule, in der man erst vor Kurzem auch gemischte Klassen eingeführt hat. Des Weiteren kann die Insel nur noch mit der »Attraktion« eines kleinen, abgeschirmten Friedhofs aufwarten, dem auf einer Anhöhe gelegenen Cimetière du Calvaire. Auf ihm wurde im Frühjahr 1903 ihr bislang berühmtester Bewohner bestattet und begraben – Paul Gauguin. Auch er ein Ausgewanderter. Der Postimpressionist, Van-Gogh-Wegbegleiter und Vertreter des Synthetismus, von der Öffentlichkeit verhöhnt und verkannt, von nur wenigen Zeitgenossen und Kollegen geschätzt, hatte sich, nach langjährigem Aufenthalt auf Tahiti, resigniert und schwer erkrankt schließlich 1901 nach Hiva Oa zurückgezogen. Mit der Institution Kirche hadernd, als angeblicher Provokateur in einen Verleumdungsprozess verstrickt, sich für die Rechte und die kulturelle Identität der Einheimischen einsetzend und mit einer jungen Eingeborenen liiert, durchlebte Gauguin, der es im zusehends mondänen, missionierten und europäisierten Papeete nicht länger ausgehalten hatte, im Exil Atuona die Hölle auf Erden. Der einstige Künstler baute sich mit eigenen Händen eine Maori-Hütte und durchlitt widrige Monate in großer Isolation und unter starken Schmerzen, die er mit Morphin und Absinth zu lindern versuchte. Noch keine fünfundfünfzig Jahre alt und von allen »Koké« genannt, starb er hier.

Weiß Gott kein Vorbild. Und dennoch liegen, was die Aspekte Krankheitsverlauf, Europaflucht, Rückzug von Bühne, Presse und Publikum, Respekt vor der Urbevölkerung, Tod in der Lebensmitte und »wilde Ehe« angeht, die Parallelen zu Brel auf der Hand. Wenngleich auch in stark abgeschwächter Form. Keine drei Jahre Lebenszeit sind dem Neuankömmling auf der zweitgrößten Insel der Marquesas noch vergönnt. Nur dass er diese Zeitspanne im Gegensatz zu seinem illustren Vorgänger, den er bald liebevoll-zärtlich »Popaul« nennen und dessen Grabstein in luftiger Höhe er bei seinen Spaziergängen um Atuona so manchen Besuch abstatten wird, als befreiend, hoch befriedigend und wirklich paradiesisch empfindet.

Alles, was den Durchschnittseuropäer am Dasein auf Hiva Oa abgestoßen hätte oder zumindest zögern lassen würde, empfinden Maddly und Jacques, so paradox es auch scheinen mag, als großen Vorzug. Nur hier fühlen sie sich vor den Nachstellungen der Boulevardpresse sicher, nur hier können sie sich gewiss sein, dass ihnen auch aus dem weiteren Kollegen-, Freundes und Familienkreis so schnell niemand hinterherreist. Es ist einfach viel zu mühsam, nach Atuona zu gelangen, und mit den Unterkünften für Reisende ist es auch nicht weit her. Ein Glücksfall. Dass beide hier als »popa'a«, als Fremde bzw. Weiße oder Festlandfranzosen, gelten, denen man gemeinhin mit freundlichem Desinteresse begegnet, ist ihnen nur recht. Die wenigsten Einwohner, vom Bürgermeister Guy Rauzy und einigen Zugereisten einmal abgesehen, haben jemals von Jacques Brel gehört. Und wenn, dann können sie seinen Ruhm, seine kulturgeschichtliche Bedeutung und den Starrummel kaum richtig einordnen. Die frommen Schwestern, die ihr Leben Gott gewidmet haben und dem Paar aus Frankreich freundlich begegnen, hören, neben sakralen Werken, bestenfalls altmodische Unterhaltungsmusik oder harmlose Schlager von Tino Rossi. Sie und ihre Mitbürger nehmen Brel und Maddly in ihrer alltäglichen Erscheinung wahr, scheren sich nicht um ihr Vorleben. Sie spüren, wenn sie die beiden beim Flanieren beobachten, sie auf der Suche nach einer Bleibe beraten oder auf Erkundungsgängen erleben, wie außerordentlich glücklich dieses Paar ist, wie harmonisch es miteinander umgeht. Sie sind Zeuge, wie es stets Hand in Hand promeniert – bald gelten sie auf der Insel als Verliebte par excellence.

Dass sie sich ganz in Weiß kleiden und auch ihr erstes einfaches Häuschen, umgeben von Mangos und Avocado-Bäumen, Hibiskus, Kokospalmen und Mandarinensträuchern, entgegen der Inseltradition weiß streichen lassen, empfinden sie nicht als befremdend, sondern als amüsant. Mit einer Mischung aus fröhlicher Gleichgültigkeit und bemerkenswerter Toleranz heißt man die beiden hier willkommen, ohne dass diese Haltung eigens in Worte gefasst werden müsste. »Jácbrel« wird der bärtige Mieter, der sich bei seinen Rundgängen neuerdings auf einen Spazierstock stützt, alsbald von den Kindern gerufen. Mit Betonung auf der ersten Silbe, so als wäre das Ganze nur ein Vorname. Und Maddly, auch wenn sie einige ihrer urbanen Gewohnheiten nicht verleugnen kann und will, könnte ohnehin beinahe von den Marquesas stammen, könnte als »eine von hier« durchgehen. Was allen Einheimischen aber ganz besonders gefällt, ist die unaufdringliche Bescheidenheit, mit der die ehemaligen *Askoy*-Segler sich hier zu integrieren versuchen.

Allen Sirenenrufen haben sie widerstanden. Man hat ihnen ein Atoll zum Kauf angeboten, sie haben dankend abgelehnt. Sie haben sich anfangs auch auf den anderen Inseln ringsherum umgeschaut, auf Nuku Hiva und Ua Huka, doch sobald man ihnen dort den roten Teppich ausgerollt hat und die lokalen Honoratioren gleich im Sonntagsstaat auf sie zumarschiert gekommen sind, um ihnen ihre Aufwartung zu machen, haben sie den Braten gerochen und schnurstracks wieder kehrtgemacht. Sie legen keinen Wert darauf, nun auch noch auf dem Archipel als Berühmtheit zu gelten und dauernd begafft zu werden. Das verstopfte, enervierende Papeete mit seinen ewigen Staus und dem Lärm einer engen, europäischen Kleinstadt ist ihnen ebenfalls zu hektisch und zu »westlich«. Gewiss bieten die größeren Inseln weitaus mehr Bequemlichkeiten, doch die Priorität lautet inzwischen: Abschottung, Stille und Besinnung auf das Wesentliche. Wenn Marouani und Sängerfreund Henri Salvador wieder einmal vorbeischauen, wird indessen die Gelegenheit genutzt, um ausgelassen zu feiern und auch, angemessen alkoholisiert, eine fröhliche kleine Rundreise zu den übrigen Eilanden anzutreten. Wie in einer burlesken Szene aus einem übermütigen Lelouch-Film, in dem alle Kumpane über die Stränge schlagen. Aber Hiva Oa bleibt in Alltagsbelangen das Maß aller Dinge. Es ist überschaubar und bietet ihnen eine verborgene Lebensqualität – auch wenn Anspruchsvolle und Großstädter die Atmosphäre als bedrückend oder monoton empfinden mögen.

Es sind jetzt die ganz einfachen Tätigkeiten und Verrichtungen, die zählen. Auf Gauguin-Popauls Totenacker vorbeischauen, keine fünf Minuten entfernt, dort kurz die Stille auf sich wirken lassen und meditieren. Auf dem Weg in den Dschungel über schwarze Lava-Erde marschieren, innehalten und sich, mit geschlossenen Augen, dem polyphonen Vogelgezwitscher aussetzen. Den geistlichen Gesängen lauschen, die während der Messe aus dem Kircheninneren dringen, gleich hinter ihrem Grundstück. Schubert-Platten anhören. Sich vorwiegend von Früchten und lokalen Erzeugnissen ernähren. Gemüse anpflanzen rings um den kleinen Bungalow, in dem sie sich eingenistet haben. Einen Schutzschild aus großblättrigen Pflanzen anlegen, um sich gegen indiskrete Blicke abzuschirmen. Mit ihren zwei treuen Seelen Fii, so etwas wie einem Hausmeister, und Matira, ihrer »Frau für alles«, die mit ihren drei Kindern bei ihnen einzieht, von Tag zu Tag vertrauter werden. Einkaufen gehen, ohne Autogramme geben zu müssen. Wieder Gitarre spielen. Mit einem simplen Kassettenrecorder neue Ideen für Chansons aufzeichnen, denn die autobiografischen Notate, auf See zustande gekommen, und einige unentschlossene Prosa-Versuche sind über das Stadium eines Fragmentes nicht hinausgelangt. Ein aufblasbares Planschbecken als behelfsmäßigen Swimmingpool aufstellen, in dem man sich mehrfach täglich abkühlen kann. Neue Freundschaften schließen, ausnahmslos mit Männern: mit dem Piloten Michel Gauthier etwa oder mit dem örtlichen Mathematiklehrer Marc Bastard, einem Ex-Pariser und Krimi-Autor. Amüsante und keineswegs provinzielle Gesellschaft, denn beide haben sich in internationalen Gefilden gehörig den Wind um die Nase wehen lassen.

Gescherzt und geplaudert wird mit den gar nicht so unsympathischen, sogar recht aufgeschlossenen Nonnen, zu denen Brel sich mehr und mehr hingezogen fühlt – und die sich für maskulinen Charme und einige Bonmots empfänglich zeigen. Gewitzelt und geflachst wird mit dem Briefträger, dem Pfarrer und dem Bürgermeister, die Brel einzeln oder zu mehreren mit Vorliebe aus der Reserve lockt, indem er seine antiklerikale, obrigkeitskritische Attitüde auf die Spitze treibt oder ihnen, auch wenn dies nicht gerade die feine Art ist, ein freches »Na, ihr Schwuchteln!« oder ein sarkastisches »Gott ist tot!« entgegenruft, sobald er ihnen auf der Straße oder beim Einkauf begegnet. Es wird ihm nicht krummgenommen. Und ganz selten wird einmal ein Brief in Richtung Brüssel auf den Weg gebracht, den der Absender, ohne sich sonderlich zerknirscht zu zeigen, jovial mit »le Vieux« oder »ton Vieux« unterzeichnet. Für die zurückgelassene Familie auf der anderen Seite der Weltkugel, die er von seiner Tropenexistenz willentlich ausschließt, mag er »der Alte« sein; hier bastelt er sich ein neues Ich. Richtet sich in einer, wenn man so will, ziemlich komfortablen Robinsonade ein, nur dass er sich seinen Freitag gar nicht erst zu suchen braucht. Brel erteilt sich selbst eine Lektion in Genügsamkeit, und mit Maddly an seiner Seite, die jetzt für die kleineren Kinder am Collège Tanzkurse gibt, fällt ihm das Lernen nicht nur besonders leicht – es könnte sogar ewig so weitergehen.

Wären da nicht die leidigen Routineuntersuchungen zur Überprüfung seines Gesundheitszustandes, für die er sich, nolens volens, im Halbjahresabstand entweder nach Papeete oder kurzfristig zurück in die westliche Hemisphäre begeben muss. Bislang fallen sie zu seiner größten Zufriedenheit und Erleichterung aus: Nichts ist weitergewuchert, der Krebs scheint gestoppt. Von schwerer Krankheit kann keine Rede mehr sein. Die Ärzte mahnen freilich, um auf Nummer sicher zu gehen, eine unverzügliche Übersiedlung in ein trockeneres Klima an – Brel hört nur mit halbem Ohr hin; Vorsicht und Prophylaxe sind ihm lästig. Außerdem ist seine ganz persönliche Affäre mit Hiva Oa schon viel zu weit fortgeschritten, als dass er die begehrte Insel gleich wieder im Stich lassen würde. Und Liebende soll man bekanntlich nicht aufhalten. Immerhin: Geraucht wird nicht mehr. Wenn ihn jemand fragt, ob er nicht insgeheim daran denke, irgendwann wieder einmal die Bretter zu betreten, die die Welt bedeuten, gibt er stets mit Galgenhumor zur Antwort, dass man anderweitig bereits einige Bretter für ihn bereithalte ... Brel dreht dem Tod vorerst eine lange Nase. Die Schwächephase im Anschluss an die Pazifiküberquerung ist überwunden, die Kräfte sind zurückgekehrt, und er birst nur so vor Tatendrang.

Seine Leidenschaft gilt mittlerweile der Kochkunst. Von Alice Pasquier lässt er sich regelmäßig kostspielige Pakete schicken, die von Gänseleberpastete über eingelegte Trüffel und etliche andere Leckerbissen bis hin zu edlen Tropfen aus Frankreich so ziemlich all das enthalten, was ein anspruchsvolles Gourmet-Herz höherschlagen lässt. Es versteht sich von selbst, dass Brel und Maddly ihre kulinarischen Schätze mit ihren neuen Inselfreunden teilen. Immer öfter laden sie, elegant gewandet, zu üppigen, mehrgängigen Dîners ein und bringen so ein wenig Lebensart und Lebenskunst in ihre kaum zivilisierte Wahlheimat. Brel, der sich früher damit begnügte, zwischen zwei Auftritten achtlos ein Sandwich herunterzuschlingen und sich absolut nichts aus erlesenen Speisen machte, entwickelt sich jetzt zum Perfektionisten: Seine Gäste empfängt er, zu abendlicher Stunde, fein gemacht in Anzug und Krawatte und assistiert von einer aufmerksamen, bezaubernden Maddly, auf seiner kleinen Terrasse. Bald ist ein Dresscode *de rigueur*, Chic wird vorausgesetzt. Das ausgefallene Paar serviert Champagner und kredenzt teure Delikatessen, als handle es sich um eine Gala unter Diplomaten – während in nur wenigen Metern Entfernung Hähne umherstolzieren, frei laufende Schweine im

Müll wühlen und meckernde Ziegen für die Hintergrundmusik sorgen. Chez Brel wird inzwischen nicht einfach nur gegessen, sondern getafelt. Jede Woche, sobald die Südsee-Sonne weit draußen am Horizont verschwindet und die Himmelsleinwand in tausend faszinierende Farbnuancen taucht, probiert er neue raffinierte Rezepte aus, integriert Gewürze, Fische und Fleisch aus Hiva Oa in die Zubereitung europäischer Spezialitäten. Sein Anspruch steigt stetig und mit ihm selbstverständlich auch die Anerkennung und Bewunderung durch jene auserwählten Insulaner, die von ihm systematisch mit solchen Leckereien verwöhnt werden. Sie sind hingerissen und schwärmen von ihrem spendablen Gastgeber. Fast alles, was Brel anfasst, gelingt ihm ganz vorzüglich. Das muss der Neid ihm lassen.

In der Inselwelt angekommen besinnt sich der Hobby-Gastronom und Marquesas-Robinson, der Hiva Oa mitsamt ihrer üppigen Fauna nun immer öfter nicht nur per pedes, sondern auch mit dem Jeep erkundet, wieder auf seine einstigen pfadfinderischen Tugenden. Ihm wird hier so viel geschenkt und gegeben, dass er seinerseits sein Scherflein zum Wohlbefinden seiner Nachbarn beitragen möchte. Ein besonderes Anliegen ist ihm zunächst die kulturelle Erziehung der Einheimischen und deren Versorgung mit künstlerischen »Träumen«, in Form von aktueller Musik und zeitgenössischen Filmen. Dass Teenager hier intellektuell verwahrlosen und frustriert die Däumchen drehen, mag er nicht untätig mit ansehen. Dass von offizieller Seite so gut wie nichts gegen den kulturellen Notstand unternommen wird, findet er besorgniserregend und nicht akzeptabel. Aufgrund der geringen Einwohnerzahl von Hiva Oa können Rauzy und die Lokalverwaltung einstweilen kaum auf staatliche Subventionen hoffen, um existierende Sendefrequenzen nutzen zu können. Und von den Autoritäten im weit entfernten Papeete ist diesbezüglich ebenfalls keine Initiative zu erwarten. Brel fackelt nicht lange und beginnt, nach Rücksprache mit Rauzy, Wasser in die Wüste zu tragen. Bislang projizierte der

Pfarrer, selten genug, mit einer technischen Ausrüstung von anno dazumal, veraltete Streifen auf eine Außenmauer. Mehr Lehrmaterial als Entertainment – damit lässt sich kaum noch ein Zuschauer mobilisieren. Mit Brel zieht nunmehr das Kino auf der Insel ein: Unter Mithilfe seines Regisseurfreunds Lelouch, dem er in Briefen die desolate Situation so anschaulich wie nachdrücklich schildert, beschafft er sich aktuelle, hochwertige Projektoren und vor allem Filme, die in den Mittsiebzigern Furore machen und auf der ganzen Welt für Gesprächsstoff sorgen. Mit Cocteau eröffnet er das Programm. Das improvisierte, von ihm aus eigener Tasche finanzierte »Cinéma Brel« sorgt dafür, dass sich hier am Ende der Welt 35-mm-Vorführungen etablieren können und die früheren 16-mm-Schaus ablösen. Mit Erfolg: Nicht allein die Inseljugend, auch Erwachsene, Beamte und Nonnen kommen in Scharen zu seinen attraktiven Filmabenden. Das frühere Geratter weicht einer nahezu perfekten Darbietung, die Eintrittspreise sind niedrig und eher symbolisch.

Kurz darauf gibt es noch einen Grund mehr für die Leute von Atuona, beeindruckt zu Jácbrel aufzuschauen: immer dann, wenn seine neu erworbene, zweimotorige Beechcraft sich am frühen Morgen auf und davon macht und durch die dicken Regenwolken stößt, um sich zur Abendstunde, von den letzten glutroten Sonnenstrahlen gekitzelt, ihre Himmelsbahn zwischen den Inselgipfeln zu suchen, im idealen Winkel auf die ultrakurze Landebahn einzuschwenken und wieder zu ihnen zurückzukehren. Die Kinder erkennen das charakteristische Knattern und hören ihn schon von Weitem nahen, das Gejohle ist groß, und alle Inselflaneure winken ihm zu, mit seligem Lächeln, die Köpfe in den Nacken gelegt. Für die *Askoy*, die ihn zuletzt nur noch an die emotionalen Spannungen auf dem Atlantik, an die Qualen der Pazifikreise und an strapaziöses, vagabundenhaftes Herumirren ohne wirklichen Sinn erinnerte, hat er, seit der Ankunft mit Maddly im Garten Eden, keine rechte Verwendung mehr gehabt. Ohne lange zu zaudern, hat er sich ihrer entledigt. Ein nichtiger Streit mit seinem einstigen Segelkumpel Vick gab den Ausschlag. Völlig unter Wert hat er sie an zwei junge US-Bürger abgestoßen. Die Odyssee des bereits arg gebeutelten Bootes sollte daraufhin mit den Amerikanern weitergehen.

Brel ersetzt die *Askoy* durch eine Twin Bonanza aus dem Jahre 1956, die bei Kennern als Rolls-Royce unter den Privatflugzeugen gilt. Immerhin bereits seine insgesamt vierte Maschine. Andernorts donnert die Concorde um den Globus, erprobt man Überschallflüge, hier hingegen kommt ein echtes Vintage-Modell zum Einsatz. Auf Tahiti hat er es aufgespürt, als nächsten Schritt seine Fluglaubnis erneuert, bei den örtlichen Piloten Erkundigungen eingeholt und, nach Rücksprache mit den Behörden, gleich sein nächstes Projekt verwirklicht: »seiner« Insel als Chauffeur und Transporteur inoffiziell zu Diensten zu sein. Über einen geeigneten Namen muss er sich nicht lange den Kopf zerbrechen: *Jojo* heißt sein neues Luftfahrzeug, als Hommage an den Unvergessenen, der ihn allein auf der Welt zurückließ, noch bevor Jacques sich auf Hiva Oa einen Mikrokosmos zu eigen machen sollte, der seinen kindlichen Vorstellungen von einem imaginären »Far West« im Grunde genommen sehr nahekommt. Mit *Jojo* in der Wildnis: Aus Utopie wird Realität. Nie ist der Luftikus Brel bei der Konkretisierung seiner einstigen Träume weiter gekommen als hier auf den Marquesas und an Bord seiner zuverlässigen, gelb-rot gestreiften Himmelsschaukel.

Über sechs Stunden Flugautonomie verfügt sie, bietet acht Personen Platz und schafft dreihundert Stundenkilometer. Brel, der das Cockpit mit einem Ventilator ausrüstet, um der ärgsten Hitze Herr zu werden, und der während seiner Flüge auf sporadischen Funkkontakt mit den Towern und Stationen von Air Tahiti angewiesen ist, steht nun täglich im Morgengrauen auf, um die tückische Route nach Faa'a bei Helligkeit zu bewältigen, denn für Hin- und Rückflug braucht er gute vierzehn Stunden. Und er lernt von

Beginn an auch Maddly an, damit sie im Notfall den Steuerknüppel übernehmen und ihn ablösen kann. Die Flüge sind extrem anstrengend – fast jede der benachbarten Inseln liegt mehrere Stunden entfernt –, erfordern Zwischenlandungen auf ähnlich heiklen Pisten, und es ist, zumal wenn der Monsun der *Jojo* zusetzt und wenn bei Dauerregen stürmische Böen und unvorhersehbare Turbulenzen die Tragflächen ins Wanken bringen, höchste Konzentration vonnöten. Ein Knochenjob. Brel nimmt ihn dennoch gern auf sich, um das Dasein auf Hiva Oa etwas bequemer und verlässlicher zu gestalten. Denn seit seine *Jojo* das Transportmittel der Insel schlechthin geworden ist, ist Papeete nicht nur theoretisch wieder in Reichweite, funktioniert die regelmäßige Postzustellung wieder halbwegs. Mit Brel als fliegendem Briefträger und Paketboten wird die seit Jahren eingestellte Flugverbindung nach Ua Pou wiederaufgenommen, weil er sich bereit erklärt hat, dafür zuständig zu sein. Nunmehr gelangen Verletzte und Schwangere binnen weniger Stunden in größere Spitäler, haben Einheimische, die Notsituationen zum Opfer fallen und früher einfach »aufgegeben« wurden, somit auch deutlich höhere Überlebenschancen.

Mit seinen kräftezehrenden Flugdiensten, für die er ein hohes Risiko eingeht, mit seiner »Air Brel«, die eine Stange Geld kostet, für das ausschließlich er selbst aufkommt, wird er im Laufe der Monate so etwas wie der gute Geist von Atuona. Sein früherer, sympathischer Altruismus kommt wieder zum Vorschein. Pflicht und Vergnügen zugleich: Wenn nämlich einer der Kongregations-Schwestern oder einer Bande von Inseljungen nach einer Lufttaufe oder einer Spritztour über den Wolken zumute ist, spendiert er ihnen, je nach Lust und Laune, schon mal den Trip. Nur die wenigsten aber machen sich klar, mit welch enormen Gefahren jeder auch noch so kurze Flug von hier aus verbunden ist: die umständliche Anfahrt zum Flugplatz, ein kniffliger Start und eine problematische Landung, dazu die unwägbaren meteorologischen Bedingungen, die lästigen Zwischenstopps irgendwo im Dschungel ohne ein

Rettungsteam oder eine Technikcrew in Funknähe. Jedes Mal sind dies echte Bewährungsproben.

Binnen weniger Monate hat Brel, auf ganz unprätentiöse Weise, dem neuen Lebensmittelpunkt seinen Stempel aufgedrückt. Auf Hiva Oa ist er zu einer zentralen Figur geworden, zum »karitativen Helden«. Beliebt und populär ist er jedoch nicht aufgrund seiner einstigen Prominenz, sondern weil er sich tagaus, tagein großherzig und selbstlos verhält, sich den Kummer, die Anliegen und die Sorgen seiner Mitbürger zu eigen macht. Für seinen neuen Freund Marc Bastard, dem die junge Frau davongelaufen ist, schreibt er das einfühlsame Chanson *Voir un ami pleurer*. Für Marcs Sohn Paulo empfindet er Mitleid und väterliche Zuneigung – stets sind es die Kinder der anderen, die Emotionen bei ihm wecken. Und für eine gewisse Marie-Henriette, ein erblindetes älteres Fräulein, das zur Gemeinde gehört und dem zu Ohren gekommen ist, dass der von ihr hochverehrte Jacques Brel ebenfalls in Atuona weilt, gibt er eines Tages, um sie zu überraschen, sogar ein privates Solo-Récital und erfüllt ihr damit ihren größten Wunsch. Anderthalb Stunden lang singt er der Blinden, die seine Stimme und seine Lieder bisher nur von alten Aufnahmen kannte, bei einem intimen Tête-à-Tête seine größten Erfolge vor und begleitet sich dabei auf der Gitarre. Marie-Henriette befindet sich im siebten Himmel, wird dieses Privileg, eine Sternstunde ihres Lebens, nie vergessen. Nahezu jeden Tag gelingt es Brel, einen Einheimischen oder Zugereisten mit seinen Aktionen glücklich zu machen. Echte Emotionen verteilt er wie warme Semmeln. Die Zeit des Zurückerstattens ist angebrochen für ihn.

»Maison du Jouir«, Haus der Wonnen, hatte Gauguin einst seine spartanische Unterkunft auf Hiva Oa genannt. Und zu einer Insel der Wonnen – gemeint ist damit die große Freude, die sie aktiv und kontinuierlich bei ihren Mitmenschen hervorrufen, anstatt sie lediglich passiv zu konsumieren – ist sie unterdessen auch für Maddly und ihn geworden. Beinahe sogar eine Insel der Güte.

Insellieder:
Une île, L'Ostendaise und *Les Marquises*

Eine Insel.
Siehe da: eine Insel, die zum Aufbruch bereit ist
Und die schon seit den Pforten der Kindheit
In unseren Augen schlummerte.

Der Traum eines freien, selbstbestimmten Lebens, fernab jeglicher Zivilisation und zu zweit, mit einer geliebten Frau, ist bei Brel schon sehr früh angelegt. Auch wenn er 1962 noch nicht ahnen kann, dass er ihn eines Tages verwirklichen und mit Maddly Bamy bei Hiva Oa vor Anker gehen wird, weiß es der Komponist und Textdichter in ihm bereits. *Une île* entsteht; Brel baut sich sein Luftschloss, malt sich seine Weltflucht aus. Am Strand liegend schließt er die Augen und lässt seiner Fantasie freien Lauf, spürt bereits die warme Brise. So komponiert er, der dreiunddreißigjährige Möchtegern-Robinson, eine laszive, verführerische Rumba, und sein Orchester wiegt sich aufreizend in den Hüften, nimmt die Einladung zu einem erotischen Tanz an.

Das herbeigesehnte Paradies, das kann nur eine Insel sein. Wie vom Romancier Robert Merle imaginiert; möglichst tropisch und utopisch. Eine Flötenmelodie flattert empor, verliert sich in der exotischen Vegetation. Ein Saxofon jault auf, die übrigen Blasinstrumente erzeugen ein einschläferndes, höchst angenehmes Plätschern, ein sanfter Bongo-Rhythmus fordert schließlich mit Nachdruck zur Siesta auf. Brel steigt in den Ausguck eines Bootes, das er noch gar nicht besitzt, und voller Freude erblickt er sie: »Eine

Insel, ganz weit draußen vor der Küste der Hoffnung, wo die Menschen keine Angst zu haben bräuchten. Eine Insel, ganz weit draußen vor der Küste der Liebe, auf dem Altar des Meeres errichtet.« Auf jeder Welle an ihren Gestaden treiben Sirenen, Verbote existieren nicht oder werden kurzerhand übertreten, sinnentleerte bürgerliche Lebensentwürfe zählen nicht länger, »Verrückte« können dem lyrischen Ich und »mon amour«, den beiden Liebenden also, nichts mehr anhaben. Heiß ist es, aber es herrscht eine zärtliche Hitze. Gleißend hell ist es, wie an einem Ostermorgen.

Eine Fata Morgana? Wohl kaum, denn Regenwolken streicheln ihn ja längst und beweisen ihm die Realität seiner Wahrnehmung. Was hält ihn noch? »Komm, meine Geliebte. Die Zeit zu leben ist gekommen, die Zeit zu lieben ist gekommen.« Er hält auf den Palmenwald zu, springt von Bord, geht an Land. Auf »aimer«, dem Schlusswort jeder Strophe, verweilt der Sänger deutlich länger, als es nötig wäre, verleiht dem Wort die nötige Emphase. Die Inbesitznahme der Liebe – der Landgang. Brel verzichtet auf seinen üblichen Zynismus und liefert sich dem Glück aus. Er schwelgt. Er ist dem Lockruf einer nahezu menschenfreien Region gefolgt. Eine Schatzsuche kann er sich sparen: Hier hat er den Himmel auf Erden bereits gefunden. Und er kann ihn mit jemandem teilen.

Samt, Seide, Satin, Schmachten sind die Vokabeln, mit denen er seine Inselvision ausschmückt. Ja, *Une île* ist ein »love song«. Ein Chanson d'amour, in dem Geliebte und Trauminsel gleichwertige Liebesobjekte darstellen. Das ständige Beschwören der Zweisamkeit: für Brel eine Seltenheit. Zwar muss diese Insel erst noch erschaffen werden, für all jene »Träume, die man zu zweit träumt«, doch der Sänger glaubt noch an seine letzte Chance. »Dort ist es, wo alles von Neuem anfängt. Du bist diejenige, die ich will.« »Du« heißt hier: seine Insel, seine Liebe, sein Begehren, seine Musik. Jede Strophe ist von einzigartiger vokaler Intensität, jedes »aimer« ein Glücksversprechen, jeder »île«-Liegeton als Neubeginn der Zeilen ein zunehmend realer Ort. Brels tropische und auch ein wenig lüsterne Ode steht zu keinem Zeitpunkt unter Kitschverdacht.

Mit *L'Ostendaise* von 1968, einem in gleichmäßigen Wellenbewegungen schaukelnden, von rauschhaften Harfen-Arpeggios im Walzertakt skizzierten Porträt einer Strandbewohnerin, kommt er seinem Plan, auszuwandern, den festen Grund unter seinen Füßen aufzugeben und auf dem Meer die Zwänge seines Daseins hinter sich zu lassen, schon ein großes Stück näher. Er trifft darin eine grundlegende Unterscheidung: zwischen einer »wartenden« und einer »hoffenden« Zeit, zwischen lebendigen Menschen und solchen, die sich aufs Meer begeben. Erst der Schlussrefrain dieses kurzatmigen und auch kurzzeiligen maritimen Liedes, das mit einer Portion kindlicher *Yellow Submarine*-Komik aufwartet, enthüllt, dass Brel sich zu den Letzteren zählt. Mit großer Gelassenheit hat er diese Entscheidung getroffen. Ein Ritardando besiegelt seinen Aufbruch.

Strand und Ufer von Ostende, dem belgischen Seebad, in dem sich der Liebeskummer eingenistet hat und wo sich immer neue Geschichten von »falschen« Matrosen, dickbäuchigen Kapitänen und bangen Geliebten abspielen, hat er bereits hinter sich gelassen und dem Reich der »normal Lebenden« entsagt. »Ich bin auf dem Meer.« Die musikalische Begleitung rollt von links nach rechts, von rechts nach links, brandet heran, zieht sich zurück, brandet erneut. Skurrile Bilder und absurde Reime schwappen über den Nordseestrand und werden gleich wieder fortgespült. Eine monotone, schwankende Wellenbewegung, üppig orchestriert, lullt uns ein. Brel, in einem selbst gewählten, vagen Stadium irgendwo zwischen Lebenden und Meeresbewohnern, entzieht sich unseren Blicken; er ist schon weit abgetrieben. Ein Pünktchen am Horizont. Ein Mann in der Ferne. Der Ozean ist sein neues Zuhause.

Les Marquises, das Schlusslied auf dem Vermächtnis-Album von 1977, ist das letzte Chanson von Brel, das zu seinen Lebzeiten auf Platte erschienen ist. Der Brel, der hier zu uns singt und spricht, ist ein Eingeweihter. Ein Inselkenner, der schon einige Monate auf seinem Eiland zugebracht, der die Erfahrung der freiwillig herbeigeführten Isolation gemacht und sie sogleich als Bereicherung empfunden hat. Ein Zugereister, der im Begriff ist, zum Einheimischen zu werden. Fast ein alter Hase. Jegliche Euphorie ist aus Stimmklang und musikalischer Textur gewichen, Abgeklärtheit dominiert.

Über einem behutsam gezupften, fast bedrohlichen Pizzicato-Teppich der Streicher gilt gleich der erste Halbsatz seinem alten Begleiter, der ihm schon dicht auf den Fersen ist: dem Tod. »Sie sprechen vom Tod, wie du von einer Frucht sprichst«, heißt es von den Marquesas – von den Inseln oder von ihren Einwohnern? »Sie betrachten das Meer, wie du einen Brunnen betrachtest.« Unablässig regnet es, und auf der Insel regt sich so gut wie nichts. Völlige Unbeweglichkeit regiert, die Luft steht, keine Brise schafft Abhilfe. Das Leben stagniert, Zeit oder persönliche Bedürfnisse spielen keine Rolle mehr. »Das Herz ist ein Wanderer, die Zukunft bleibt dem Zufall überlassen.« Selbst die Nacht unterwirft sich der lähmenden Stille und Ereignislosigkeit. Jemand hält eine unsichtbare Pausentaste niedergedrückt; nur der Einbruch der Nacht, die von einzelnen Lagerfeuern und vom Mondschein schwach erhellt wird, kann noch als Ereignis gewertet werden. Ansonsten vollzieht sich ein immer gleicher Kreislauf; jegliche Individualität ist ausgelöscht, jegliches Erleben unmöglich. »Die Pirogen machen sich davon, die Pirogen nahen wieder.«

Brel weiß sich am Ziel seiner Wünsche, auch wenn er das imaginierte Tropenparadies seiner frühen Jahre am Ende nicht gefunden hat. Weil ein solch perfekter Archipel der Glückseligkeit womöglich gar nicht existiert – und weil er die innere, verborgene Schönheit von Hiva Oa, so gastfreundlich und apathisch, so ungemein liebenswert und so unerträglich einsam, wie sich ihm dieses Fleckchen Erde gleich vom ersten Tag an dargeboten hat, erst Schritt für Schritt erobern musste. Geholfen hat ihm dabei

Maddly, die einzige seiner Gefährtinnen, die sich als robust genug erwies für diese elementare, existenzielle und auch intellektuell entbehrungsreiche Daseinsform. Auf diese Weise durfte ihre Liebe weiterwachsen und konnte sich, um eine recht gefühlige Metapher Brels aufzugreifen, in den regenbeschwerten Nachthimmel hinaufranken. Sie haben sich abgefunden mit den unwirtlichen Gegebenheiten; sie haben sich eingerichtet in ihrer Nische; kleine, unbedeutende Störungen können ihnen nichts anhaben. Und Brels frühere Bühnenkarriere spielt nicht mehr die geringste Rolle. »Meine Erinnerungen werden zu dem, was alte Leute aus ihnen machen.« *Les Marquises* ist somit kein Gesang der Desillusion, sondern das Resümee eines Weisen. Ein Appell, sich zu bescheiden und sich nicht länger zu beschweren. »Muss ich dir wirklich sagen, dass es auf den Marquises unangebracht ist, herumzujammern?« Mit dieser rhetorischen Frage, im Grunde einer Ermahnung, auf die es nur eine mögliche Antwort gibt, endet Brels spätes Insellied, gleitet die Abtastnadel in die Auslaufrille.

Marquises – der Name seines neuen und ultimativen Wohnortes war das letzte gesungene Wort, das Brel jemals in einem Aufnahmestudio verewigen ließ, die letzte, versöhnliche Botschaft an seine Hörer und Fans. Nicht jammern – und zugleich nie nachlassen auf der Suche nach einem besseren, lebenswerteren Zustand. Sei er nun irdisch oder nicht. »Eine Insel, das ist wie ein Fötus im Meer, eine Form von wilder Ruhe«, so fasste es der vielseitige belgische Künstler Julos Beaucarne, seines Zeichens Brel-Exeget, einmal in Worte. »Die Insel sollte natürlich nicht zu groß sein, damit man im Laufe eines Tages zu Fuß von einer Seite zur anderen gehen kann, um den Sonnenaufgang an einem Ufer und den Sonnenuntergang am anderen zu sehen.« Irgendwo zwischen diesen beiden Ufern befindet sich Jacques Brel wohl noch heute auf ewiger Wanderschaft.

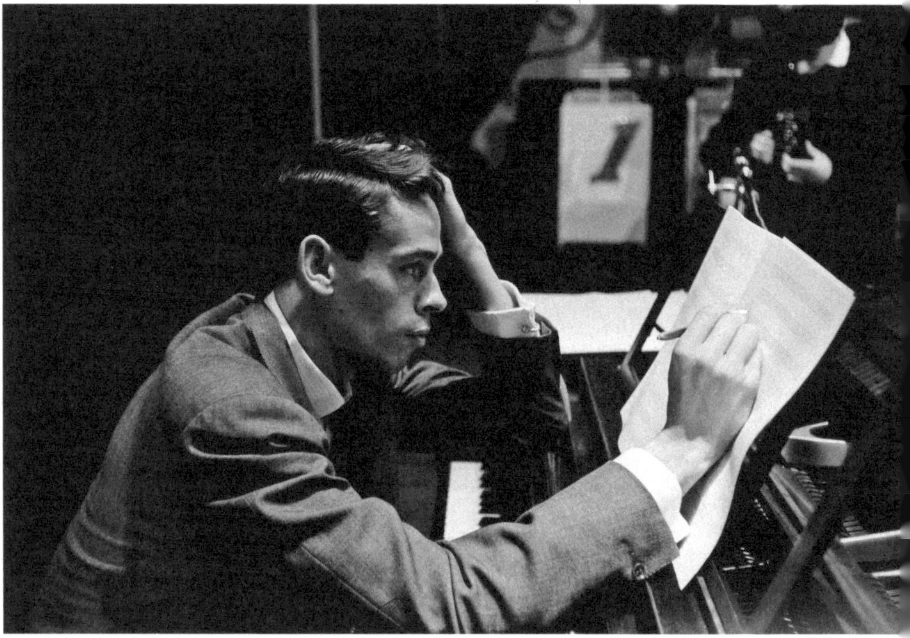

Über den Wolken

1977

> Was mir in der Luft und auf dem Wasser das Gefühl verleiht zu leben, ist die Gefahr. Wenn keine Angst mehr zu vergeben ist, stirbt man.

Einmal will Brel es noch wissen. Er kündigt seinen Besuch in Paris an und fordert Produzent Barclay auf, dafür zu sorgen, dass ihm ein Aufnahmestudio zur Verfügung steht. Eine Handvoll Kassetten hat zuvor die weite Reise von Hiva Oa in die alte Heimat, zu Rauber und Jouannest, angetreten: Entwürfe für neue Chansons, mit Gitarre, Elektro-Orgel und Rhythmusmaschine im kleinen Wohnzimmer von Atuona aufgenommen. Aus dem produktiven Brainstorming – die noch provisorischen Melodien sind, dem ersten Höreindruck zufolge, weniger einfallsreich als früher, die Texte hingegen lassen aufhorchen; die Stimme, inzwischen von der Bariton- in die Basslage abgesunken, ist brüchig – müssen jetzt richtige Lieder werden. Seine treuen Arrangeure lassen alles stehen und liegen. Sie machen sich an die Arbeit, komponieren da weiter, wo nur grobe Skizzen vorliegen, erstellen schöne, stimmige Orchestrierungen und sind, gemeinsam mit dem virtuosen Akkordeonisten Azzola und dem bewährten Aufnahmeleiter Gerhard Lehner, im Studio Hoche zu allen Schandtaten bereit, als Brel und Maddly im Frühherbst 1977 an der Seine eintreffen.

Ihren Pariser Aufenthaltsort halten die Neu-Polynesier, in Frankreich nun ganz in Schwarz gekleidet und eine Goldene Schallplatte aus Kalifornien im Gepäck, geheim. Nur wenige Auserwählte bekommen sie zu Gesicht. Bloß nicht viel Aufhebens machen, bloß keine Presse. Lino Ventura ist natürlich eingeweiht. Gemeinsam mit Brassens sind sie bei ihm zum rituellen Spaghetti-Essen eingeladen und plaudern während der fröhlichen Mahlzeit dermaßen intensiv über die Themen Tod und Sterben, dass es dem Gastgeber, der nichts von bösen Vorzeichen hören möchte, unheimlich zumute wird. Auch ein Treffen mit Barbara kommt zustande. Und bei Gréco und Jouannest daheim finden dann die Proben statt. Die Gréco bekommt bei dieser Gelegenheit von Brel, bevor er es selbst einspielt, sein neues Chanson *Voir un ami pleurer* verehrt – sie soll noch vor ihm damit vor ein Publikum treten, das Lied als Erste aufnehmen und es lancieren.

Was genau Brel bei den Aufnahmen im Schilde führt, weiß keiner so richtig. Soll es vielleicht ein Doppelalbum werden? Genug Material dafür wäre vorhanden. Plant er etwa ein neues Musical? Ein ominöser Hinweis auf der fertigen Plattenhülle liefert später ein Indiz dafür: *Vilebrequin* ist dort zu lesen, zu Deutsch »Kurbelwelle«. Doch dann wird der Titel nie wieder erwähnt. Ein Gag, eine Finte? Barclay raunt sogar, eine LP mit Duetten sei in Vorbereitung, mit Barbra Streisand als Brels Vokalpartnerin, um seinen Ruhm in den Vereinigten Staaten zu mehren. Meint er das im Ernst? Auf alle Fälle hat es Brel, dessen »tropischer« Tagesrhythmus mittlerweile mit dem großstädtischen Schlendrian kollidiert, ziemlich eilig. Schon morgens um acht, für Partylöwen wie Barclay und Marouani zu nachtschlafender Zeit, beginnen die Aufnahmesessions. Wie immer »en direct«, also simultan, ohne zu tricksen, und nicht weniger als zwei Titel pro Tag. Fast jedes Mal »stimmt« gleich der erste oder zweite Take, und im Handumdrehen sind zwölf Chansons eingespielt. Dabei bleibt es. Fünf weitere, nicht weniger überzeugende, müssen einstweilen dran glauben. Aus ihnen könnte im

Folgejahr die erste Seite eines weiteren Albums werden. Und zwei reichlich dubiose Texte in Form von Hörstücken spielt der Frühaufsteher auch noch ein; auf die Platte gelangen sie ebenfalls nicht. Sicher ist lediglich, dass hier so etwas wie ein musikalisches Testament entsteht. Brels Schwanengesang. *Famous last words.* Alle in seinem Umfeld sind gespannt – und auch ein wenig eingeschüchtert, verunsichert und traurig.

Selbstverständlich sind seine Musiker perfekt vorbereitet und geben sich neugierig. Zugleich herrscht aber auch eine gewisse Beklommenheit, als Brel, der seit fünf Jahren nichts mehr aufgenommen hat, mit Tschechow-Bärtchen und schwarzem Schlapphut verkleidet, vor sie tritt. Er wirkt wie maskiert. Ein Russe, Tahitianer, Hippie, Gaucho. Viele Kostüme. Wenig Jacques. Und ganz gewiss nicht der Brel von einst. Anfangs gilt es, eine bedrückte Atmosphäre zu überwinden, weil das Wissen um seine fatale Krankheit, die niemand explizit erwähnen mag, wie ein Fremdkörper im Raum steht. Erst als Brel selbst das Eis bricht, übermütig zwischen den Instrumenten herumkriecht, unter dem Flügel fieberhaft nach einem verlorenen Gegenstand zu suchen scheint und dem heiklen Thema mit den Worten »Hat jemand hier irgendwo eine halbe Lunge gesehen?« schließlich selbst den Ernst nimmt, brechen alle in Gelächter aus, und alles ist wieder wie früher. Die Komplizenschaft, das Vertrauen, das musikalische Einverständnis, das Zusammenwirken großer Talente, die Verlässlichkeit. Eine eingeschworene Gemeinschaft. Eine Insel der Seligen. Die Tage vergehen wie im Flug, die Arrangements »passen«; Brels Stimme ist gottlob weit weniger angeschlagen als befürchtet, fast so kraftvoll und energiegeladen wie eh und je. Auch beim Abmischen ist man sich einig. Am Ende dankt Brel seinen Ausnahme-Instrumentalisten, die dem Wiederauferstandenen Ovationen spenden. Es wird gelacht, Erinnerungsfotos werden gemacht, es fließen auch einige Tränen. Beglückung. Es hat noch einmal gefunkt.

Unter den zwölf stilistisch sehr ungleichen, auch unterschiedlich wertvollen Nummern sind eine Handvoll Meisterwerke. Brel präsentiert einige Burlesken, Lieder über Trennung (*Orly*), Altern (*Vieillir*), Tod und Freundschaft (*Voir un ami pleurer*). Ein Tango und eine Salsa, eine erneute flammende Attacke gegen die flämischen Nationalisten (*Les F …*) sowie eine Hommage an den 1914 ermordeten Sozialistenführer Jean Jaurès als ungewöhnlich politische Ouvertüre (*Jaurès*). Eine tiefe Verbeugung vor *Jojo*, dem Unersetzlichen, in Form einer Liebeserklärung, die selbst Eingeweihten an die Nieren geht. Ein sinnlich-suggestives Porträt seiner Wahlheimat (*Les Marquises*) und dann noch ein sehr entbehrlicher, weil alberner Titel (*Le Lion*), den Brel womöglich besser durch eines der zur Auswahl stehenden, aber nicht verwendeten Chansons, durch das parabelhafte *La Cathédrale* etwa oder das berührende *Avec élégance,* ersetzt hätte.

Das aufklappbare Cover präsentiert neben dem schlichten weißen Namenszug »Brel« (ja, diesmal nur den Nachnamen) einen schier endlosen Himmel aus Gewitterwolken im Panoramaformat. Handelt es sich dabei um die Tropenwolken, die Brel täglich auf seinen Flügen nach Papeete und nach Ua Pou erblickt? Oder spricht Jácbrel hier schon als Nachfolger Popauls, also als Erbe Gauguins, mit ergrautem Bart, aus dem Jenseits zu uns? Aus der Perspektive eines Engels? Auf einer Schwarz-Weiß-Fotovignette im Inneren der Plattenhülle, einem ovalen Medaillon wie aus alten Zeiten, bleibt er uns die Antwort schuldig. Geheimnisvoll legt er dort, in ein weißes Hemd gehüllt, das Gesicht von Falten zerfurcht, den Zeigefinger an die Lippen, mahnt Stille an, blickt nachdenklich nach unten und verrät nichts. Er ist möglicherweise noch hier, mitten unter uns, doch schon verstummt, oder, obschon ein letztes Mal seine Chansons offerierend, bereits im Wolkenmeer entschwebt, kein sesshafter Erdenbürger mehr. Das Rätsel bleibt offen. Alles, was man tun kann, ist: diese neue Platte kaufen, auflegen, bewundern, auswendig lernen und ein ums andere Mal hören.

Endlich wieder Brel hören, Brels Texte vernehmen, Brel lieben –

das wollen am 17. November 1977, dem Erscheinungsdatum der LP, in der Tat Tausende, ja Hunderttausende Fans und Melomanen, die nun schon fast ein Jahrzehnt sehnsüchtig auf Neuigkeiten aus berufenem Munde gewartet haben, auf der Stelle. Ohne sich mit seinem Schweigen zufriedenzugeben, ohne sich eines dieser mit Bedeutung aufgeladenen letzten Worte ihres Idols entgehen zu lassen, ohne auch nur einen einzigen Tag länger zu warten. Brel, als habe er geahnt, welch außergewöhnlicher Ansturm auf sein jüngstes Opus zu erwarten sei, hat ganz bewusst auf jegliche Werbung, Ankündigung oder Pressekampagne verzichtet und seine Plattenfirma angewiesen, absolut nichts Verkaufsförderndes zu unternehmen, wirklich keine akustischen Appetithappen zu verteilen und auch im Radio keine Köder einzusetzen – sehr zum Leidwesen von Freund Eddie Barclay, der, in seiner Eigenschaft als erfahrener, instinktsicherer Produzent, selbstverständlich am liebsten eine Riesenkampagne gestartet hätte, sich aber vorerst an die strikte Weisung seines Stars hält. Keine Plakate, keine Flyer, keine eingeweihten Reporter, keine Single-Auskoppelungen. Nichts. Doch offenkundig handelt Barclay dennoch nicht hundertprozentig im Sinne des Interpreten: In allen Plattengeschäften des Landes stehen nämlich schon Tage vor der Veröffentlichung Hunderte von großen Boxen mit vorbestellten Brel-Alben bereit, die mit Sicherheitsschlössern versehen sind – was die ohnehin schon immensen Vorbestellungszahlen noch weiter in die Höhe schnellen lässt und die Gerüchteküche, in der sich inzwischen alles um Stil und Qualität der neuen Chansons dreht, ordentlich anheizt. Die Auslieferung des azurblauen *BREL* wird vorbereitet und inszeniert, als handle es sich um einen von langer Hand geplanten Staatsstreich. Unter Journalisten machen die wildesten Spekulationen die Runde. Die Feuilletons beteiligen sich am Rätselraten. Wer knackt den Code, der einem Sechser im Lotto gleicht, wohl als Erster? Überall sind Fahrradboten engagiert worden, um weitere Exemplare innerhalb von Minuten nach dem Verkaufsstart in die Studios der Sendeanstalten und in die Redaktionen der Zeitschriften zu befördern. Die vermeintliche Zurückhaltung bei der Vergabe auch nur irgendwelcher Vorabinformationen über das neue Album entpuppt sich unversehens als Goldgrube. Brels Weigerung, sein musikalisches Wolkenkuckucksheim angemessen zu promoten, hat auf diese Weise die genau umgekehrte Wirkung gezeitigt; der Schuss geht nach hinten los.

Als am 17. November um genau 12 Uhr 51 das Startzeichen für die Freigabe erfolgt, indem die Zahlenkombination für die Öffnung der Schlösser bekannt gegeben wird, verwandelt sich der vormalige Entschluss zur Bescheidenheit in einen medialen Run ohnegleichen, in eine diskografische Sensation: Binnen weniger Stunden sind alle Vorbestellungen an den Mann und an die Frau gebracht, sämtliche Kartons und Container geleert, die Regale und Schaufenster geplündert worden, und es ist so ziemlich jedes der zwölf neuen Lieder bereits dutzendfach auf allen Sendern über den Äther gegangen. Am Abend schon ist Brels Wolkenalbum restlos ausverkauft, sage und schreibe eine Million Exemplare sind über den Ladentisch gegangen, und Barclay, dessen Werbeetat diesmal gleich null ist, kommt mit den Nachpressungen – auch hier gehen die Bestellungen sofort in die Hunderttausende – nicht mehr nach. Ein beispielloser Vorfall für die frankofone und europäische Musikindustrie.

Ob eklatantes strategisches Missverständnis zwischen Eddie und Jacques, ob gezieltes Kalkül des gewieften Plattenbosses oder Naivität des Interpreten, dem die branchenüblichen Gepflogenheiten doch eigentlich ebenso klar sein mussten wie die extreme Erwartungshaltung, die er mit seinem selbst gewählten Jahrzehnt verstörenden Schweigens hervorgerufen hatte: Der Boom und der Hype um das »blaue Album« markieren den Anfang vom Ende. Brel, der sich auf der Rückreise nach Hiva Oa rund um den Globus viel Zeit lässt und sich mehrere Zwischenstopps in Asien gönnt, erfährt erst aus der Ferne von dem wahrhaft gigantischen Verkaufserfolg seiner ultimativen Chansonsammlung. Anstatt sich zu freuen, ist er erzürnt und bald auch verbittert. Dass niemand Geringerer als der Charismatiker François Mitterrand, damals noch nicht französischer Präsident, aber einflussreicher Parteivorsitzender der Sozialisten, im Fernsehen sein Album vorstellt, dabei mit Komplimenten nicht geizt und die Chansons des Belgiers mit gewohnter Eloquenz live vor einem Millionenpublikum analysiert, macht die ganze Angelegenheit für den Sänger selbst weder angenehmer noch befriedigender. Der enorme Triumph wächst sich für ihn zum Trauma aus. Der Bruch mit Barclay scheint besiegelt; dem vorgeblich wortbrüchigen Produzenten dreht Brel aus der »richtigen Taktik« einen Strick. Die Wolkenplatte gerät für den Künstler somit zum Symbol eines Verrats, steht für die »Schlechtigkeit« und Korrumpierbarkeit der Medien. Brel ist fertig mit der Musikszene, dem Kommerz, der Geldgier, dem Ruhm, den Paparazzi. Hatte er tatsächlich angenommen, eine weitere Brel-Scheibe würde nur wenige Käufer mobilisieren? Wusste er wirklich nicht, dass seine aus freien Stücken betriebene Südsee-Mythisierung aus ihm mittlerweile einen Ausnahmesänger gemacht hatte, jemanden, dem man messianische Züge zuschrieb? War er der Welt schon so weit entrückt?

Eine mögliche Antwort darauf gibt er, wohl ohne es zu beabsichtigen, indirekt selbst: In *Le Bon Dieu*, dem vielleicht heitersten und auch gelassensten Chanson seiner Abschieds-LP, liefert er, in Form eines nostalgischen Walzers, eine poetische, überraschend schlichte Beschreibung von einem Glücklichen und Großzügigen, der längst jeglicher Erdhaftung entsagt und einen Aufenthaltsort jenseits der Wolken gewählt hat. Von einer im Wortsinne überirdischen, unangreifbaren und zugleich ganz durchschnittlichen Kreatur. Das Lied enthält die bestürzend schönen Zeilen: »Du / Wenn du der liebe Gott wärst / Würdest du mit blauem Himmel / Nicht sparsam umgehen. / Aber du bist ja auch gar nicht der liebe Gott. / Du, du bist etwas viel Besseres. / Du bist ein Mann. / Du bist ein Mann. / Du bist ein Mensch.«

Todsicher ein Hit: *J'arrive, Le Moribond* und *Seasons in the Sun*

Die Auseinandersetzung mit dem Tod in seiner Unausweichlichkeit und die Beschäftigung mit dem Sterben, Chiffre für das in jedem Menschen früh angelegte ewige Scheitern, sind bei Brel allgegenwärtig: als Motiv und Chanson-Sujet. Auf seinem letzten Album etwa kreisen immerhin acht von zwölf Liedern um »la mort«. Eine Obsession. Und überschaut man gar sein Gesamtwerk, dann findet man Hunderte von mehr oder weniger expliziten Anspielungen. *La Mort*, das ist der Titel von gleich zwei verschiedenen Chansons, aber es gibt auch noch, um nur ein halbes Dutzend weiterer Nummern zu nennen, *L'Amour est mort* (»Die Liebe ist tot«), *Mourir pour mourir* (»Sterben, um zu sterben«), *Le dernier repas* (»Das letzte Mahl« oder »Die Henkersmahlzeit«), den *Tango funèbre*, und im *L'Éclusier* (»Der Schleusenwärter«) dreht sich zum Schluss alles um Ertrunkene und sich Ertränkende. Da ist, nicht zu vergessen, die mahnende Erinnerung an den toten *Fernand*, wo, im Staccato-Gesang vorgetragen, das »Schlafen auf dem Friedhof« zum Freundschaftsdienst des Hinterbliebenen für den Verflossenen gerät. Da begegnet man dem famosen *Jojo*, dem bewegenden Abschiedsgesang für den geliebten Weggefährten und unersetzlichen Kumpel. Und da ist das fast schon todesbejahende, euphorische *J'arrive* (»Ich komm ja schon«) mit seinem pathetischen Abzählen von Chrysanthemen – Friedhofsblumen, die das Wegsterben und Verschwinden enger Freunde symbolisieren, während die übrig gebliebenen Männer und Frauen weinen und sich von Tag zu Tag noch etwas einsamer fühlen.

Tabula rasa auf Erden. So lange, bis der Sänger selbst an der Reihe ist: »Nicht du etwa bist es, der zu früh dran ist«, ruft er dem Knochenmann entgegen, als handle es sich um eine coole, unverbindliche Begrüßung unter altvertrauten Kameraden, »ich bin es, der sich verspätet hat. Ich komm ja schon, ich bin ja gleich da. Habe ich eigentlich jemals etwas anderes getan, als (zu dir) zu kommen?« Er teilt sein Einverständnis mit, ohne Bitterkeit. Nur leises Bedauern wagt er noch zu bekunden, bevor der Tod ihn dahinrafft: »Wie gern hätte ich wenigstens noch ein einziges Mal meine müden Knochen bis zur Sonne, bis zum Sommer, bis morgen, bis zum Frühling geschleppt.« Wie gern noch einmal den Fluss und den Hafen gesehen. Wie gern noch einmal das Herz zu Asche verbrennen wollen. Doch dafür ist es nun zu spät; Aufschub wird nicht gewährt. »Aber warum ich?«, ruft Brels Alter Ego. »Und warum schon jetzt?« Darauf erhält es, erhält er keine Antwort. Zur Sprache kommt diese latente Todesbegeisterung und angedeutete Todessehnsucht ausgerechnet in Brels vielleicht optimistischstem, musikalisch fröhlichstem Chanson überhaupt. Auftrumpfend wirkt es und siegessicher. Sterben ist demnach kein Drama. Der »Schiedsrichter« hat die Partie für »beendet erklärt«, und damit basta.

Sterben ist, so formuliert es Brel in *Vieillir* (»Altern«), auf jeden Fall dem Dahinsiechen, der Qual und dem Verfallen vorzuziehen. »Sterben, das ist gar nichts, das ist eigentlich eine ganz hübsche Angelegenheit – aber altern ... Oh, nur nicht altern.« Überhaupt sind letztlich alle Lebensabschnitte, wie Brel in *L'Âge idiot* (»Das idiotische Alter«) frech postuliert, lächerlich, absurd und einfach nur blöd, ganz egal, ob man nun zwanzig, dreißig oder sechzig Jahre alt ist. Alle bis auf einen, den erstrebenswerten: »Das goldene Alter tritt ein, wenn man stirbt«, heißt es dort ausdrücklich. »Wenn man im Bauch der Erde wieder zu einem kleinen Kind wird. Das goldene Alter ist erreicht, wenn man nur noch schläft, in seiner allerletzten Kaserne.« Morbide ist daran nichts.

Das Einzige, was sich Brel zufolge nie ganz unterdrücken lassen wird, ist die Einsamkeit. Die Furcht. »Im Parfum der Blumen, dessen Geruch langsam nachlässt«, oder wenn er eine Tanzende betrachtet, deren Umrisse er nur noch erraten kann, bis sie sich spukhaft ganz allmählich in der Dunkelheit verliert, »weiß ich,« so Brel in *Le dernier repas*, »dass ich dann ein allerletztes Mal Angst haben werde«. Angst zu haben ist die letzte Gewissheit. Eine Ur-Angst, von der einen auch die Todesbereitschaft nicht befreien kann.

Sollte man irgendwelche Skrupel hegen, bevor man abtritt? Reue zeigen, bevor man krepiert? Bevor man »den Zug in Richtung ›Lieber Gott‹« besteigt? Nicht doch. Feiern und sich zu einem letzten Festmahl mit seinen Lieben zusammensetzen, so gehört es sich. Schwelgen, völlern, sich besaufen. Über die Stränge schlagen ist angesagt, einmal noch das pralle Leben spüren, aufbegehren. Dem Exitus die Stirn bieten. Frauen sollen bei diesem großen Fest ruhig mit dabei sein, Haustiere sogar, Geschwister allemal, und auch ein Quäntchen Übermut: »Nach meiner letzten Mahlzeit will ich noch einmal eine Handvoll Steine gen Himmel schleudern und ein letztes Mal ›Gott ist tot!‹ schreien.«

Und wie steht es mit den Überlebenden? Auch darüber hat sich Brel bereits sehr früh seine Gedanken gemacht. Sie sollen sich, ihm zu Gedenken, ebenfalls zusammenfinden und, anstatt zu trauern, während eines großen Gelages unbekümmert weiterzechen: »Ich will, dass gelacht wird, will, dass getanzt wird, will, dass sich alle wie verrückt amüsieren, in dem Moment, wo man mich in die Grube legt.« Ausgelassen sein und sich volllaufen lassen, das wäre für ihn die schönste, die passendste Hommage. Sein hedonistisches Vermächtnis. Mit nur zweiunddreißig Jahren nimmt Brel sein Chanson *Le Moribond* auf, in dem sich dieser gerade zitierte Refrain gleich viermal wiederfindet. Darüber hinaus spricht »der Todgeweihte, der im Sterben Liegende« ein letztes Mal mahnend zu vier ihm nahestehenden Menschen, muntert sie auf, rechnet aber auch, mit leicht boshaftem Unterton, mit ihnen ab.

Im Gewand einer heiteren Moritat aus längst vergangenen Tagen, untermalt von Trommeln und Pfeifen, sagt der Sterbende hier erst seinem Freund Émile, danach dem Pfarrer, dann dem Nebenbuhler Antoine, mit dem ihn seine Frau betrog, und schließlich seiner treulosen Partnerin Adieu. Von den ersten dreien erhofft er sich, dass sie sich um die zurückgelassene Gefährtin kümmern werden, appelliert an ihr Verantwortungsgefühl und lässt sie wissen: »Ich werde sterben, und es ist schon hart, mitten im Frühling zu sterben, weißt du. Aber ich wandere guten Gewissens, mit befriedeter Seele, ins Reich der Blumen hinüber.« Der Todgeweihte hat folglich mit allem im Leben abgeschlossen und mit allen seinen Frieden gemacht: mit den zweien, die er gernhatte (dem verlässlichen Émile und dem Pfarrer, dem Beichtvater seiner Frau), mit demjenigen, den er nicht schätzte und dem er dennoch verzeiht (Antoine), und, voller Sarkasmus, natürlich auch mit seiner Frau – die er zwar lieb hatte, aber bei der er stets beide Augen zudrücken musste, um sie auch weiterhin lieben zu können. Brel – schlaksig, drahtig, dynamisch, gut gelaunt – sieht in einem Fernsehmitschnitt von 1961, in dem diese putzmuntere Ballade über die Agonie festgehalten wurde, freilich aus wie das blühende Leben. Bevor er seine Moritat abspult, öffnet er dabei für die Zuschauer zwei stilisierte hölzerne Fensterläden – seine Bühne –, als wäre er ein Bursche vom Land, der fensterln geht. Beinahe wie ein Doppelgänger von Yves Montand schaut er aus, mit derselben Haartolle und demselben gewinnenden, entwaffnenden Lächeln.

Dreizehn Jahre später erobert der kanadische Sänger Terry Jacks die Charts der westlichen Welt mit einem Titel, der trotz gesteigerter Sentimentalität und Todeswehmut das Zeug zu einem unvergesslichen Sommerhit hat: *Seasons in the Sun*. Brel auf Englisch: Hier funktioniert es. Jacks verwendet die genuine, so hervorragende wie auch eigenständige Neu-Übertragung des kalifornischen Songwriters Rod McKuen, der nicht nur *Le Moribond*, sondern auch andere Brel-Titel ins Amerikanische übersetzt und selbst eingespielt hat – McKuens Fassung der *Seasons* ist im Übrigen deutlich düsterer, langsamer, rauer und insistierender. Doch Jacks' helle, einschmeichelnde Stimme und das markante Arrangement – kurzes Gitarren-Intro, repetierte Orgeltöne, abwechslungsreich eingesetzte Drums, in Sekundschritten nach oben geschobene Refrain-Wiederholungen, Chöre »aus dem Jenseits« – treffen 1973/74 offenbar einen Nerv. Brels *Moribond*-Vorlage ist, abgesehen von der Melodieführung, in der Neufassung kaum noch wiederzuerkennen, so stark weichen Pop-Arrangement und »artige«, treuherzige Tonlage vom einstigen, leicht spöttischen Appell des Todgeweihten ab.

McKuen und Jacks erlauben sich große Eingriffe und gehen sehr frei und selbstbewusst mit Brels Originaltext um. Aus ihm wurde jegliche Ironie getilgt: In den nunmehr drei statt vier Strophen fallen Pfarrer und Rivale als Gegenüber weg, auch von Ehebruch oder Untreue ist nicht länger die Rede. Jacks' lyrisches Ich, hier auf der Schwelle zum Grab aufgrund eines exzessiven, leichtsinnigen Lebenswandels, bringt sich zunächst seinem besten Freund in Erinnerung, mit dem er Pferde stehlen konnte und hübsche Mädchen kennenlernte; es grüßt von fern seinen Vater, dem gegenüber er sich als schwarzes Schaf der Familie bezeichnet und den er bittet, für ihn zu beten, und es wendet sich schließlich seiner geliebten »Michelle, the little one«, zu: Sie – eine Lichtgestalt – hat ihm offenbar mehrfach aus der Patsche geholfen, war immer für ihn da, wenn es ihm schlecht ging, lehrte ihn die »Sonne« schätzen.

Kein derber Leichenschmaus unter Kerlen, wie noch bei Brel, wird hier im Refrain in Aussicht gestellt, sondern der Nostalgie gefrönt: »We had joy we had fun we had seasons in the sun.« Schöne, durchweg sonnendurchflutete Jahreszeiten werden evoziert: »It's hard to die when all the birds are singing in the sky, now that the spring is in the air.« Beklagt wird bei Jacks und McKuen die Vergänglichkeit (»but the wine and the song … have all gone«) und die Unwiederbringlichkeit alter, besserer Zeiten. Ihr Sterbender möchte im Bewusstsein seiner Lieben verankert bleiben (»think of me and I'll be there«) – bloßes Wunschdenken. Und am Ende seines Daseins bleibt die recht kitschige Erkenntnis zurück, dass die Sterne, nach denen das Liebespaar einst zu greifen meinte, sich ganz trivial als Seesterne am Strand entpuppten. Was wiederum durchaus zum Beach-Boys-Sound dieses Songs mit Ohrwurmqualitäten passt und dessen Welterfolg erklären hilft.

Nirvana und das Kingston Trio, Andy Williams und Nana Mouskouri, Karel Gott und Klaus Hoffmann (im Walzertakt!) coverten in den Folgejahrzehnten, neben vielen anderen Stars, Bands und Eintagsfliegen, die sonnig-sinnlichen *Seasons*. Inzwischen sind sie zum Evergreen geworden. Dass sie gerade 1974 ihren globalen Siegeszug antraten, ist wohl mehr als nur Ironie des Schicksals: Genau im selben Jahr begann Brels ganz persönliche Odyssee in Richtung Tod, nahm seine unheilvolle Krankheit ihren Lauf, erfolgte für ihn der Anfang vom Ende. Seine so spezielle Sichtweise des Todes als ideale Gelegenheit zum überschäumenden Freudenfest für die Freunde und als moralisierender Appell an die Überlebenden aber wird in den *Seasons* nur ganz flüchtig gestreift, wenn nicht sogar ignoriert.

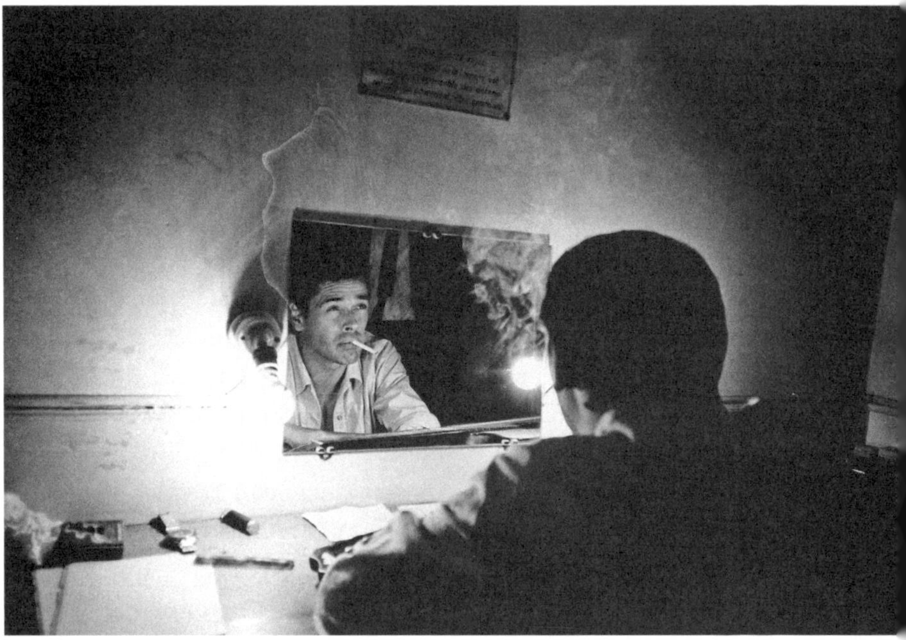

Chronik eines angekündigten Todes

1978

> Ich bin nicht vom Tod besessen.
> Es ist nicht wichtig zu leben, es ist sinnlos.
> Es nutzt niemandem, nicht einmal einem selbst.
> Tod ist Gerechtigkeit, echte Gerechtigkeit.
> Ich bin nicht niedergeschmettert, wenn ich daran denke,
> dass ich eines Tages nicht mehr da sein,
> dass ich nichts mehr sein werde.
> Aber ich möchte gern, dass alles mit einem Schlag aufhört.

Man braucht nicht eigens zwischen den Zeilen zu lesen, um die zentrale Botschaft seines letzten Dutzends Chansons auf Anhieb und in vollem Umfang zu begreifen: Aus jeder Strophe, aus jedem Akkord, aus jedem Heben und Senken von Brels Stimme spricht Todesgewissheit; mit jedem einzelnen Takt, jeder harmonischen Wendung schreitet sein Sterbeprozess unaufhaltsam voran. Mit diesem Geschenk an die Zurückbleibenden kündigt er sein baldiges Ableben in Liedform an – raffiniert, poetisch gefiltert und dennoch unverblümt. So wie eh und je. Altern und erdulden, »vieillir« und »souffrir«, kommen, so der Chansonnier, gar nicht erst infrage. »Mourir, la belle affaire« heißt es dagegen mit unverhohlener Vorfreude und Zuversicht: Sterben ist eine schöne Angelegenheit. Sterben macht Spaß. Sterben, indem man sich totlacht. Eine zynische Sichtweise? *Mais non*: Der Gedanke daran scheint ihn förmlich zu euphorisieren. Brel kann es offenbar kaum noch abwarten.

Früher einmal definierte er sein Künstlertum als eine Art Leiden an den Mitmenschen sowie an deren Unglück, Konflikten und Problemen. Damals bekannte er: »Mir tun die andern weh« oder »Ich bin an den anderen erkrankt«, so als seien seine Zeitgenossen, die Vertrauten, mit denen er sich umgab, ein besonders empfindlicher Körperteil, der geheilt, verbunden und gepflegt werden müsse. Nunmehr, da seine Lebensuhr abgelaufen ist, kann und muss er sich auf seine eigene Passionsgeschichte konzentrieren. Alles schmerzt ihn: hartnäckige Hustenanfälle bis zur völligen Erschöpfung und Entkräftung – Attacken, bei denen er Blut schmeckt, die ihn immer häufiger heimsuchen und kein Ende nehmen wollen. Sein geschwächter Körper, der ihn ans Haus fesselt und dazu zwingt, langsam auszuschreiten, sich beim mühsamen Gehen auf einen Stock zu stützen oder sich bei Maddly unterzuhaken. Die leidige Klage, die daheim in Brüssel von erzürnten flämischen Nationalisten gegen ihn angestrengt worden ist, als er in *Les F …* wieder einmal seinem Hass gegen alles Dumpfe, Engstirnige, Reaktionäre und Neofaschistische freien Lauf ließ. Der große Ärger über die verqueren, absurden Umstände, die die Veröffentlichung seines Albums begleiteten. Die schockierende Nachricht, dass Barclay zu allem Überfluss sein Label an Philips verkauft hat, wodurch Brels gesamter Liedkatalog automatisch wieder an die frühere, verhasste Plattenfirma zurückfällt. Überall in der einstigen Heimat wittert Brel Verrat, Treulosigkeit und Schlechtigkeit. Nur auf die Insulaner ist noch Verlass. Auf die unbefangenen Kinder, die vor seinem Garten spielen, auf die gar nicht so verbissenen, sondern ihm freundlich zulächelnden Nonnen, mit denen er unbekümmert scherzen kann, ohne sich in heikle religiöse Debatten zu verstricken, auf die Piloten-Kollegen von der Hauptinsel, mit denen er ab und an fachsimpelt, und auf Maddly, seine »Doudou«, die ihm den Rücken freihält und die in letzter Zeit immer öfter auch – auf seinen Zuruf hin – auf einem Block notiert, was ihm an Ideen, Geistesblitzen und Visionen durch den Kopf geht. Europa, Frankreich und Belgien können ihm gestohlen bleiben. »Hier« auf Hiva Oa, so schreibt er einem Vertrauten, »ist meine sanftmütige, liebliche Hütte, mit Doudou und mit Mozart, der leise vor sich hin murmelt. Eine gewisse Zärtlichkeit schwebt über unserem Haus.«

Weiterhin ist er bestrebt, Gutes zu tun, wann immer es ihm möglich ist: Den Großteil der üppigen Tantiemen für *BREL* lässt er einem angesehenen Institut für Krebsforschung zukommen; einer seiner letzten Flüge als Pilot der *Jojo* zwischen den Inseln des Archipels kommt einer schwangeren Einheimischen zugute, die er buchstäblich in letzter Minute ins ferne Spital transportiert. Danach versiegen seine Kräfte; an weitere selbst gelenkte Expeditionen durch den Tropenhimmel ist nicht zu denken. Die geliebte *Jojo* wird vorläufig eingemottet und rostet bald, ungenutzt und vernachlässigt, vor sich hin. Den neuen Gouverneur bestürmt ein engagierter Brel noch, gefälligst mehr für die medizinische Grundversorgung der Menschen in Atuona zu tun.

Sein 49. Geburtstag naht, und die beiden weiß gekleideten »popa'a« planen einen Umzug auf ein höher gelegenes Terrain näher am Flugplatz, wo die Hitze milder ist, stets ein laues, lungenfreundlicheres Lüftchen geht und genügend Platz auch für einen Gästebungalow vorhanden wäre. Dort, den Vulkan im Blick, wollen sie bauen. Die ersten Papiere für den Erwerb sind bereits unterzeichnet, und mit ihrem Toyota-Jeep fahren sie regelmäßig zu ihrem neuen Grundstück, um sich vor Ort die Zukunft in den schönsten Farben auszumalen. Die bewährte Devise »voir ailleurs«, nachsehen, was woanders los ist, scheidet als Option ja inzwischen aus. Also werden sie es sich hier gut gehen lassen. Freunde empfangen, weitere Filme nach Hiva Oa bringen, die westliche Musikwelt vergessen, die Medien ignorieren, ihre Zweisamkeit zelebrieren, einen Gang zurückschalten. Die Augen vor allen Störenfrieden und Eindringlingen verschließen. Lieben und leben auf Zeit.

Seine fortwährende Müdigkeit erschrickt ihn und sie gleichermaßen. Oft dämmert Brel weg, die inseltypische Feuchtigkeit lässt seine Lider schwer wie Blei werden. Ausgerechnet er, der notorische Siesta-Feind, verbringt jetzt ganze Nachmittage dösend im Halbschlaf und ist danach noch viel ausgelaugter als zuvor. Die Tage ziehen wie in Trance vorüber, ohne große Abwechslung, ohne längere Phasen des Wohlbefindens. Sein Atem geht schwer und pfeifend. Minutenlang ziehen sich die Hustensalven hin, in seinem Brustkorb rasselt es tief und unaufhörlich. Die Hitze macht ihm arg zu schaffen. Freunde, Briefträger, Bürgermeister und Nonnen bekommen ihn immer seltener zu Gesicht, und niemand singt, summt oder lacht mehr im weißen Bungalow. Der Plastikpool bleibt leer; nur ein paar Takte Schubert dringen zuweilen noch nach außen.

Regelmäßigen, lästigen Gesundheitskontrollen hat Jácbrel sich schon seit Langem nicht mehr ausgesetzt, Medikamente mit langzeittherapeutischer Wirkung erst gar nicht eingenommen. Sträfliche Ignoranz, leichtfertige Gleichgültigkeit oder bewusste, gewollte Selbstzerstörung? Im Hochsommer 1978 ist der Traum von einem sorglosen Leben auf der Insel ausgeträumt; eine erneute, diesmal dramatische Verschlechterung seines Befindens macht einen sofortigen Aufbruch an Orte mit besserer medizinischer Ausrüstung unumgänglich. Maddly ist verzweifelt, gibt sich aber nach außen hin stark und entschlossen, weicht nie von seiner Seite. Für eine ausführliche Verabschiedung von den lieb gewonnenen Bürgern der Marquesas ist keine Zeit mehr – ahnt man da auf beiden Seiten bereits, dass es kein Wiedersehen geben wird, dass Brels Exil in Atuona ein jähes Ende gefunden hat?

Auf Tahiti, seiner ersten Station, lässt Brel die wichtigen, so lange vor sich hergeschobenen Untersuchungen über sich ergehen. Der Befund ist katastrophal – die gesamte Lunge ist mittlerweile in Mitleidenschaft gezogen worden, es wimmelt nur so von Metastasen. Der Zufall will es, dass ein renommierter Pariser Professor, seines Zeichens Krebsforscher, in Papeete eine Reihe von Vorträgen hält und sich, obschon in Terminnot, ohne Umschweife des prominenten Falles annimmt. Dieser Professor Israël erkennt anhand eines kurzen Atemtests sofort, dass Funktionsstörungen wie Symptome bei diesem Patienten eindeutig sind. Die Situation ist dramatisch – aber nicht völlig hoffnungslos. Widerwillig folgt Brel seiner Anordnung und lässt sich auf die Weiterreise nach Paris ein, wo er unverzüglich operiert werden soll.

Die Zustände am Flughafen von Faa'a bestätigen allerdings seine schlimmsten Befürchtungen: Die Paparazzi sind bereits an Ort und Stelle. Nicht unbedingt seinetwegen freilich – Caroline, die monegassische Prinzessin, wird hier nämlich gerade von einem ganzen Tross von Sensationsjournalisten begleitet. Verfolgt wäre der angemessenere Ausdruck. Als die Schreiberlinge und Fotografen den leidenden Brel, nur noch ein Schatten seiner selbst, erblicken und erkennen, wird er im Handumdrehen ebenfalls zu ihrem Opfer. Leichte Beute. Schon warten – während des Langstreckenfluges hat sich die Nachricht in Frankreich wie ein Lauffeuer verbreitet – ihre ebenso erbarmungslosen Kollegen am Pariser Flugplatz Roissy im Ankunfts-Terminal auf den Schmerzensmann von Hiva Oa, schon sind die ersten, demütigenden Aufnahmen im Kasten, schon zirkulieren voyeuristische Reportagen, die nur wenige empfindsame Leser anwidern, von der Mehrzahl der Käufer jedoch gierig verschlungen werden, in den frankofonen wie europäischen Hochglanzillustrierten. Brels Dahinsiechen ist ein gefundenes Fressen für die Promi-Blätter, so etwas lässt man sich nicht entgehen. Die Jagd auf ihn ist hiermit eröffnet. In den Redaktionen der Klatschpostillen, deren Auflagen augenblicklich in die Höhe schnellen, reibt man sich die Hände.

Was ist grausamer, was ist schlimmer – die bevorstehende strapaziöse Operation samt zermürbender Chemotherapie oder das entwürdigende Versteckspiel vor der Presse? In den nächsten Wochen, zwischen Ende Juli und Anfang Oktober 1978, führt Brel einen aussichtslosen Kampf an gleich zwei Fronten – gegen die in seinem Körper wütenden Metastasen und gegen die unersättlichen, gefühllosen Journalisten, die ihm überall, selbst im vornehmen

Hotel Georges V, wo er unvernünftigerweise in den Tagen vor der Kobaltbestrahlung in Bobigny und Neuilly abgestiegen ist, auflauern. Es ist, als zücke er sein Schwert vergeblich angesichts immer mächtigerer, immer schneller sich drehender Windmühlenflügel: Denn wo er auch auftaucht, sind die Reporter schon da. Bedrängen ihn, den todgeweihten Ritter, treiben ihn in die Enge, machen weitere gehässige Schnappschüsse. Sie schmieren Etagenkellner, Zimmermädchen, Putzfrauen und Rezeptionisten, erwischen ihn an Notausgängen, in Lastenaufzügen und auf Fluren, die sonst nur dem Personal vorbehalten sind. Seine Tochter Chantal, die ihn soeben zum Großvater gemacht hat, reist mit dem Zug an, um ihn noch einmal wiederzusehen und ihm Bilder seiner Enkeltochter zu präsentieren, doch ihre Anstrengungen sind vergebens. Empfangschefs wimmeln die junge Frau ab, während andere, skrupellose Hotelangestellte im selben Moment einem gerissenen, zahlungskräftigen Fotografen den entscheidenden Wink geben. Chantal gegenüber wird die Anwesenheit des berühmten Hotelgastes rundheraus abgestritten. Somit bleibt Brel seinem zweifelhaften Ruf als ewiger Deserteur der Ehe und Familie treu. Kein Trick des Gepeinigten verfängt allerdings, wenn es um die Journalistenmeute geht: weder der Entschluss, sich in den Kliniken als Patient unter dem Pseudonym Jules Romain eintragen zu lassen – Romain nicht etwa wie der gleichnamige Dichter Romains, sondern wie sein eigener Vater –, noch die Idee, seinen Kopf hinter dicken weißen Bandagen zu verstecken. In weißen Mull gewickelt und nur mit Mühe vorwärtsstolpernd, zieht er eher noch mehr Aufmerksamkeit auf sich, ist für die Aasgeier schon von Weitem auszumachen. Seine Schergen lassen sich nicht abschütteln.

Zwischen den Krankenhausaufenthalten befindet sich Brel, anstatt sich zu entspannen und sich abzuschotten, wie ein Getriebener auf der Flucht. Von seinem Pilotenfreund Jean Liardon lässt er sich für kurze Rekonvaleszenzphasen in einer Privatmaschine nach Genf fliegen, wo er im Beau-Rivage wohnt, kommt aber auch dort nicht zur Ruhe. In Avignon begibt er sich auf die hektische Suche nach einem abgelegenen Anwesen, denn wenn die auf zwei Jahre ausgelegte Therapie auch wirklich von Erfolg gekrönt sein soll, muss er wohl oder übel in Reichweite von Paris bleiben, darf nicht mehr nach Hiva Oa zurück. Er geht indessen weit stärker auf das alberne, unerträgliche Katz-und-Maus-Spiel ein, als nötig wäre. Steigert sich in immense Wut auf die »Mitleidsartikel« hinein, wie sie jetzt im Wochenabstand zum »Fall Brel« publiziert werden, und verbraucht damit auch noch die letzten Energiereserven. »Hüten wir uns vor der Feierlichkeit der Dummköpfe!«, so hätte er früher gelästert und gelacht. Jetzt aber verträgt sein Zorn keinen ironischen Abstand mehr. Seine Abscheu vor den Medien nimmt beinahe paranoide Züge an. Mehrere der Skandalblätter zeigt er an und erwirkt einstweilige Verfügungen gegen sie. Alle Exemplare mit kompromittierenden Fotos und voyeuristischen Artikeln sollen konfisziert werden. Der Staatsanwalt gibt ihm recht, spricht von einer regelrechten Treibjagd auf den Geschundenen, die nicht länger akzeptabel sei. Doch selbst wenn eine Hundertschaft Gerichtsvollzieher ausziehen würde, um die Ausgaben einzutreiben oder zurückzufordern, bliebe das erhoffte Einstampfen der vielen Illustrierten eine Illusion: Die allermeisten sind längst verkauft worden, und die Auflagen gehen derzeit immerhin in die Hunderttausende. Brel hat sich zähneknirschend damit abzufinden, dass sich ganz Belgien und ganz Frankreich ausgiebig an seinem Elend weiden.

Heuchlerisch legen die Kolumnenschreiber Mitgefühl an den Tag und weisen den großen Sänger auf seine mediale Mitverantwortung hin: »Brel ist schließlich kein Mensch wie alle anderen«, rechtfertigen sie sich mit einem Achselzucken. Um dann zu mahnen: »Er hat lange«, so schreibt einer von ihnen mit vorwurfsvollem Unterton, »um die Anerkennung des Publikums gebuhlt, das ihn dann zum Star gemacht und ihm seine Karriere ermöglicht hat. Da kann er jetzt nicht einfach, nur weil er den Entschluss gefasst hat, aufhören, mit ihm zu kommunizieren. Diejenigen, die ihm einst zugejubelt haben und ihn immer noch lieben und verehren, haben heute das Recht zu wissen, wie es ihm geht und was mit ihm los ist.« Ganz falsch liegen sie mit dieser Einschätzung nicht. »Selbstverständlich«, so räumt der in die Enge getriebene Krebskranke im Gespräch ein, »war mir daran gelegen, meinen Namen auf den großen Veranstaltungsplakaten zu erblicken, aber wie sollte ich es auch anders anstellen, wenn ich doch wollte, dass meine Poesie wie eine eigenständige Sprache gehört wird? Ich habe nie gesungen, um erregte junge Mädchen zu beschwichtigen oder um zweifelnde Männer zu beruhigen, sondern um eines Tages als vollwertiger Poet anerkannt zu sein. Ein Poet, den man eher liest, als dass man von ihm kostet.« Jahrelang hatte er abgestritten, ein Dichter zu sein. Nun möchte er sich schließlich doch anerkannt wissen als vollwertiger, schnelllebige Moden überdauernder Wortkünstler.

Professor Israël ist von Brels Moral und bewunderungswürdiger Kampfbereitschaft beeindruckt und ist daher auch zuversichtlich, dass eine Wende zum Besseren kurz bevorsteht. Dass eine Heilung auf lange Sicht im Bereich des Möglichen liegt. Unter der Bedingung natürlich, dass der Patient auch kooperiert und sich keine unnötigen Anstrengungen und Aufregungen zumutet. Brel wäre jedoch nicht länger Brel, wenn er sich auf einmal an Rezepte, Vorschriften und Anweisungen hielte. Mit Maddly diniert er, beim Eintreffen mehr schlecht als recht die Fassung wahrend und weiterhin ganz in Weiß gekleidet, im Pariser Restaurant Prunier und läuft dort seinem Regisseurfreund Claude Lelouch über den Weg, der kaum zu verbergen vermag, wie schockiert er vom Anblick seines einstigen Schauspielers ist.

Brels Arzt verlangt des Weiteren, dass Jacques in Paris bleiben und sich auch mental auf die ermüdende Therapie vorbereiten solle. Doch »Monsieur Jules Romain« geistert längst wieder in Genf umher, ohne sich zu schonen, hält sich öfter in Flugzeugen und

Luxusherbergen auf als in Klinikzimmern. Seinem Getreuen Liardon nimmt er dabei das törichte Versprechen ab, nie krank zu werden. Als könnten ihm solche abergläubischen Phrasen wirklich helfen. Und er bringt von Zeit zu Zeit zweckoptimistische Sprüche wie diesen an: »Leben ist wunderbar, aber es ist nicht wichtig. Leben ist ein Abenteuer, beinahe ein Spiel.« Oder auch: »Ich habe ein wunderbares Leben, ein Leben, wie ich es mir nie geträumt hatte. Ich sehe es wie ein fantastisches Geschenk an. Auch heute noch überwältigt es mich jeden Morgen.«

Von Geschenk, Spiel oder Traum kann keine Rede sein, als ein leicht bekleideter Brel, wieder einmal auf der Flucht vor der Presse, an einem frühherbstlich kühlen Septembertag im Flughafengebäude von Le Bourget herumirrt, Reißaus vor der fotografierenden Meute nimmt und sich, um sich in Sicherheit zu bringen, kurz entschlossen in einer ungeheizten Transair-Toilette einschließt. Kein einziges Bild will er den Schmeißfliegen gönnen. Maddly gibt ihr Bestes, um die herannahenden Reporter auf eine falsche Fährte zu locken. Als sie sich nicht abschütteln lassen, stellt sie sich schließlich tapfer vor die von innen verrammelte Toilettentür und vertreibt die insistierenden Männer mit wüsten Beschimpfungen. Brel in seinem Versteck wird die Zeit lang, er beginnt zu zittern und zu frösteln. Nach einer halben Ewigkeit flüstert Doudou ihm zu, er könne jetzt aufschließen, die Luft sei wieder rein. Und was in diesem Terminal-Flur als harmlose Erkältung beginnt, wächst sich im Spital von Bobigny, in das er jetzt wieder eingeliefert werden muss, in kürzester Zeit zu einer schlimmen Bronchitis aus. Der Gnadenstoß.

Hat die Regenbogen-Journaille endgültig den Sieg davongetragen, haben die unseriösen Knipser und Reporter den gefeierten, auf Händen getragenen und jetzt gestürzten Brel auf dem Gewissen? Als Le Grand Jacques um 4 Uhr 10 am Morgen des 9. Oktober im Zimmer 305 des Hôpital Franco-Musulman von Bobigny an einer Lungenembolie infolge einer banalen Verkühlung stirbt, hat es den Anschein, als sei nicht allein der Lungenkrebs, sondern im selben Maße auch Verfolgungswahn die Todesursache gewesen. »Ich werde euch nicht verlassen, *je ne vous quitte pas*«, soll er noch kurz vor seinem Ableben einer Anwesenden zugeflüstert haben, als er sich für ein paar Sekunden die Sauerstoffmaske vom Gesicht nahm, um sich die Lippen zu befeuchten. So als zitiere er, sei es nun ironisch oder ernst gemeint, sein berühmtestes Chanson. Ein Versprechen für die Nahestehenden und auch eine Drohung an die Adresse seiner Feinde, die ihn mit ihren Nachstellungen einfach nicht in Ruhe lassen wollten.

»Man hat jeden Tag daran zu denken, dass man sterblich ist«, davon war er überzeugt. »Der Gedanke an den Tod ist kein trauriger, es ist ein unheimlich wohltuender Gedanke.« Aber muss er so früh eintreten, so furchtbar lapidar ausfallen? Und sich ausgerechnet hier ereignen, in einem anonymen Krankenzimmer, so unendlich weit entfernt von Atuona und Popaul, von der *Askoy* und der *Jojo*, vom Olympia, von den kleinen Kabaretts seiner Lehr- und Wanderjahre und von den Nordseestränden seiner Jugend? Nicht einmal ein halbes Jahrhundert hat Brel auf Erden zubringen können und vom letzten, fünfzigsten Lebensjahr bloß die erste Hälfte vollendet.

Das Echo und die Bestürzung sind gewaltig in den Stunden und Tagen danach. Das »Ereignis Tod« ist von Brel selbst vorhergesagt worden, der ihm mehr als einmal ins Antlitz geschaut hatte, und trifft doch die meisten, die ihn gekannt haben und denen er etwas bedeutete, mitten ins Herz. Millionen Menschen in Frankreich halten inne und verstummen, als ihnen die Nachricht zu Ohren kommt. Professor Israël vertritt die Meinung, die Krankheit sei eigentlich in den Griff zu bekommen, Brel schon auf dem allerbesten Wege gewesen. Nur Unvernunft und unglückliche Umstände hätten eine Wendung zum Besseren verhindert. Der Protagonist selbst hätte es, wie in seinem Chanson *Vieillir*, wohl etwas sarkastischer formuliert: »Der Unparteiische hat die Partie abgepfiffen« … Brassens verfasst einen berührenden Nachruf; die flämischen Nationalisten triumphieren, wenngleich hinter vorgehaltener Hand. Pierre Brel bittet seine Mitarbeiter in der Fabrik, aus Respekt vor seinem verstorbenen jüngeren Bruder wenigstens so zu *tun*, als sei nichts geschehen. Der Vorfall solle mit Stille quittiert werden. Und um den aufgebahrten Leichnam in Bobigny scharen sich zwei grundverschiedene Gruppen von Trauernden – hier Maddly, Barbara, die engsten Freunde und die Kollegen vom Chanson, dort das Töchtertrio samt Miche, die vom finalen Inselglück ihres Mannes nichts mitbekommen und auch nichts abbekommen haben. Brel hat sich allerdings noch in der Todesstunde als loyaler Ehegatte erwiesen: Das Testament zugunsten seiner Brüsseler Familie ist unangetastet geblieben. Maddly und Miche ringen sich schließlich zu einer Umarmung durch.

Eine religiöse Zeremonie findet nicht statt. Lange gezaudert wird auch nicht – Brels sterbliche Überreste treten nur wenige Tage später ein weiteres, ein letztes Mal die Flugreise um den halben Globus an. Ein Freund steuert die Privatmaschine; der Presse aber stellt niemand ein Flugzeug nach Hiva Oa zur Verfügung. Sie hat das Nachsehen. Und Brel hat, wunschgemäß, endlich wieder seine Ruhe. Vernehmlich still ist es an diesem Oktobertag auf dem kleinen Friedhof von Atuona, ein Fleckchen Erde, das bislang exklusiv »Popaul« Gauguin, einigen Inselseelen und wenigen Namenlosen gehörte. Jetzt, mehr als siebzig Jahre nach seiner eigenen Grablegung, hat der eigensinnige Maler doch noch Gesellschaft bekommen. Einen europäischen Wesensverwandten, einen geistigen Bruder, einen ebenso Unbequemen, einen Frankreichflüchtling bestattet man direkt neben ihm. Aus dem engsten Kreis erweisen Brel bei der Trauerfeier auf der Insel nur Marouani und Maddly die letzte Ehre. Das erscheint angemessen. Und alle Menschen, die Jácbrel in Atuona lieb gewonnen haben, sind ebenfalls erschienen. Jung und Alt, Gläubige und Ungläubige.

Sein Freund Marc Bastard händigt dem treuen Impresario vor dessen Rückflug in die Alte Welt noch die letzten Brel-Kassetten aus – fragmentarische Ideen für Lieder; Material, das nun keine Verwendung mehr finden wird. Ein nie abgeschickter Brief des fliegenden Postboten an die so schnöde verstoßene Tochter France soll sich auch im spärlichen Nachlass befunden haben. Das Haus oben auf den Hügeln wird nicht gebaut; und Maddly, die nach ihren Jugendjahren auf Guadeloupe gemeinsam mit Jacques eine weitere glückliche Periode in tropischem Ambiente verbringen durfte, hat damit fertigzuwerden, ihr künftiges Leben als inoffizielle Witwe Brels zu fristen. Eine Auszeichnung, eine verantwortungsvolle Aufgabe, aber auch eine schwere Bürde. Denn von Stund an und eigentlich bis auf den heutigen Tag konkurrieren zwei konträre Sichtweisen auf den Verstorbenen: der Standpunkt der verschmähten Familie, die sich seit seinem Tod mit nicht nachlassendem Eifer und mit zahllosen verdienstvollen Initiativen für das Erbe Brels einsetzt, und die mindestens ebenso authentische Perspektive all jener, die ihm auf Hiva Oa wirklich nahestanden und Zeugen seines pazifischen Idylls waren, sein spätes Glück hautnah miterlebten, sich einige unbeschwerte Monate lang mit ihm freuen konnten.

Brel ist zu guter Letzt doch noch Teil der Insel geworden, die er liebte, weil er im Grunde erst hier zu lieben gelernt hatte. Der Alltag hier bedeutete für ihn Freude an kaum erwähnenswerten Gesten und nebensächlichen Vorkommnissen. Wildnis, Ruhe, Pausen, Erotik statt »Kultur«. Auf Hiva Oa konnte er anlegen, dem Meer den Rücken zuwenden und für immer bleiben. So wie seine Chansons den Menschen, die er damit in seinen Bann schlug, Schutz boten, ihre widerstreitenden Gefühle herausforderten, ihnen gelegentlich Vergnügen bereiteten und damit einem einzigartigen Terrain glichen, das nur sie betreten durften und danach nie wieder zu verlassen brauchten. Mit seinen Zeilen, Strophen und Refrains hatte er, den seine Anhänger als Fels in der Brandung wahrnahmen, Inselmusik geschaffen.

»Notwendigerweise wird man immer einsamer«, resümierte der Insel-Enthusiast, bevor er abtrat. »Aber ich habe auch etwas Wunderbares geschenkt bekommen: das Bewusstsein, von Zeit zu Zeit, den Bruchteil einer Sekunde lang, nützlich gewesen zu sein. Ich glaube, das hat es für mich zehn Minuten im Jahr gegeben, und ich gebe zu, dass ich stolz darauf bin. Das hat mir jahrelang beim Leben geholfen. Und das ist weniger kläglich als Krücken, um aufrecht zu gehen.«

Avec élégance

Ein melancholisch verhalltes, scheppernde, leicht verfremdetes Klavier. Eine brüchige, raue, ein wenig ungeduldige und auch angestrengte Männerstimme, der das Piano einen Teppich aus ruhigen, gleichmäßigen Pendelfiguren auszurollen versucht. Die Intonation ist indessen ziemlich wackelig; an den Strophenenden begibt sich der Deklamierende auf die Suche nach dem richtigen Grundton und liegt dennoch jedes Mal leicht daneben.

Das für Brel so typische, beschleunigende Enjambement wird hier auf die Spitze getrieben, das zeilenverbindende »et«, qualvoll aufjaulend, ist schon längst da, bevor der Pianist die entsprechenden, sphärisch klingenden Achtel gespielt hat. Präzision ist Brels Sache hier nicht, alles wirkt tastend und mühevoll, müde und ungefähr; der Bariton, unversöhnlich, ernst und ohne hörbare Freude am Singen, scheint bereits aus dem Jenseits zu uns zu sprechen.

Und alles, was er uns mitzuteilen hat, sind, an jedem Zeilenanfang, seltsam unpersönliche Infinitive: Fühlen. Wissen. Kratzen. Brennen. Können. Knabbern. Vollspritzen. Lesen. Dem tanzenden Herzen lauschen. Sowie Tätigkeiten, die zum letzten, ja zum allerletzten Mal ausgeübt werden: Nicht mehr sprechen. Nicht mehr wollen. Nichts mehr zu träumen haben. Die berühmten letzten Worte. Und jede Strophe mündet in die gleiche Schlussfolgerung: »Verzweifelt sein« – denn das ist das Äquivalent der zuvor genannten Handlungen –, »aber auf elegante Weise.« Als Dandy der Nostalgie und der Trauer.

Nur in der vierten Strophe deutet sich ein Lichtblick an, ein

Hoffnungsschimmer: »Verzweifelt sein, aber voller Erwartung.« So lauten die Schlussworte.

Brel schenkt uns mit *Avec élégance* eine großartige Reflexion über das Altern – schließlich fühlt sich der Abhang, auf den wir zusteuern, zusehends abschüssig an; dem Körper mangelt es an Geschmeidigkeit; in den Augen hübscher Mädchen lässt sich lesen, dass man inzwischen zum alten Eisen gehört – und über die Schwierigkeit und Notwendigkeit, es in Würde zu tun. Elegant altern und sich bescheiden können wird zur ultimativen Herausforderung – trotz Gebrechlichkeit, trotz mangelnder Attraktivität, obschon der nötige Elan fehlt, obwohl einem die Lebens- und Verführungslust abhandengekommen ist, auch wenn man nicht mehr richtig bei Stimme ist.

Solche Eleganz am Daseinsende lässt sich freilich nur aufbringen, wenn man ehrlich mit sich selbst ist und bereit, sich nichts mehr vorzumachen: »Wissen, dass man eigentlich immer Angst gehabt hat. Seine eigene Feigheit und deren Gewicht einschätzen können. Es fertigbringen, sich selbst nichts mehr vergeben zu müssen.« Erst wenn dieser Reifegrad erreicht, diese Souveränität vorhanden ist, kann man sich vergebliche, lächerliche Anstrengungen sparen – und braucht nicht länger den alternden Gockel zu spielen, schweigsame Barkeeper »vollzuquatschen«, müßig in Erinnerungen herumzukramen, alten Frauen Banalitäten zu erzählen. Erst dann darf man sich wie ein alter Römer fühlen – aber wie einer aus der dekadenten Ära, beeilt Brel sich gleich augenzwinkernd hinzuzufügen –; erst dann darf man in aller Stille Selbstgespräche führen und hat die Berechtigung erworben, den Glücksanspruch aufzugeben. Kann sich ganz dem Altern, dieser verbrannten »sterbenden Jugend«, von der nur noch eine Handvoll Asche übrig ist, hingeben. Und sich gelassen zurücklehnen.

Die Hoffnung, so versichert Brel uns, braucht man deshalb noch lange nicht sausen zu lassen. Etwas Optimismus darf ruhig sein. Eine beruhigende Botschaft: Zuversicht wird zumindest skizziert.

Gleichwohl schaffte es *Avec élégance* nicht auf Brels letztes Album. Es gehört zu jenen fünf – inzwischen mythischen – Chansons, die er 1977 zwar für seine legendäre Wolken- und *Marquises*-LP aufnahm, die dann aber nicht in die engere Wahl kamen. Sei es, weil er seine Interpretation unzulänglich fand, sei es, weil er insgeheim noch ein zweites Album für das Folgejahr plante und dafür Material zurückhielt, sei es, weil er mit dem Chanson insgesamt unzufrieden war oder die Einspielung als unfertig erachtete. Bis zur posthumen Veröffentlichung im Jahre 2003 hat die erbitterte Diskussion darüber, wie mit diesem Nachlass, wie mit diesen »fünf letzten Liedern« zu verfahren sei, Wellen geschlagen und ist bis heute nicht abgeebbt.

Ich bin eingestandenermaßen froh, dass *Avec élégance* für die Nachwelt zugänglich gemacht worden ist – schätze ich dieses Chanson doch gerade wegen seiner vokalen Unvollkommenheit, seines provisorischen Charakters und seiner reizvollen Ambivalenz: Ihm haftet etwas Tragisches an, und zugleich stimmt es hoffnungsfroh. Hier wurde, auch, was das Arrangement betraf, nichts geglättet, beschönigt oder veredelt. Und nicht zuletzt enthält es, wie kaum ein zweiter unter Brels Abschiedsgesängen, die Quintessenz der »brélitude«: Sarkasmus und tiefe Einblicke in die menschlichen Abgründe. Ironie und Schwarzseherei. Gedämpften Optimismus, Wehmut und Bitterkeit – hier erstmals im Angesicht des eigenen Todes.

Und, Hand aufs Herz: Hegen wir nicht alle zuweilen insgeheim die Hoffnung, mit Stil von dieser Welt zu scheiden, auf elegante Weise unseren Abgang von der Lebensbühne hinzubekommen?

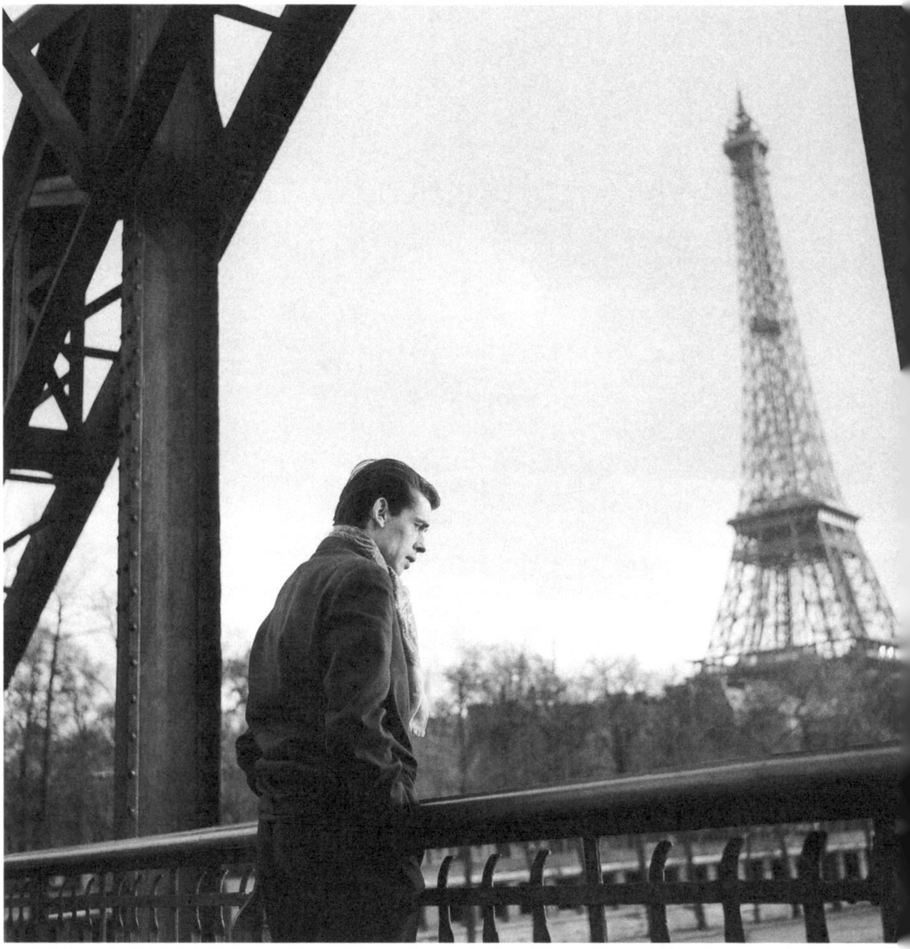

Barbaras Lullaby

> Ich bin ein noch lebendiger
> Toter.

Noch in unseren Tagen – immerhin bald vierzig Jahre nachdem sein Schwanengesang verklungen ist – erfreuen sich Brels Chansons dank ihrer ungebrochenen Aktualität im französischsprachigen Raum größter Beliebtheit: Die Verkäufe und Downloads von Brel-Tonträgern setzen sich kontinuierlich auf hohem Niveau fort, wie sonst, wenn man den Blick auf den Umsatz bei »volkstümlichen Klassikern« richtet, nur noch im Falle von Piaf oder Dalida. Sein Repertoire, offenkundig ein Qualitätsgarant, gehört zu den unangefochtenen dichterischen Leistungen der jüngeren Kulturgeschichte; einige Melodien besitzen sogar Ohrwurm-Charakter. Etwa zwanzig bis dreißig seiner bekanntesten Lieder sind regelmäßig im Radio zu hören, und mindestens zehn von ihnen sind zum Allgemeingut geworden, werden zitiert und paraphrasiert. Einige Brel-Zeilen haben mittlerweile den Rang eines geflügelten Wortes erlangt. Neben Aznavour und Gréco, die noch in hohem Alter durch die Lande touren und deshalb auch international bekannt sind und präsent bleiben, stellt Brel eine feste Größe in der Wahrnehmung durch die übrigen Europäer dar, wohingegen der Stern eines Brassens, eines Ferré, eines Trenet oder eines Bécaud hierzulande zusehends verblasst – sie sind, ihrer einstigen Popularität und Bedeutung zum Trotz, unter uns Deutschen lediglich frankophilen Musikinteressierten oder älteren Generationen noch ein Begriff.

Dennoch hat Jacques Brel, der jahrzehntelang so verlässliche philosophische Wegbegleiter und die moralische Instanz für Abertausende von Musikhörern, Konzertgängern und Lesern, keine Schule begründet, keinen Trend lanciert und so gut wie keine Nachahmer hervorgebracht. Ganz gewiss existiert weit und breit erst recht kein Brel-»Nachfolger«. Der Grund dafür liegt in der Einzigartigkeit seiner Performances, in der Intensität seiner Bühnenpräsenz, in der Unverwechselbarkeit seines Vortragsstils und in der so überaus individuellen, radikal zu nennenden Dichtkunst. Nichts davon lässt sich einfach so imitieren oder kopieren. Höchstens für eine kurze Nummer karikierbar sind bestimmte Gesten, Grimassen und Manierismen, seine charakteristische Wortwahl und seine spezifische Deklamation. Doch niemand hat sich bislang getraut, als Brel-Doppelgänger oder -Erbe in seine Fußstapfen zu treten, und nur wenige Interpreten aus jüngerer Zeit hätten wohl über die dafür nötige außerordentliche Vehemenz, die nie versiegende Energie, die Aggressivität, die Sprachgewalt, den Scharfsinn und die denkerische Komplexität verfügt.

Selbstverständlich werden, dessen ungeachtet, Jahrzehnt für Jahrzehnt Dutzende von Brel-Interpretationen vorgelegt – gelungene und entbehrliche, naheliegende und unwahrscheinliche, kuriose und verfremdete. Für solche Coverversionen, auch dies ein weiterer Beleg für Brels Originalität sowie die erstaunliche Widerständigkeit seines Stils und seiner Texte, kamen indessen nur recht wenige Titel überhaupt infrage. Anders gesagt: Von zehn oder fünfzehn seiner größten »Hits« hat man unter den Covern die Qual der Wahl, während der Löwenanteil seines Œuvres für Bearbeitungen und Neufassungen durch andere Musiker erst gar nicht zur Debatte stand. So dürfte *Ne me quitte pas* zu den meistgecoverten Liedern des 20. und 21. Jahrhunderts zählen, kommen auch *La Valse à mille temps*, *Au suivant*, *La Colombe*, *Quand on n'a que l'amour*, *Amsterdam* oder *La Chanson des vieux amants* auf eine recht beachtliche Zahl von Neuinterpretationen, aber sehr viel persönlichere Titel wie

Rosa, Dors ma mie, L'Ivrogne oder *Mon père disait*, um nur diese vier zu nennen, »gehören« offenbar ganz exklusiv zu Brel und lassen letzten Endes keine wirklich glaubwürdige Lesart durch Sänger oder Sängerinnen der Gegenwart zu.

Um sich ein Brel-Chanson anverwandeln und es auf eigenständige, »authentische« Weise darbieten zu können, sind Charisma, markante sängerische Fähigkeiten und eine Portion Exzentrik vonnöten. Nina Simone und David Bowie, beide Vokalisten und Bühnenfiguren der Sonderklasse, aber auch Marc Almond besaßen und besitzen sie. Oder man zeigt ein kontinuierliches, ernsthaftes Interesse an Brels Gesamtwerk und kommt im Laufe der eigenen Karriere, je nach Befindlichkeit und Erfordernis, immer wieder darauf zurück – Scott Walker und Klaus Hoffmann haben vorgemacht, wie das funktioniert. Letzterer kann noch dazu mit überzeugenden deutschen Texten aufwarten, die nicht nur als bloße Übersetzung, sondern als selbstständige poetische Gebilde beeindrucken, und »der Berliner Brel« bringt, darin ein Wesensverwandter des rebellischen Belgiers, die Bereitschaft zur Verausgabung auf der Bühne mit. Fazit: Wer sich Brel annähern möchte, wer sein Publikum gleichzeitig herausfordern und für sich gewinnen will, muss zur Rampensau taugen, muss szenische Leidenschaft und Vitalität mitbringen, muss seinen Hörern ordentlich zusetzen und innere Kontroversen vom Zaun brechen, muss einfach mit Leib und Seele dabei sein.

Brel hat auf die Seelen, Hirne und Herzen so mancher Liedermacher, die auf ihn folgten, eher indirekt eingewirkt – weniger damit, dass sie ihm nacheifern, treu bleiben oder allein *seine* Lieder »bringen«, sondern vielmehr mit Tugenden wie Widerspenstigkeit, Eigensinn, subversivem Trotz und Unbeirrbarkeit. Dass er stets unbequem blieb und nie umfiel, dass er ein Universum aus Metaphern und Sprachspielen schuf, die nur für ihn Bestand hatten und trotzdem allgemeine Aussagekraft besaßen, waren Charakteristika, mit denen er wirklich zum Vorbild wurde. Um das Brel'sche Vermächtnis und um die Zukunft des anspruchsvollen, zwischen Literatur, Rebellion und Popularität changierenden Chansons muss einem daher nicht bange sein. Auch wenn der Solo-Liederabend bzw. das Récital als Darstellungsform sich längst überlebt hat und die Menschen heutzutage, stärker an seichte musikalische Durchschnittsware gewöhnt als noch in den späten Siebzigern, wohl weit seltener Gesellschaftskritik, sarkastische Züge, einen funkelnden Wortschatz und anarchistisches Gedankengut von einem Sänger erwarten können als etwa von einem Kabarettisten oder Standup-Comedian.

Zwar hatte man mit Brel keinen im politischen Sinne engagierten Songpoeten vor sich, aber in allem, was er kundtat, manifestierte sich in höchstem Maße Veränderungsbereitschaft und unbedingter Einsatz. Wenn er Fehler machte, stand er dazu, und er nahm eher in Kauf, es sich mit einigen Menschen zu verscherzen, als den Versuch zu unternehmen, es allen recht zu machen. Er bejahte das Scheitern, bestand auf Versuchen und Experimenten. Er gönnte sich keine Pausen – jeden Tag empfand er als Neuanfang, als Bewährungsprobe. Einer seiner viel zitierten Lieblingssätze war natürlich eine einzige Provokation: »Im Leben eines Menschen gibt es lediglich zwei wichtige Eckdaten: seine Geburt und seinen Tod. Alles, was dazwischen passiert, hat nicht viel zu bedeuten.« Brel selbst führte diese Aussage mit jeder Stunde seines Erdendaseins nachdrücklich ad absurdum – ganz im Gegenteil kam es für ihn ausschließlich auf die Zeit *zwischen* diesen banalen Eckdaten an. Jede Aktion, jede Entscheidung, jedes selbst herbeigeführte Ereignis zählten. Alles besaß für ihn Bedeutung, alles war veränderbar, konnte – und musste oft – von einer Sekunde auf die nächste infrage gestellt werden. Brel war einfach immer in Bewegung.

Frauen gaben ihm sein wohl größtes Lebensrätsel auf. Stets aufs Neue umgab er sich, oftmals instinktiv, mit Geliebten, Begleiterinnen, »Bewältigerinnen« und schuf damit für seine Partnerinnen –

die ihn weniger inspirierten als unterstützten – und sich selbst komplizierte Situationen, manövrierte sein Gefühlsleben in enge Sackgassen. »Das Herz verwirrt, auf der Flucht, den Schwanz unter den Arm geklemmt«, so textete er noch ganz zuletzt, reichlich drastisch, in seinem bitterbösen, mehr gebellten als gesungenen *Knokke-le-Zoute Tango*. Freundinnen und Geliebte hingen an ihm, taten gewiss alles, um ihn glücklich und sich selbst unentbehrlich zu machen. Doch die größte Bewunderung zollten ihm Männer. Bedeutende Männer. Sie durchschauten ihn, brachten ihm Zuneigung entgegen, erfassten intuitiv seine Persönlichkeit und brachten seine Vorzüge auf den Punkt.

Brassens etwa definierte seinen Kollegen und späteren Freund rückblickend folgendermaßen: »Ich glaube, dass er sich in einer Wüste befindet, wenn er auf der Bühne steht. Mit Bedacht begibt er sich genau dorthin, um allein zu sein und um seine Einsamkeit den anderen entgegenzuschreien. Es ist für ihn absolut notwendig, sie zu zeigen. Zu sagen, dass er allein ist, und das in einen Schrei zu kleiden. Auf der Bühne ist er endlich wirklich frei, vollständig frei. Frei, das zu tun, was er will.« Und Filmemacher Lelouch, ungewöhnlich freimütig, überraschte Brels Nachwelt mit einem Bekenntnis voller Emphase: »Unter all den Männern, denen ich begegnet bin, ist Jacques Brel derjenige, der am meisten dem Mann gleicht, den ich Lust gehabt hätte zu heiraten, wenn ich eine Frau gewesen wäre.« Eine fabelhafte Liebeserklärung, die Brels Gefährtinnen, allesamt gebrannte Kinder, wohl kaum nachzuvollziehen vermocht hätten. Und Lelouch erläuterte auch gleich noch, welche Mischung an Verdiensten und Qualitäten seinen Freund ausmache: »Hundert Prozent Mut, Wahnwitz und Großzügigkeit.« Knapper und präziser ließen sich die Züge dieses Ritters von der edlen Gestalt nicht umreißen.

Eine ganz besondere Frau, eine von denen, die er bewunderte und die er mit größtem Respekt behandelt hatte, bewies dann aber doch, Jahre später, mit einem filigranen Brel-Porträt das erforderliche Einfühlungsvermögen – und kam ihm dadurch noch einmal sehr nahe. Barbara war es, »la longue dame brune«, die so unsagbar schwer zu liebende Léonie aus seinem *Franz*-Film. Die elegante, zaudernde Freundin, die am Flügel mit einer ganz anderen literarischen Herangehensweise dennoch ähnlichen Fragestellungen auf der Spur war wie »ihr Léon« an der Gitarre oder vor dem Mikrofon. Sie, die Pariserin, einstmals in umgekehrter Richtung aufgebrochen, um als französische Chansonnière in Brüssel ihr Glück zu versuchen, schickte ihm 1990 nun, unvermutet, einen sehr persönlichen musikalischen Brief nach Hiva Oa.

In ihrer zarten, tastenden und wie ein ausgedehntes Rezitativ wirkenden Ballade *Gauguin* fällt der Name Brel zwar kein einziges Mal. Aber mit ihren gehauchten Anrufungen, in die sich Trauer, Melancholie, Wehklage und Schmerz mischen, mit diesen Dutzenden von »Du«s evoziert sie ihn allein. Ein grauer, regnerischer Marquesas-Morgen entsteht vor dem inneren Auge von Barbaras Zuhörern, und es bleibt lange offen, welches Ich hier spricht und welches Gegenüber direkt angesprochen wird – Brel selbst, »ein großer müder Tänzer mit deinem Kindheitsblick«, oder eben Barbara als Überbringerin dieser Hommage, die sich am Liedende als seine Léonie ausgibt: »Du weißt schon, wer ich bin. Du weißt es ganz genau. Schlaf gut.«

Mit den Worten »Bonjour, Monsieur Gauguin« beginnt in ihrem trostspendenden Wiegenlied eine Strophe, »machen Sie mir ein wenig Platz. Ich bin ein Reisender, der von weit her kommt. Ich komme aus den Nebeln des Nordens und lege mich in der Sonne zum Schlafen nieder. Machen Sie mir Platz.« Gemeinsam, so sieht sie es voraus, werden der Sänger und der Maler von nun an diese Sonne über den Lagunen aufgehen sehen. Das unnachahmliche Lachen des Barden wird wie ein Wasserfall, wie ein reißender Strom daraufhin die Ozeane überqueren. Gauguin, so fabuliert Barbara weiter, hätte wohl sehr gestaunt, als die einheimischen Frauen mit »Samtaugen« auf einmal begannen, Regentränen zu weinen, die von der Nordsee gespeist waren. Unmissverständlich ein Zeichen, dass sein belgischer Friedhofsnachbar eingetroffen ist, dass in Atuona erneut um einen Mann von der anderen Erdhalbkugel getrauert werden muss. »Oftmals denke ich an dich«, beschließt Barbara ihre weitläufige lyrische Meditation, aus der am Ende eine Zueignung voller Zuneigung geworden ist. »An dich, der du die Dünen entlanggestreift bist, um dich dort in der Ferne unter einem Korallenhimmel zur Ruhe zu betten.« Denn dieses Zur-Ruhe-Kommen am Ende der Welt war, weiß Barbara, »doch dein eigentlicher Wille«.

Wie außer ihr nur noch Maddly hatte Barbara diesen letzten Willen respektiert. Sanft schaukelte sie ihn mit ihrem Lullaby in den ewigen Schlaf. Und sie hatte begriffen, indem sie ihrer musikalischen Botschaft freien Lauf ließ, dass Jacques Brel, dieser sich verströmende Poet, dieser Wiedergänger Gauguins, dieser so oft missverstandene, zuweilen missliebige Belgier, diese viel zu früh verstummte Stimme der Rebellion und dieser vor der Welt Fliehende, mit jeder Flugmeile über seinem Archipel und mit jedem gesungenen Wort längst selbst zu einer Insel geworden war.

Zeittafel

1883

Geburt des Vaters Romain Brel in Zandvoorde nahe Ypres (Ypern).

1896

Geburt der Mutter Élisabeth Lambertine Van Adorp, genannt »Lisette«, in Schaerbeek/Brüssel.

1903

Tod von Paul Gauguin in Atuona auf Hiva Oa (Mai).

1909

Romain Brel arbeitet in Belgisch-Kongo für die Import-Export-Firma Comitex.

1921

Heirat der Eltern Brel in Brüssel; Kongo-Aufenthalt zu zweit.

Geburt von Georges Brassens (Oktober).

1922

Geburt des Zwillingspaars Pierre und Nelly Brel, das kurz darauf stirbt.

1923

Geburt des älteren Bruders Pierre Brel in Brüssel (Oktober); erneuter Kongo-Aufenthalt der Brels.

1926

Rückkehr von Brels Eltern nach Belgien.

Geburt von Thérèse Michielsen, genannt »Miche«, seiner späteren Frau (Dezember).

1929

Am 8. April wird Jacques Romain Georges Brel, genannt »Jacky«, in Schaerbeek/Brüssel geboren.

Wohnsitz der Familie ist zunächst das Haus 183, avenue du Diamant. Später ziehen die Brels nach Sint-Jans-Molenbeek und schließlich nach Anderlecht um.

1930

Geburt von Barbara (= Monique Serf; Juni).

1936

Besuch der katholischen Grundschule der Brüder Saint-Viateur.

1941

Besuch des Institut Saint-Louis, einer überwiegend von Geistlichen geführten Privatschule, in der Nähe des Botanischen Gartens von Brüssel. Émile Verhaeren, sozial engagierter, progressiver Dichter des belgischen Symbolismus, zählte zu den illustren ehemaligen Schülern des Instituts.

Brels Pfadfindername ist »Phoque Hilarant« (»urkomischer Seehund«).

1943

Geburt von Maddly (Hélène) Bamy, Brels späterer Lebensgefährtin.

1944

Zeigt Interesse und Enthusiasmus bei den Stückeinstudierungen seiner schulischen Theatergruppe »Dramatique Saint-Louis«, zusammen mit seinem Freund Robert Stallenberg.

1945/46

Zu den Lieblingsbüchern des pubertierenden Jacky zählt Saint-Exupérys *Le petit prince*. Der »ketje« Brel stürzt sich auf Autoren wie Aragon, Éluard, Malraux, Camus und Rimbaud.

Skizzen zu einem Roman mit dem Titel *Le Cheminot* [oder *Le Chemineau*].

1947

Mitarbeit an der Schülerzeitung *Le Grand Feu*, für die Brel u. a. die Kurzgeschichte *Frédéric* schreibt.

Schulabbruch und Eintritt in das väterliche Unternehmen, die Kartonagenfabrik Vanneste & Brel.

Absolviert ein Praktikum in Turnhout nahe der niederländischen Grenze, um seine flämischen Sprachkenntnisse zu verbessern.

Tritt der katholisch-humanistischen, von Hector und Jeanne Bruyndonckx geführten Jugendbewegung La Franche Cordée bei, in der sein soziales Engagement geweckt und seine politische Bildung, aber auch seine künstlerischen Aktivitäten gefördert werden.

U. a. unter dem Einfluss des kanadischen Liedermachers und Chansonniers Félix Leclerc greift auch Brel zur Gitarre. Zahlreiche kleine Auftritte mit La-Franche-Cordée-Mitgliedern vor Alten, Mittellosen und Bedürftigen. Leidet immer stärker unter der als engstirnig und freudlos empfundenen Atmosphäre im Elternhaus.

1948/49

Militärdienst (»Transports et Communications«) in Limbourg und Zellik. Trennt sich von seiner Jugendfreundin Suzanne.

Die ersten Chansons entstehen.

1950

Brel und Miche heiraten am 1. Juni in Laeken.

Hochzeitsreise nach Frankreich, bis nach Nizza. Das junge Paar bezieht in Brüssel eine Wohnung in der Avenue Brigade-Piron, im Stadtteil Molenbeek-Saint-Jean.

1951

Geburt der ältesten Tochter Chantal (Dezember).

Geburt des Neffen und späteren Chansonniers und Schriftstellers Bruno Brel.

1952

Brel, der inzwischen eine leitende Funktion in der Kartonagenfabrik ausübt, versucht sich auf kleinen Kabarett-Bühnen im historischen Brüsseler Viertel »Îlot Sacré«. Umzug nach Dilbeek.

1953

Geburt der mittleren Tochter mit dem prophetischen Namen France (Juli).

———

Produziert sich im Brüsseler Kabarett La Rose Noire (Januar). Experimentiert mit dem Künstlernamen »Bérel«. Lässt Visitenkarten mit der Berufsbezeichnung »Unterhaltungskünstler« (»fantaisiste«) drucken. Macht die Bekanntschaft der Radiomoderatorin Angèle Guller. Unterzeichnet einen Vertrag mit Philips (Februar), vermittelt durch Gullers Ehemann Clément Dailly. Bringt seine erste Schallplatte (78 rpm) mit vier (zwei mal zwei) Titeln heraus. Lernt Jacques Canetti kennen, der ihn nach Paris zum Vorsingen einlädt (Juni). Im Herbst tritt Brel die entscheidende Paris-Reise an. Erste Gehversuche im Les Trois Baudets, in L'Écluse und in L'Échelle de Jacob.

———

Verlässt Ende Mai die väterliche Kartonagenfabrik, setzt alles auf eine Karte und verbringt die ersten Pariser Monate unter teilweise prekären Bedingungen. Mehr als achtzig Mal singt er vor und findet nirgends ein Engagement.

———

Teilnahme am Grand Prix de la Chanson in Knokke, bei dem er einen enttäuschenden vorletzten Platz belegt.

1954

Ausgiebige Frankreich- und Nordafrika-Tournee, u. a. an der Seite von Sidney Bechet, als Teil eines »bunten Programms« (Oktober).

———

Begegnung mit Georges Pasquier, genannt »Jojo« (April), seinem späteren »Sekretär« und Faktotum, als Nachfolger von Georges Rovère. Pasquier ist damals noch Mitglied der Komikertruppe Les Trois Milson. Jojo wird zu seinem besten Freund und zum »Mann seines Lebens«.

———

Affäre mit Catherine Sauvage.

———

Juliette Gréco nimmt Brels Chansons *Le Diable (ça va)* in ihr Repertoire auf und trägt es im Olympia vor. Auch Brel gelingt dort ein kurzer Gastauftritt im Vorprogramm (Juli).

Brels erste LP *Grand Jacques* (oder auch: *Jacques Brel et ses chansons*) erscheint.

1955

Spielt sechsmal in der Brüssler »Ancienne Belgique« im Vorprogramm (Januar).

Begegnung mit Suzanne Gabriello, genannt »Zizou«.

Miche und die beiden Töchter ziehen vorübergehend zu ihm nach Paris, in den Vorort Montreuil-sur-Bois.

Weitere Frankreich-Tournee, diesmal als Teil der Show »Les Filles à Papa«.

Brels erste Single erscheint.

1956

Begegnung mit dem Pianisten, Komponisten, Dirigenten und Arrangeur François Rauber (Juli; in Grenoble). Tourneen durch Frankreich, Europa und Nordafrika.

Wirkt im Kurzfilm *La grande peur de Monsieur Clément* mit (Regie: Paul Deliens).

1957

Begegnung mit dem Pianisten, Komponisten und Arrangeur Gérard Jouannest.

Brels zweite LP, *Quand on n'a que l'amour*, wird veröffentlicht. Das Titellied rückt auf den 3. Platz der französischen Hitparade vor.

Auftritte im Alhambra an der Seite von Maurice Chevalier, Michel Legrand und Zizi Jeanmaire (Februar) und im Discorama-Programm »Au Palace d'Avignon«, gemeinsam mit Raymond Devos (September).

———

Gewinnt den Grand Prix du Disque der Académie Charles Cros (Juni).

1958

Geburt der jüngsten Tocher Isabelle (August).

———

Während Miche und die Töchter nach Belgien zurückkehren, beschafft sich Brel eine einfache Unterkunft in der Cité Lemercier unweit des Place de Clichy im XVII. Arrondissement (Batignolles-Viertel).

———

LP *Au printemps.*

———

Kanada-Tournee, in deren Verlauf er Félix Leclerc in Vaudreuil begegnet, und weitere lange Konzertreisen im inner- und außereuropäischen Ausland, u. a. nach Israel.

———

Spielt die Weihnachtsplatte *Un soir à Bethléem* ein.

———

Erneut im Vorprogramm des Olympia und erste große Erfolge.

1959

Verlängerung des Vertrags mit Philips.

———

LP *La Valse à mille temps.* Das gleichnamige Titellied gerät zum Publikums- und Verkaufserfolg. Auf der LP finden sich auch die Ersteinspielungen von *Ne me quitte pas* und *Les Flamandes.*

———

Gemeinsame Auftritte mit Serge Gainsbourg (im Trois Baudets; März) und mit Charles Aznavour (Ancienne Belgique in Brüssel; November).

———

Gefeiertes Gastspiel im Bobino (Jahresende).

———

Schreibt und publiziert seinen Anti-Kriegs-Song *La Colombe*.

———

Trägt erstmals *Ne me quitte pas* auf der Bühne vor.

1960

Begegnung mit Sylvie Rivet, Presseattachée und frühere Partnerin von Serge Gainsbourg. Mit ihr als inoffizieller »Zweitfrau« verbringt Brel das gesamte nächste Lebensjahrzehnt.

———

Beginn der Zusammenarbeit mit dem Impresario Charles Marouani, den er 1958 kennengelernt hat.

———

Brel wird der Prix de l'Académie du Disque zuerkannt.

———

Tourt durch Frankreich, die UdSSR, den Nahen Osten (u. a. Kairo), Kanada und die USA. Dort erscheint eine erste Kompilation seiner Chansons.

———

Erwirbt an der französischen Riviera ein Strandhäuschen am Golfe Bleu in der Cabbé-Bucht: in unverbaubarer Lage, direkt am Meer, in der Nähe des Cap-Martin und unterhalb des Côte-d'Azur-Dörfchens Roquebrune.

———

Begegnung mit dem Akkordeonisten Jean Corti.

———

Von nun an bestreitet Brel zwischen 250 und 300 Konzerte pro Jahr.

1961

Erneut erfolgreiches Gastspiel im Bobino (Januar).

———

LP *Marieke* (oder auch *No.* 5).

Tourt durch Kanada, wo er in Montréal Clairette Oddera begegnet, sowie durch die Niederlande.

Springt für die erkrankte Marlene Dietrich im Olympia ein und landet dort dadurch erstmals im Hauptprogramm (Oktober). Mit dieser Konzertserie gelingt Brel der Durchbruch.

Auch auf Bühnen in Dänemark, in der Türkei und in Portugal wird Brel großer Applaus zuteil.

1962

Wechsel der Plattenfirma: von Philips zu Barclay (zunächst ein Fünfjahresvertrag). Die erste Einspielung für Barclay: Sein späterer Klassiker *Le plat pays.*

Gründet den Verlag Éditions Pouchenel, um dessen Belange sich Miche kümmert. (Der anfangs in Erwägung gezogene Verlagsname Arlequin wird verworfen.)

Schreibt, als Freundschaftsgeste, drei lyrische Geschichten zur Vertonung für das »poème symphonique« *Jean de Bruges,* für die Aufnahmeprüfung von François Rauber am Pariser Conservatoire.

Wirkt an der Seite von Jean-Luc Godard, Roger Hanin und Anna Karina im Kurzfilm *Petit Jour* mit (Regie: Jacques Pierre). Dieser »court-métrage« liegen zwei Chansons Brels zugrunde: *Les Paumés du petit matin* und *Le plat pays.*

Brels Tourneekalender und Routenplan verzeichnet, allein für das Jahr 1962, 327 Auftritte.

Live-Album *Olympia 1961* (noch bei Philips).

LP *Les Bourgeois* (bereits bei Barclay).

1963

Tritt erneut im Bobino auf. Weitere Vorstellungen in Knokke, weitere internationale Tourneen.

Schreibt für die todgeweihte Édith Piaf *Je m'en remets à toi*, das später dann von Charles Dumont, Piafs letztem wichtigem Komponisten, gesungen und eingespielt wird.

Tod von Édith Piaf (Oktober), gefolgt von einer spektakulären Pariser Beerdigung mit Massenbeteiligung.

Brel erwirbt ein Boot namens *Albena*, das im Hafen von Menton eine Heimat findet, und bricht sich den Fuß. Erholungsphase an der Côte d'Azur.

Singt im August beim Weltjugendfestival in Helsinki.

Schreibt und singt für den Film *Un roi sans divertissement* (Regie: François Leterrier) das Chanson *Pourquoi faut-il que les hommes s'ennuient?*

Schenkt Jojo und dessen Frau Alice Pasquier eine Hochzeitsreise nach Venedig.

1964

Tod der Eltern (Januar und März).

Gewinnt zahlreiche prestigeträchtige Auszeichnungen in Belgien und Frankreich.

Erste Flugstunden mit Paul Lepanse und Erwerb eines kleinen Flugzeugs, einer Gardan.

Eine erste, bemerkenswerte Monografie über Brel und dessen Rang als Dichter erscheint, angereichert mit Interviews, aus der Feder von Jean Clouzet.

Im Herbst: Triumphales mehrwöchiges Gastspiel im Olympia. Umjubelte Premiere des Chansons *Amsterdam.*

Live-Album *Olympia 1964*.

1965

Feiert sein zwölfjähriges Bühnenjubiläum in der Échelle du Jacob (Januar).

Sensationelles Gastspiel in der Carnegie Hall (Dezember).

Tourt um die halbe Welt, u. a. fünf Wochen durch die Sowjetunion. Dabei kommt es in Moskau zur einmaligen (!) Zugabe in seiner gesamten Karriere: Brel interpretiert *Amsterdam* gleich doppelt.

Jean Corti verlässt das Brel-Team. Später gelingt es Brel, zunächst André Dauchy (1966/67) und dann Marcel Azzola als virtuose Akkordeonisten zu gewinnen und zu verpflichten – unvergessen ist Azzolas virtuoses Improvisationssolo (1968) für das Chanson *Vesoul*, bei dem ihn Brel mit »chauffe, chauffe, Marcel!« anfeuert.

Nimmt an einer Anti-Atomkraft-Demonstration in Brüssel teil (März).

1966

Tourt durch Djibouti, Réunion, Mauritius und Madagaskar (April/Mai).

Verkündet im Casino von Vittel im Kollegenkreis, dass er seinen Rückzug von der Bühne plane. Auch von prominenten Mitstreitern wie Charles Aznavour lässt er sich nicht umstimmen. Auslöser war zuvor ein banaler Lapsus im Verlauf eines Konzertes in Laon.

———

LP *Les Bonbons*.

———

LP *Ces gens-là*.

———

Läutet am 6. Oktober, dem Premierenabend seiner beifallumtosten, mehrwöchigen Konzertserie im Olympia (Dauer: bis zum 1. November), offiziell seinen Abschied von der Bühne ein. Weitere Abschiedskonzerte: Palais des Beaux-Arts (Brüssel) und Royal Albert Hall (London; beide im November). Im Dezember: Weiteres Gastspiel in der New Yorker Carnegie Hall.

———

Sein neues Pariser Domizil befindet sich im XIV. Arrondissement, in der rue Émile-Dubois. Eine weitere Pariser Unterkunft Brels ist ein Studio im Vorort Neuilly.

———

Feiert, im Anschluss an eine Marokko-Gastspielreise, Weihnachten im Familienkreis in Brüssel.

1967

Nochmals in der Carnegie Hall zu Gast (Februar).

———

Erfüllt alle seine bereits vertraglich vereinbarten Konzertverpflichtungen, auch in Kanada. Endgültig letztes Konzert am Ende der Abschiedstournee in Roubaix (16. Mai).

———

Spielt die Hauptrolle in André Cayattes Film *Les Risques du métier* (dt. Titel sinngemäß: *Berufsrisiko* oder *Verleumdung*) an der Seite von Emmanuelle Riva.

———

Erwirbt ein Segelboot und ein weiteres Flugzeug, wieder eine Gardan.

———

Unterstützt den Sozialisten Pierre Mendès-France im Wahlkampf mit einem Solo-Konzert in Grenoble (Februar).

Schreibt und singt für den Film *Un idiot à Paris* (Regie: Serge Korber) das Chanson *Les Cœurs tendres.*

Sieht in New York im Greenwich Village eine Vorstellung des Cervantes-Musicals *The Man of La Mancha* (aus der Feder von Mitch Leigh, Dale Wasserman und Joe Darion) und zieht sofort in Betracht, es für den französischsprachigen Raum als Musical zu adaptieren. Genehmigung und Zuschlag von den amerikanischen Verhandlungspartnern erhält er erst, als er in Los Angeles ein »Vorsingen« über sich ergehen lässt, so als handle es sich bei ihm um einen blutigen Anfänger.

LP *Jacques Brel 67.*

1968

Spielt in *La Bande à Bonnot* (Regie: Philippe Fourastié) an der Seite von Annie Girardot und Bruno Cremer.

Im Oktober 1968 findet die Premiere seiner französischen Don-Quijote-Bearbeitung *L'Homme de la Mancha* im Théâtre de la Monnaie in Brüssel statt. Die Produktion läuft bis Mitte November. Nach dem tragischen Tod seines Bühnenpartners Dario Moreno (als Sancho Pansa) übernimmt Robert Manuel, nach einer extrem kurzen Einstudierungsphase, für die Pariser Vorstellungsserie dessen Part.

Ab Dezember schließt sich die Pariser Erstaufführung an, die dort, am Théâtre des Champs-Élysées, für fünf weitere Monate läuft. Einhellige Zustimmung bei Presse und Publikum. Einzige Ausnahme: eine vernichtende Kritik von Jean Dutourd, Schriftsteller und Intellektueller, in *France-Soir.* Brel zahlt Dutourd, von nun an seine »bête noire« (sein rotes Tuch), den üblen Verriss in seinem späten Chanson *Knokke-le-Zoute Tango* heim. Nach der 150. Vorstellung, im Mai 1969, zieht Brel, der totalen Erschöpfung nahe, ungeachtet der immensen Beliebtheit des Spektakels, die Notbremse und sagt alle weiteren Quichotte-Vorhaben ab.

Am New Yorker Off-Broadway (Village-Gate-Nachtclub im Greenwich Village) wird im Januar eine aus 25 Brel-Songs bestehende Brel-Revue, basierend auf einer Idee von Nat Shapiro sowie konzipiert von Eric Blau und Mort Shuman, mit dem bemerkenswerten Titel *Jacques Brel is Alive and Well and Living in Paris* aus der Taufe gehoben. Sie bleibt vier Jahre lang auf dem Spielplan, die (insgesamt knapp 1850) Vorstellungen sind meist ausverkauft.

LP *J'arrive*.

LP *L'Homme de la Mancha*.

1969

6. Januar: »Trois hommes dans un salon«. Brel, Brassens und Léo Ferré, das Triumvirat des französischen Chansons, versammeln sich zu einem ausführlichen Pariser Rundfunkgespräch auf Initiative des Journalisten François-René Cristiani.

Spielt in *Mon oncle Benjamin* (Regie: Édouard Molinaro) an der Seite von Bernard Blier.

Komponiert zwei Chansons für den Zeichentrickfilm *Tintin et le temple du soleil* (*Tim und Struppi im Sonnentempel*): *Ode à la nuit* und *La Chanson de Zorino*.

Nimmt im Oktober erneut Flugstunden, diesmal bei Jean Liardon in Genf. Herbert von Karajan ist unter den Kursteilnehmern. Erwirbt ein weiteres Flugzeug, eine Wassmer.

1970

Spielt in *Mont-Dragon* die Hauptrolle des Leutnants Georges Dormond (Regie: Jean Valère).

Annulliert *Le Voyage sur la lune*, das Projekt eines mit Jean-Marc Landier konzipierten Kinder- und Jugendmusicals, zu dem die Vorbereitungen schon weit vorangeschritten waren, kurz vor der Premiere (Januar).

Brel fungiert als Récitant (Rezitator) in Poulencs *Histoire de Babar* und Prokofjews *Pierre et le loup* (*Peter und der Wolf*).

Erwirbt im April den Pilotenschein. Kauft sich eine Beechcraft (bereits sein viertes Flugzeug).

Begegnung mit »Marianne«, auch »Monique« genannt, einer diskreten Geliebten, mit der er bis ca. Herbst 1974 eine Liaison unterhält und die er vorwiegend in Genf und Menton aufsucht. Im Anschluss an eine vertrackte Bootstour im Herbst 1969 mit mehreren Beteiligten, bei der Flirt, Verliebtsein und Trennungsschmerz nahezu filmreif aufeinandertreffen, zerbricht die langjährige, tiefe Bindung Brels an Sylvie. »Marianne/Monique«, Mutter eines Sohnes, lässt sich für Brel von ihrem Mann »schuldig« scheiden (Juni 1972).

Jahresende: Die französische Erstaufführung des Off-Broadway-Dauerbrenners *Jacques Brel is Alive and Well and Living in Paris*, gezeigt in der Olympia Tavern und mit teilweise identischer Besetzung, stößt auf nur mäßiges Interesse beim Pariser Music-Hall-Publikum.

Maddly Bamy spielt in *Madly*, der Geschichte einer »amour à trois« (Regie: Roger Kahane), an der Seite von Alain Delon und Mireille Darc.

1971

Brel spielt in gleich zwei Filmen: in *Les Assassins de l'Ordre* (Regie: Altmeister Marcel Carné) und in *L'Aventure c'est l'aventure* (*Die Entführer lassen grüßen*; von Claude Lelouch) an der Seite von Johnny Hallyday und Lino Ventura. Freundet sich mit Ventura an. Begegnung mit Maddly Bamy, genannt

»Doudou«, bei den Dreharbeiten zum Lelouch-Film in der Karibik.

Franz, seine erste Regiearbeit, wird an der belgischen Nordseeküste gedreht. Seine Kollegin, die große Chansonnière Barbara, spielt an Brels Seite die weibliche Hauptrolle. Der Film flopt; die Kritiken sind durchwachsen.

1972

Verlängert seinen Vertrag mit Barclay für – de facto – zweimal weitere dreiunddreißig Jahre (»auf Lebenszeit«).

Wohnt im Januar in New York einer Galavorstellung von *Well and Alive ...* bei, das bereits im fünften Jahr auf dem Spielplan steht.

Spielt in *Le Bar de la Fourche* (Regie: Alain Levent) an der Seite von Isabelle Huppert.

In *Le Far West*, seiner zweiten Regiearbeit, steht eine Gruppe frustrierter und desillusionierter Erwachsener im mittleren Alter im Zentrum, die den Versuch wagt, ihre Kindheit, den »Wilden Westen«, wieder heraufzubeschwören. Im Mai 1973 wird Brels Streifen als Beitrag Belgiens bei den Filmfestspielen von Cannes gezeigt – und verrissen.

LP *Ne me quitte pas* mit aktualisierten, neu arrangierten Aufnahmen früherer Chanson-Erfolge.

1973

Macht sein Testament (Januar), in dem Miche als Universalerbin eingesetzt wird.

Spielt an der Seite von Lino Ventura in Édouard Molinaros enorm populärer Gangsterkomödie *L'Emmerdeur* (*Die Filzlaus*).

———

Lebt gleichzeitig – und dabei strikt voneinander getrennt – mit seinen drei Frauen Miche, »Marianne/Monique« und Maddly.

———

»Grönland-Episode« (Notlandung; April).

———

Denkwürdiges Interview mit Jacques Chancel anlässlich der Cannes-Premiere von *Le Far West* für die Sendung »Radioscopie« (Mai).

———

Überquert in den letzten Monaten des Jahres den Atlantik auf einer Art Segelschulschiff, der *Korrig*: Kanaren, Barbados, Grenada.

1974

Terry Jacks' englischsprachige Coverversion von *Le Moribond* wird, übertragen und adaptiert von Rod McKuen, als *Seasons in the Sun* zum Welterfolg.

———

Brels Chansonlyrik ist erstmals offizielles Prüfungsthema beim französischen Baccalauréat.

———

Wohnt für kurze Zeit bei Miche in Brüssel und macht sich auf die Suche nach einem geeigneten Boot.

———

Schreibt sich im März in der Königlich Belgischen Marineschule in Ostende ein. Am 1. Juli erwirbt er dort sein Kapitänspatent.

———

Bricht im Juli an Bord der im Februar in Antwerpen und Blankenberge erworbenen *Askoy II*, seiner »cathédrale«, mit France und Maddly von Antwerpen, via Isle of Wight, Cornwall und Scilly-Inseln, in Richtung Südwesten auf (Azoren, Madeira, Kanarische Inseln, Karibik, Antillen). Geplant ist eine mehrjährige Weltumsegelung. Mehrere Unterbrechungen auf den Kanaren (Teneriffa und Gran Canaria), verursacht durch den Tod Jojos (September) sowie ein Treffen mit Monique (in Menton und Nizza), einen Erholungsaufenthalt im Bergland des Teide, gefolgt von einem Besuch von Alice Pasquier, der Witwe Jojos. Und, als Konsequenz eines Schwächeanfalls auf Teneriffa, eine weitere Unterbrechung aufgrund einer ersten Krebsdiagnose (in Genf) und -operation (in Brüssel) im Oktober/November. Rückkehr an Bord zum Jahresende.

Verbringt das Weihnachtsfest auf den Kanaren mit dem Sänger Antoine, der ebenfalls seit Kurzem mit seinem Privatboot (der *Om*) auf den Weltmeeren unterwegs ist. Aufgrund einer vermeintlichen Indiskretion Antoines gelangen die Privatfotos von diesem Treffen kurz darauf in ein kleines Periodikum, für das Antoine eine Art Bordtagebuch verfasst. Brel, aus Furcht vor Nachstellungen durch die Regenbogenpresse, entschließt sich zur Weiterfahrt.

1975

France verlässt im Januar auf Martinique im Streit mit Brel die *Askoy*. Maddly und Brel segeln, ohne Hilfe, quer durch die Karibik (Februar–Juli), über Venezuela und Panama, zum Pazifik und lassen sich, nach einer knapp 60-tägigen Überfahrt (Beginn: 22. September), schließlich in Atuona auf den Marquesas-Inseln (Französisch-Polynesien) nieder. Hiva Oa, wo sie im November eintreffen, wird zu ihrer neuen Heimat.

In der dialoglosen Verfilmung von *Jacques Brel is Alive and Well and Living in Paris* durch Denis Héroux hat Brel einen kurzen Auftritt, bei dem er »as himself« *Ne me quitte pas* vorträgt.

1976

Kurze Rückkehr nach Brüssel für weitere medizinische Untersuchungen. Brel schlägt die Warnungen seiner Ärzte in den Wind und kehrt, trotz des in Anbetracht seiner Krankheit denkbar ungeeigneten Klimas, via Haiti nach Hiva Oa zurück. Er mietet ein kleines Haus in Atuona, aktualisiert seinen Flugschein und erwirbt ein zweimotoriges Flugzeug, eine Beechcraft Twin Bonanza, die er im Gedenken an seinen verstorbenen Freund auf den Namen *Jojo* tauft.

Beginnt mit einem regelmäßigen Pendeldienst zwischen Hiva Oa, der Nachbarinsel Ua Pou und Tahiti, wobei er Hilfsgüter befördert, Kranke und Bedürftige transportiert und Post zustellt.

Verkauft die *Askoy* an ein junges amerikanisches Paar (Dezember).

1977

Schreibt neue Lieder. Reist via Los Angeles, wo er eine Goldene Schallplatte für *Seasons in the Sun* einheimst, Caracas und Guadeloupe zu Studio-Aufnahmen in Frankreich. Spielt im Frühherbst in Paris, wo er u. a. Gréco, Brassens und Ventura wiederbegegnet, seine letzte, von den Fans herbeigesehnte LP ein (*BREL*, genannt *Les Marquises*), die sich millionenfach verkauft und für die bereits zahllose Vorbestellungen vorlagen – trotz oder gerade wegen ausbleibender Werbung für das Album (auf besonderen Wunsch Brels hin). Kontroverse mit Eddie Barclay, Vermarktungsstrategie und Umgang mit den Medien betreffend. Der ursprüngliche Plan, ein Doppelalbum zu veröffentlichen, wird verworfen – Brel hält eine Reihe »unfertiger« Chansons zurück.

François Mitterrand, seinerzeit Erster Sekretär der Parti socialiste, kommentiert und analysiert in einer viel beachteten Fernsehsendung, nur zwei Tage nach dem Erscheinen, Brels neues Album (November).

Rückkehr auf die Marquesas via Tunesien, Indien, Thailand, Singapur, Hongkong und Nouméa.

1978

Erwirbt an seinem 49. Geburtstag ein Grundstück in Hügellage und trägt sich mit dem Gedanken, dort für sich und Maddly ein Haus zu errichten.

Vage Pläne für ein Buch, womöglich eine Autobiografie, dann wieder für »zehn Novellen« oder eine Anleitung mit dem Titel *Comment écrire une chanson*. Doch schon im Vorjahr führte er Entourage und Fans mit einem angeblich in Arbeit befindlichen Musical namens *Vilbrequin* an der Nase herum …

Im Juli erneuter Rückfall, der eine Untersuchung auf Tahiti und die Rückreise nach Paris erforderlich macht, gefolgt von einer Chemotherapie zur Tumor-Entfernung. Flucht vor den Paparazzi. Versucht vergeblich, mithilfe des Tarnnamens Jules Romain unterzutauchen, zunächst in der Klinik Hartmann in Neuilly. Kurze Erholungsphasen in Südfrankreich (Avignon) und in Genf. Stirbt in den frühen Morgenstunden des 9. Oktober, als Patient des Spezialisten Professor Lucien Israël, im Hôpital Franco-Musulman (auch Hôpital Avicenne genannt) im Pariser Nordosten (Bobigny) an Herzversagen als Folge einer Lungenembolie.

Am 12./13. Oktober Überführung nach Hiva Oa, wo er in unmittelbarer Nachbarschaft von Paul Gauguin (»Popaul«) am Mittag des 13. Oktober beigesetzt wird. Neben den Inselbewohnern als Trauergemeinde sind lediglich Maddly und Marouani bei der Beisetzung anwesend. Brels Konterfei auf dem Grabstein, auf dem er gemeinsam mit Maddly Bamy porträtiert ist, blickt in Richtung der untergehenden Sonne.

Brels Tod und Beisetzung ereignen sich jeweils fast auf den Tag genau fünfzehn Jahre nach Édith Piafs Ableben und Beerdigung.

Einen Tag vor Brels Tod, am 8. Oktober, überlebt Gérard Jouannest einen schweren Verkehrsunfall.

1981

Tod von Georges Brassens (Oktober).

Die weit über Frankreichs Grenzen hinaus in Europa populäre, ägyptisch-italienische Sängerin Dalida widmet Brel und seinem Andenken ihr Chanson *Il pleut à Bruxelles*. Dessen Text ist gespickt mit zahlreichen Anspielungen auf Brels Titel und Liedzeilen. Im Refrain heißt es: »Aber ihm ist das doch alles egal, er schläft ganz ruhig. Er benötigt nichts, er hat seine Insel gefunden. Eine Sonneninsel, eine Insel aus Himmelswellen. Und in Brüssel regnet es.«

1982

Im Oktober wird in Brüssel die U-Bahn-Station »Jacques Brel« eingeweiht (jetzt Linie 5; in Anderlecht).

1989

Der britische Sänger und ehemalige Soft-Cell-Gründer Marc Almond veröffentlicht seine Brel-Hommage, die CD *Jacques*.

1990

Barbara schreibt und interpretiert ihr Chanson *Gauguin (Lettre à Jacques Brel)*.

1993

Fünfzehn Jahre nach Brels Tod legen verschiedene kanadische Musiker mit der CD *Brel Québec* eine vielstimmige Brel-Hommage vor.

1997

Klaus Hoffmann präsentiert in Berlin am Schillertheater sein »Chansonabend-Musical« *Brel – die letzte Vorstellung*.

Tod von Barbara (November).

1998

Der kolumbianische Sänger Yuri Buenaventura interpretiert *Ne me quitte pas* in einer Salsa-Version.

Die Song-Kompilation *Aux suivants* mit Brel-Covern von französischen, belgischen, schweizerischen und maghrebinischen Interpreten wie Alain Bashung, Arno, Faudel, Kent, Noir Désir, Têtes Raides, Stephan Eicher u. a. erscheint.

Maddly Bamy bringt in Béziers ein Spektakel mit dem Titel *Le Monde de Brel* auf die Bühne. Beteiligt sind sechs Schauspieler und Sänger.

1999

Tod von Chantal Brel.

Maddly Bamy gewinnt einen Prozess gegen die Familie Brel. Strittig war die Gestaltung von Brels Grabstein.

Der britische Sänger und Autor Alan Clayson veröffentlicht seine »Celebration of Jacques Brel« in CD-Form: *Ne me quitte pas.*

2001

Bruno Brel legt seine CD *Moitié Bruno, moitié Brel* vor, die je zur Hälfte aus eigenen Liedern und aus Chansons seines Onkels besteht.

Tod von Pierre Brel (April).

2002

Tod von Sylvie Rivet.

2003

Große Jubiläumsausstellung zum 25. Todestag in Brüssel mit dem Titel »Brel – Le Droit de rêver« (»Das Recht zu träumen«).

Gegen den ausdrücklichen Willen Brels erscheinen, ein Vierteljahrhundert nach seinem Ableben, fünf bis dato unveröffentlichte Chansons, die er 1977 eingespielt, aber seinerzeit nicht für veröffentlichungsreif erachtet hatte, auf CD.

Nach den legendären 3 Bs des französischsprachigen Chansons Brel-Brassens-Barbara entsteht eine weitere Variation über diesen Buchstaben: Der visionäre Choreograf Maurice Béjart kreiert im Brel-Jahr das Tanzspektakel *Brel Barbara* in Brüssel – ursprünglicher Titel war *Lumière* mit einem zusätzlichen B: *Bach-Brel-Barbara*.

Eröffnung der Espace Jacques-Brel auf Hiva Oa (Oktober), nur wenige Monate nach der dortigen Einweihung eines Centre culturel Paul-Gauguin.

Nach einer langen Odyssee wird Brels letztes Flugzeug, die *Jojo*, wieder instand gesetzt.

Tod von François Rauber (Dezember).

2004

Die Song-Kompilation *Next* mit Brel-Covern von den »üblichen Verdächtigen« wie David Bowie, Scott Walker, Terry Jacks und Nina Simone, aber auch von u. a. Dusty Springfield, The Sensational Alex Harvey Band, Dionne Warwick und Divine Comedy erscheint.

2005

Bei einer Publikumsabstimmung der Fernsehsendung »Le plus grand Belge« belegt Brel den Spitzenplatz – als beliebtester oder angesehenster Belgier.

2008

Bei einer aufsehenerregenden Versteigerung in der Pariser Filiale des Auktionshauses Sotheby's kommen zahlreiche Brel-Dokumente, -Briefe, -Manuskripte, -Gitarren und -Memorabilia, überwiegend aus dem Besitz von Sylvie Rivet und ohne Rücksicht auf vehemente Proteste der Brel-Familie, unter den Hammer. Dabei wird ein beachtlicher Erlös erzielt.

2011

Im immer absurderen Zank um den »richtigen« Anteil von flämischen und französischen Liedtexten in der Brüsseler Metro fallen auch die Chansons Brels dort einer neuen Verbotsregelung zum Opfer: Fortan dürfen in den Untergrundbahnen der belgischen Metropole nur noch englische, italienische oder spanische Songs bzw. klassische Musik gespielt werden: Brel- oder Brassens-Titel sind indessen unerwünscht.

2013

Brels und Raubers symphonisches Gedicht *Jean de Bruges* erscheint erstmals auf CD.

Die im Jahre 1994 am Baylys Beach, einer einsamen Bucht von Neuseeland, gestrandete *Askoy*, bereits dem Verfall preisgegeben und von Kormoranen bevölkert, wird 2008 von zwei passionierten Brüdern und Experten (Piet und Staf Wittevrongel aus Blankenberge) in letzter Minute gerettet, nach Europa überführt und harrt seit 2008 in Ostende und seit 2010 im belgischen Rupelmonde, südlich von Antwerpen, ihrer Restaurierung. 2015 gelangt sie, Brels »philosophisches Instrument«, schließlich nach Zeebrugge.

Ausgewählte Literatur

Jacques Brel, *33 succès*. [Partituren.] Paris (MCA/Caravelle) 1996

Jacques Brel, *Tout Brel*. [Sämtliche Liedtexte.] Paris (Robert Laffont) 1982, 1986, 1998; Paris (10/18) 2001

Jacques Brel & Gabriel Lefebvre, *À s'offrir en partage*. Vorwort von Claude Lelouch. Brüssel (Complexe) 2005

Jacques Brel, *Œuvre intégrale*. [Gesamtwerk.] Paris (Robert Laffont) 1983

Jacques Brel, *Der zivilisierte Affe*. Übertragung ins Deutsche von Heinz Riedel. Ahrensburg (Damokles) 1970

—

Richard Adam, *Jacques Brel. Mort aux cons – Brel et moi, tango ambigu*. Clamecy (Masque d'Or) 2005

Catherine Adonis, *Le Regard d'une infirmière*. Paris (Plon) 1987 & 1993

Robert Alden, »Jacques Brel – US Debut«. In: *New York Times*, 7. Dezember 1965

Antoine [= Pierre Murracioli], »Avec Jacques Brel aux Canaries«. [Reisebericht vom Dezember 1974.] In: *Le Hérisson*, no. 1504, 13. Februar 1975

Antoine [= Pierre Murracioli], *Voyage aux Amériques*. Paris (Arthaud) 1986

Dominique Arban, *Cent pages avec Jacques Brel*. Paris (Seghers) 1967

Luc Baba & Mathieu de Muizon, *Jacques Brel – vivre à mille temps*. Paris (À dos d'ane) 2012

Maddly Bamy, *Pour le jour qui revient … – ce que la mort nous apprend de la vie*. Corcelles-le-Jorat (Yva Peyret) 1988

Maddly Bamy, *Tu leur diras – Brel, les dernières années*. Paris (Robert Laffont) 1999

Maddly Bamy, *Et si la parole de Jacques Brel était vivante?* Monaco (Rocher) 2001

Erick & Maddly Bamy, *Deux enfants du soleil pour deux monstres sacrés – Johnny Hallyday et Jacques Brel*. Saint-Cyr-sur-Loire (Christian Pirot) 2003

Eddy Barclay, *Que la fête continue*. Paris (Robert Laffont) 1988 & 1992

Pierre Barlatier, *Jacques Brel*. Paris (Solar) 1978

Patrick Baton, *Jacques Brel – une œuvre*. Brüssel (Labor) 1990

Patrick Baton, *Jacques Brel – l'imagination de l'impossible*. Brüssel (Labor) 2003

Anne Bauer, »Jacques Brel – ein Feuer ohne Schlacken«. In: *Idole 2. Zwischen Poesie und Protest*. Hrsg. von Siegfried Schmidt-Joos. Berlin (Ullstein) 1984, S. 145–179

Julos Beaucarne, *Brel*. Paris (Acropole) 1990

Bernard Belin, *Jacques Brel – t'as voulu*

voir Vesoul …! Vesoul (Franche-Comté Culture & Patrimoine) 2013
Pierre Berruer, *Georges Brassens – la marguerite et le chrysanthème.* Paris (Presses de la Cité) 1981
Pierre Berruer, *Jacques Brel va bien, il dort aux Marquises.* Paris (Presses de la Cité) 1983
Pierre Berruer, *Le bon Dieu n'a pas d'oreilles – Gauguin: Le Roman d'une vie.* Paris (Plon) 1986
Laurent Bibard, *Penser avec Brel.* Paris (L'Harmattan) 2006
Christophe Blaivie, »Le bateau de Brel ressuscité«. In: *La libre Belgique,* 13. Juli 2013
Isabelle Blandiaux, »B comme Béjart, Brel et Barbara«. In: *La dernière heure,* 19. März 2003
Mary Blume, »The Brel-esque Touch for Don Quixote«. In: *International Herald Tribune,* 4. Dezember 1968
France Brel & André Sallée, *Brel.* Paris (Solar) 1988
Pierre Brel, *Jacques Brel – mon grand petit frère.* Brüssel (Collections Livres) 1998
Eleonore Büning, »Den Anker unterm Arm. Lebendig im Episoden-Gebirge – eine Biographie für Jacques Brel«. In: *Frankfurter Allgemeine Zeitung,* 9. Oktober 1998
Jacques Canetti, *On cherche jeune homme aimant la musique.* Paris (Calmann-Lévy) 1978
Alan Clayson, *Jacques Brel – la vie bohème.* New Malden (Chrome Dreams) 2010
Angela Clouzet, *Gérard Jouannest – de Brel à Gréco.* Paris (Albin Michel) 2009
Jean Clouzet, *Jacques Brel.* Reihe »Poètes d'aujourd'hui – poésies et chansons«, no. 119. Paris (Seghers) 1964
Mireille Collignon, *Regard sur la chanson française – le monde de Jacques Brel en 123 chansons.* Diss., Paris 1995
Paulette Coquatrix, *Les Coulisses de ma mémoire.* Paris (Grasset) 1984
Paulette Coquatrix, *Mes noces d'or avec l'Olympia – l'album souvenir.* Paris (Castor Astral) 2002
Adeline Cordier, *Post-War French Popular Music – Cultural Identity and the Brel-Brassens-Ferré Myth.* Farnham/Burlington (Ashgate) 2014
Sylvain Cormier, »Jacques Brel, 25 ans après – la mort de Brel is alive and well«. In: *Le Devoir,* 9. Oktober 2003
Christiane Creuse, *Essai d'analyse sémiolinguistique d'un corpus de chansons de Jacques Brel.* Diss., Paris 1985
François-René Cristiani & Jean-Pierre Leloir, *Trois hommes dans un salon – Brel, Brassens, Ferré.* Paris/Brézolles (Fayard/Chorus) 2003
Philippe Crocq & Jean Mareska, *Jacques Brel.* Paris (Albin Michel) 2008
Michel-Jean Cuny & Françoise Petitdemange, *Brassens, Brel, Ferré – trois voix pour chanter l'amour.* [o. O.] (Paroles vives) 2003
Olivier Delavault, *Mots de Brel – le dégoût essentiel.* Paris (Télémaque) 2013
Thierry Denoël, *Pierre Brel – le frère de Jacques.* Brüssel (Le Cri) 1993
Jean Dutourd, [Kritik von *L'Homme de la Mancha.*] »Un nommé Done Couïroté«. In: *France-Soir,* 15. Dezember 1968
Amina El Fassi, *Brel et l'ironie.* Paris (L'Harmattan) 2006
Mohamed El-Fers, *Jacques Brel.* Amsterdam (Mets & Schilt) 2003
Paul Emmanuel, *Jacques Brel.* Brüssel (Archers) 1978

Leny Escudero, *Ma vie n'a pas commencé*. Paris (Cherche Midi) 2013

Angelika Franz, »Spektakuläre Gauguin-Ausgrabung – der Maler und sein Müll«. In: *Der Spiegel*, 10. Dezember 2007

Eugen Galasso, *Poesia, rabbia e critica sociale in Jacques Brel*. Mailand (Nuovi autori) 1988

Fredy Gsteiger, »Mururoa ... – war da nicht was?« In: *Die Zeit*, Nr. 19/1996, 3. Mai 1996

Stephan Göritz, »Vom Wiehern der Spießer und den feindlichen Schiffen der Lebenden. Vor dreißig Jahren starb Jacques Brel, der ›ungekrönte König des französischen Chansons‹ – ... der kein Franzose war«. In: *Folker*, Heft 5/2008

Stephan Göritz, »›Spar' deinen Schmerz nicht auf für morgen‹ – Édith Piaf und Jacques Brel in einer langen Nacht.« In: *Deutschlandfunk*, 4. Oktober 2008

Juliette Gréco: *Jujube*. Paris (Stock) 1982

Angèle Guller, *Le neuvième art – la chanson française contemporaine, de 1945 à nos jours*. Brüssel (Vokaer) 1978

Angelika Heinick, »Jacques Brel ist noch da – Erinnerung an einen Mythos«. In: *Frankfurter Allgemeine Zeitung*, 1. Oktober 2008

Fred Hidalgo, *Jacques Brel – l'aventure commence à l'aurore*. Paris (Archipel) 2013; Paris (Archipoche) 2014

Stéphane Hirschi, *Lyrisme et rhétorique dans l'œuvre de Jacques Brel. Essai de cantalogie appliquée*. Diss., Paris 1992

Stéphane Hirschi, *Jacques Brel – chant contre silence*. Paris (Nizet) 1995

Klaus Hoffmann, *Als wenn es gar nichts wär. Aus meinem Leben*. Berlin (Ullstein) 2012

Carole A. Holdworth, *Modern Minstrelsy – Miguel Hernandez and Jacques Brel*. Bern (Peter Lang) 1979

Bruno Hongre & Paul Lidsky, *L'Univers poétique de Jacques Brel*. Paris (L'Harmattan) 1998

Paul Ide, *Bonjour Brel. Textes de Brel qui ont inspiré Carcan, Folon etc*. Brüssel (La Palme) 1975

Claude Jade, *Baisers envolés*. Toulouse (Milan) 2004

Constanze Jessel, »Was es bedeutet, ein Belgier zu sein – Klaus Hoffmann spielt und singt ›Brel – die letzte Vorstellung‹.« In: *Berliner Zeitung*, 14. Juni 1997

Maegie Koreen & Manfred Weiss, *sechs fuß erde – und doch nicht tot. Jacques Brel 1929–1978*. Erinnerung an Jacques Brel. Auf: www.chanson-cafe.de/chanson_konzerte/img/Brel%20Manuskript.pdf; letzter Zugriff am 23. Juli 2015

Philippe Labro, »Les trois vies de Jacques Brel«. In: *Paris-Match*, no. 1534, 20. Oktober 1978, S. 72 f. & S. 130

Serge Lecordier, *Hanakéé, la baie des traîtres – parcours d'une vie aux Marquises*. Paris (L'Harmattan) 2012

Grit Lederer, »Dein Haus, mein Haus. – Eigenheim: Die Gray, der Corbusier, das Mein und das Dein«. In: *mare*, no. 49, April/Mai 2005, S. 80–84

Jean-Pierre Leloir, *Brel par Leloir*. Paris (Fetjaine) 2008

Jean-Pierre Leloir & Gilles Verlant, *Portraits de la chanson française*. Paris (Fetjaine) 2012

Henry Lemaire, *Quitte à me tromper – entretiens avec Jacques Brel*. Brüssel (Rossel) 1988

Claude Lemesle, *Plume de stars – 3000 chansons et quelques autres*. Paris (L'Archipel) 2009
Claude Lemesle, *L'Art d'écrire une chanson*. Paris (Eyrolles) 2010
Serge Le Vaillant, *Jacques Brel – l'éternel adolescent*. Vorworte von Abd Al Malik und Gérard Jouannest. Paris (Textuel) 2008
Gilles Lhote, *Brel de A à Z*. Paris (Albin Michel) 1998
John Lichfield, »The Tangled Legacy of Jacques Brel«. In: *The Independent*, 8. Oktober 2008
Jean-Hugues Lime, *Comment je suis devenu Jacques Brel*. Paris (Cherche Midi) 2011
Gérard Lips, *Jacques Brel – liberté oblige*. Paris (Société Internationale de Presse et d'Édition) 1978
Jacques Lorcey & Joëlle Monserrat, *Jacques Brel*. Paris (PAC) 1984
Caroline de Malet & Philippe Labro, »Brel – l'homme qui ne trichait pas«. In: *Le Figaro*, 6. Oktober 2008
Charley Marouani, *Une vie en coulisses*. Paris (Fayard) 2011
Robert Merle, *Die Insel*. Berlin (Aufbau) 2002
François Mitterrand, *La Paille et le grain*. Paris (Flammarion) 1975
Jean-Pierre Mogui, »Brel chantait la mort par défi«. In: *Le Figaro*, 10. Oktober 1978
Martin Monestier, *Jacques Brel – le livre du souvenir*. Paris (Tchou) 1979 & Paris (Sand) 2003
Joëlle Monserrat, *Jacques Brel*. Paris (PAC) 1982
Wilhelm Neef, *Das Chanson*. Eine Monographie. Leipzig (Koehler & Amelang) 1972
Tim Neshitov, »Weltempfänger unserer Zeit – Stromae: Ein zweiter Jacques Brel?« In: *Süddeutsche Zeitung*, 23. November 2014
Louis Nucéra, »Le Solitaire de la chanson – Le Grand Jacques est parti en voyage. Une fois de plus, il a fait sa valise. Destination: l'éternité«. In: *Figaro Magazine*, no. 2, 14. Oktober 1978, S. 88 f.
Prisca Parrish, *Jacques Brel – l'homme et la mer*. Paris (Plon) 1993
Pierre Perret, *A cappella – Des Trois Baudets à l'Olympia*. Paris (Cherche Midi) 2008
Judith Perrignon, »La Vie et Brel«. In: *Libération*, 22. September 2000
Danielle Perrot (Hrsg.), *Don Quichotte au XXe siècle – réceptions d'une figure mythique dans la littérature et les arts*. Clermont-Ferrand (Presses universitaires Blaise Pascal) 2003
Christian Petit & Dominique Arban & Pierre Barlatier, *Jacques Brel – un homme au large de l'espoir*. Abbeville (Presses françaises) 1982
Jean-Luc Pétry, *Étude sur Jacques Brel – textes et chansons*. Paris (Ellipses) 2003
François Pierre, *Jacques Brel – seul mais réconcilié*. Brüssel (Foyer Notre-Dame) 1966
Sara Poole, *Brel and Chanson – a Critical Appreciation*. Lanham (University Press of America) 2004
Eddy Przybylski, *Brel à Bruxelles – le guide du Bruxelles de Jacques Brel*. Brüssel (Le Roseau Vert) 2008
Eddy Przybylski, *Jacques Brel – la valse à mille rêves*. Paris (Archipel) 2008
Michel Quint & Philippe Lorin, *Sur les pas de Jacques Brel*. Paris (Presses de la Renaissance) 2008
Jean-Yves Richard, *Jacques Brel – une île au large de l'espoir*. Montréal/Ottawa (France-Québec) 1968

Marc Robine, *Grand Jacques – le roman de Jacques Brel*. Paris/Brézolles (Anne Carrière / Chorus) 1998; Paris (Carrière) 2003; ebda. 2008

Wolfgang Rössig, »Jacques Brel – französischer Chansondichter«. In: *Kindlers Literatur Lexikon*, online auf: www.netzeitung.de/kultur/kindlerlexikon/1321798.html; letzter Zugriff am 23. Juli 2015

Jens Rosteck, *Gebrauchsanweisung für Nizza und die Côte d'Azur*. Piper (München) 2007, 2010, 2013

Jens Rosteck, *Schauplatz Musik: Paris – Die Stadt und ihre Musik*. Regensburg (Bückle & Böhm) 2012

Jens Rosteck, *Édith Piaf – Hymne an das Leben*. Berlin (Propyläen) 2013 & Berlin (List) 2015

Giulia Salvatori, *Annie Girardot – la mémoire de ma mère*. Neuilly (Michel Lafon) 2007

Tristan Savin (Hrsg.), *Le Goût de Tahiti*. [Textsammlung.] Paris (Mercure de France) 2012

Éric-Emmanuel Schmitt, »Brel«. In: *Suivre l'étoile*, Textbeilage zur gleichnamigen CD-Box-Gesamtausgabe, Barclay 2013

René Seghers, *Spraakmakende biografie van Jacques Brel*. Asse (Het Laatste Nieuws) 2005

René Seghers, *Leven en liefdes van Jacques Brel*. Gent (Witsand) 2010

René Seghers, *Jacques Brel – De definitieve biografie*. Utrecht/Antwerpen (Tirion/Houtekiet) 2012

Paul-Robert Thomas, *Jacques Brel – j'attends la nuit*. Paris (Cherche Midi) 2001

Chris Tinker, *Georges Brassens and Jacques Brel. Personal and Social Narratives in Post-War Chanson*. Liverpool (Liverpool University Press) 2005

Olivier Todd, *Jacques Brel – une vie*. Paris (Robert Laffont) 1984; Paris (10/18) 2001; dt. Fassung: *Jacques Brel – ein Leben*. Bremen/Hamburg (Achilla Presse) 1997

Hugues de la Touche, *Brel – le clandestin de la Côte d'Azur*. La Ciotat (Lumières du Sud) 2005

Irène Vacher, »Brel dans son paradis«. In: *Paris-Match*, no. 1535, 26. Oktober 1978, S. 82–89

Jacques Vassal, *Brel – vivre debout*. Paris (Hors Collection) 2003

Pol Vandromme, *Jacques Brel – l'exil du Far-West*. Brüssel (Labor) 1977; Paris (La Table ronde) 1988

Odette Ventura, *Lino*. Paris (Robert Laffont) 1992

Thierry Vigoureux, »Comment Brel a marqué les Marquises«. In: *Le Figaro*, 9. Oktober 2008

Monique Watrin, *Brel – la quête du bonheur: l'amour, la femme*. Clamart (Sévigny) 1990; ebda. 2003

Thomas Weick, *Die Rezeption des Werkes von Jacques Brel*. Frankfurt am Main (Peter Lang) 1991

Daniela Weingärtner, »Die Vatertochter«. [Porträt von France Brel.] In: *taz*, 22. Mai 2003

Michaela Weiß, »Jacques Brel oder Warum Chansons lebendig bleiben«. In: *Bulletin des Archivs für Textmusikforschung*, 10, 2002, S. 24–32

Michaela Weiß, *Das authentische Dreiminutenkunstwerk. Léo Ferré und Jacques Brel – Chanson zwischen Poesie und Engagement*. Heidelberg (Winter) 2003

Alain Wodraschka, *Jacques Brel – voyage au bout du rêve*. Vorwort von Juliette Gréco. Paris (Didier Carpentier) 2008

Alain Wodraschka, *Rêver un impossible rêve*. Paris (Hugo) 2013
Éric Zimmermann & Jean-Pierre Leloir, *Jacques Brel – le rêve en partage*. (Didier Carpentier) 1998

—

Artikel »Brel«. In: *The Faber Companion to 20th-Century Popular Music*. Hrsg. von Phil Hardy & Dave Laing. Faber & Faber 1990, S. 88 f.
Artikel »Brel« (Annette Keilhauser). In: *MGG – Die Musik in Geschichte und Gegenwart*. Zweite, neubearbeitete Ausgabe. Hrsg. von Ludwig Finscher. Personenteil, Bd. 3. Kassel/Stuttgart (Bärenreiter/Metzler) 2000, Sp. 827–829
Artikel »Brel«. In: *The New Grove Dictionary of Music and Musicians*. Neuausgabe / Second edition. Hrsg. von Stanley Sadie. Bd. 4. London (Macmillan) 2001, Sp. 311
»Brel – c'est décidé, j'abandonne la chanson«. In: *Le Parisien*, 3. Oktober 1966
»Jacques Brel nous avait déjà dit adieu«. In: *Paris-Match*, no. 1534, 20. Oktober 1978, S. 58–71
»Brel – Death of a Tormented Minstrel«. In: *Time*, vol. 112, no. 17, 23. Oktober 1978, S. 20 f.
»Brel à Cabbé – il a désormais sa place dans ›son‹ pays«. In: *Nice-Matin*, 10. Oktober 2008
Brel – des nouvelles d'en bas. Vorwort von Dick Annegarn. Illustrationen von Pascal Rabaté, Patrick Prugne, Hippolyte, Jean-Denis Pendanx, Jeff Pourquié, Alexandre Day und Jérémie Almanza. Clermont-Ferrand (Margot) 2013
Dictionnaire de la chanson en Wallonie et à Bruxelles. Hrsg. von Robert Wangermée. Lüttich (Mandaga) 1995
»Le grand Jacques«. In: *Newsweek*, 23. Oktober 1978
»Herz im Hals«. [Chanson/Musik.] In: *Der Spiegel*, Nr. 14, 31. März 1965
Jef, Dreimonatsschrift (revue trimestrielle) der Fondation Brel
Nord', révue de critique et de création littéraires du Nord, Pas-de-Calais, no. 8, Themenheft Jacques Brel, Dezember 1986
»Orkan im Saal«. [Chanson/Brel.] In: *Der Spiegel*, Nr. 36, 28. August 1967
»Polémique après la sortie de cinq inédits«. In: *Le Nouvel Observateur*, 26. September 2003
»Quand Jacques Brel a snobé David Bowie«. Auf: www.sudinfo.be, 12. Januar 2016; letzter Zugriff am 14. Januar 2016
»Spécial Jacques Brel«. Themenheft der Zeitschrift *Chorus (Les Cahiers de la chanson)*, no. 25, Herbst 1998

Diskografische Empfehlungen

Während an Wiederveröffentlichungen einzelner Alben sowie an Best-of- und Greatest-Hits-Kompilationen mit meist um die zwanzig Brel-Chansons wahrlich kein Mangel herrscht (besonders empfehlenswert: *Quinze ans d'amour*, die »Classic Albums«-Serie oder, zum Einstieg, *Infiniment*), erscheinen in regelmäßigem Fünfjahresabstand aufwendige Gesamtausgaben, meist zu Jubiläen und Todestagen.

Bislang unerreicht, was sowohl die Vollständigkeit, die gestalterisch-editorische Sorgfalt als auch das Design angeht, ist die jüngste »Intégrale« (Barclay / Universal Music France) aus dem Jahre 2013, zum 35. Todestag, mit dem Titel *Suivre l'étoile – telle est ma quête*: Das ist selbstverständlich eine Zeile aus dem berühmtesten der Don-Quichotte-Chansons des Jubilars. Auf einundzwanzig CDs liegt hier Brels Gesamtwerk inklusive vieler bislang unveröffentlichter Kostbarkeiten vor, d. h. sämtliche dreizehn Studioalben einschließlich der Neuaufnahmen von 1972/73, die Olympia-Live-Mitschnitte von 1961, 1964 und 1966 (»Les Adieux«), zusätzlich ein Mitschnitt des allerletzten Brel-Konzerts in Roubaix (1967), eine Zusammenstellung von Bühnenauftritten (»Brel en scènes«), die Chansonsammlung »Brel à Knokke«, alle verfügbaren Radioaufnahmen von 1953 sowie Brels Gastspiel im Trois Baudets (1957). Präsentiert wird diese »Intégrale« in einer richtigen Schmuckschatulle: quadratisch, mit Brel-Porträts im Großformat (als Pilot, im Fotostudio, bei Konzerten) auf dicken Seiten, die als Hüllen für die jeweils im oberen Drittel versteckten CDs dienen. Die Rückseite der Schatulle ziert ein Kompass mit den wichtigsten Orten in Brels Leben und Werk. Ein reich bebildertes, mit vielen (und seltenen) Brel-Zitaten, -Fotos wie -Illustrationen angereichertes Begleitheft komplettiert die Collection; Faksimiles von Dokumenten (u. a. Chanson-Textmanuskripte oder sogar der Pilotenschein des Sängers) sind ebenfalls, in einem Extra-Umschlag, beigefügt. Eine veritable Goldgrube!

Zweifellos ist diese Edition (auf eine Stückzahl von zwölftausend Exemplaren limitiert und auf dem Schatullen-Rücken durchnummeriert) schon eher etwas für Liebhaber und Kenner: ein Sammlerobjekt. Doch eignet sie sich durchaus auch für neugierige Brel-Debütanten, da man mit einem Schlag Brels »Œuvres complètes« (Gesamtwerk) inklusive liebevoll angelegter Dokumentation und einiger zentraler ästhetischer Statements von »Grand Jacques« in Händen hält. Nur schwer vorstellbar, dass diese geradezu monumentale Ausgabe noch um wesentliche Einspielungen erweitert oder, vom Layout her, verbessert werden könnte – auch wenn die *Bethléem*-Aufnahmen, die Poulenc- und Prokofjew-Rezitationen sowie das Duo mit Simone Langlois (*Sur la place*) hier noch fehlen. Letztere sind aber nun wirklich nur für den eingefleischten Brelianer unentbehrlich.

Was die in die Tausende gehenden Brel-Cover und -Interpretationen angeht, so hat selbst der Kuriositätenjäger auf dem CD-Markt die Qual der Wahl. Zum Glück liegen die Songs und Neudeutungen der wichtigsten Brel-Zeitgenossen und -Nachfolger ihrerseits bereits in Sammlungen vor: *Barbara chante Jacques Brel* (rdm) sowie *Scott Walker sings Jacques Brel* (fontana/Phonogram), sodass man sich deren Einzellieder nicht von verschiedenen LPs oder Alben mühsam zusammensuchen muss. Beide können als Meilensteine gelten, was einen subtilen, individuellen und überzeugenden Umgang mit Brels Erbe angeht.

Einen innovativen, originellen und reichlich schrägen Ansatz bietet Marc Almond mit seinem Brel-Album *Jacques* (Some Bizarre / Rough Trade); mit Florent Pagnys raubeinig-bombastischen Versionen (*Pagny chante Brel*; Universal/Mercury) werden sich gewiss nicht alle Brel-Puristen anfreunden wollen. Wer es subversiv, anarchistisch und ein wenig schwärzer mag, führt sich am besten die frankofone Brel-Kompilation *Aux suivants* (Barclay/PolyGram) zu Gemüte, aus der Faudels *Ne me quitte pas*, Stephan Eichers *Voir un ami pleurer*, Alain Bashungs *Tango Funèbre* oder Dick Annegarns *Jef* herausstechen. Das anglofone Pendant zu *Aux suivants* mit dem Titel *Next* wiederum vereint neben den Brel-Standards von Scott Walker, Nina Simone, Terry Jacks und Marc Almond Unerwartetes wie Dusty Springfield (*If You Go Away*) und Dionne Warwick (*If We Only Have Love*), David Bowies sensible »unplugged«-Lesart von *Amsterdam* sowie kräftig gegen den Strich gebürstete Brel-Interpretationen von Divine Comedy und der Sensational Alex Harvey Band. Zusätzliche Anspieltipps hier: Nina Simones erstaunliches, suggestives *The Desperate*

Ones und unverwüstliche Titel in neuem Gewand von Anne Watts und Emiliana Torrini.

Sowohl der singende Schauspieler Dominique Horwitz als auch Klaus Hoffmann (auf Deutsch), einer unserer herausragenden Liedermacher und Chansonniers, haben hierzulande die Brel-Diskografie mit gleich mehreren schönen Alben und hörenswerten Mitschnitten bereichert. Von Horwitz sagt mir eine Live-Einspielung aus den Hamburger Kammerspielen (*Dominique Horwitz singt Jacques Brel*; Horwitz & Hauptmann / Indigo), von Hoffmanns zahlreichen Brel-Platten seine Musical-Aufnahme *Brel – die letzte Vorstellung* (Virgin) aus dem Berliner Schillertheater am meisten zu. Beim Anhören beider Alben wohnt man zwei Chansonabenden besonderer Güte bei und kommt musikalisch allemal auf seine Kosten.

Ein ganz besonderes Zeitdokument, das sowohl etwas vom Lebensgefühl der späten Sechziger als auch von den Eigenarten der frühen amerikanischen Brel-Rezeption vermittelt, repräsentiert – last but not least – die Gesamtaufnahme der New Yorker Theater-Produktion von *Jacques Brel is Alive and Well and Living in Paris* (Sony/Columbia). Allen voran Mort Shuman und Elly Stone traten dort bereits 1968 den Beweis dafür an, dass Brels unvergängliche, so ungeheuer schwer von anderen Interpreten glaubwürdig vorzutragende Liedkunst auch künftig lebendig bleiben kann, wenn man es denn versteht, sie mit einer persönlichen, mutigen Herangehensweise am Leben zu erhalten und erneut zum Blühen zu bringen.

Auch im Jahre 2016 stellen derlei Wiederbelebungsversuche, wenn man sich von ihnen – neben bloßem Entertainment – Nachhaltigkeit und Ergriffenheit, Begeisterungsfähigkeit, gedankliche Auseinandersetzung und Rührung verspricht, eine große Herausforderung an jeden nachwachsenden Interpreten dar.

Bildnachweise

Seite

8: © AFP / Getty Images
20: © Jean-Claude Deutsch / Paris-Match / Getty Images
30: © Pierre Fournier / Sygma / Corbis
44: © bpk / Ministère de la Culture – Médiathèque du Patrimoine, Dist. RMN-Grand Palais / Studio Harcourt
56: © Patrice Habans / Paris Match / Getty Images
76: © Jean-Claude Deutsch / Paris Match / Getty Images
102: © ullstein bild / Roger-Viollet
116: © Le Bar de la fourche / Photo © Collection CSFF / Bridgeman Images
130: © Michel Pigneres / laif
146: © Collection particulière Maddly Bamy / IMAGEBUZZ / BESTIMAGE
166: © Patrice Habans / Getty Images
180: © Jack Garofalo / Paris Match Archive / Getty Images
198: © Pierre Fournier / Sygma / Corbis

Nachweise der Motti

Sämtliche Motti stammen, bis auf eine Ausnahme, von Brel bzw. stellen Aussagen in Interviews oder Zitate aus seinen Chansons dar (Liedtitel sind kursiv gesetzt). Sie wurden von Jens Rosteck ins Deutsche übertragen.

Seite

5: *L'Ostendaise*
9: vgl. Robine 2008, S. 71
21: vgl. *Paris-Match*, 2. November 1966; siehe auch Bauer 1984, S. 150
31: *L'Enfance*
45: *On n'oublie rien*
57: *Les Vieux*
77, 103, 131: Interview mit Jacques Chancel für *Radioscopie*, 21. Mai 1973
91: Interview mit Jean Clouzet, in: Clouzet 1964, S. 52
111: *Clara*
117: vgl. Wodraschka 2008 (Vorsatz, o. S.)
147: Robert Merle, *Die Insel* © Aufbau Verlag GmbH & Co. KG, Berlin 1964, 2002
160: *Une île*
167: Interview, o. J.
181: Interview, 1971
199: *La Chanson de Van Horst*